Michael Moll

Mobil Reisen

Die schönsten
Auto- & Wohnmobil-Touren

NORMANDIE

Die Grand Tour
für individuelles
Wohnmobil-Cruising,
Caravaning
Auto- & Motorrad-Touring

Mobil Reisen
Band 44

Mobil Reisen
Band 44

Michael Moll

MOBIL REISEN
Die schönsten
AUTO- & WOHNMOBIL-TOUREN

NORMANDIE

Die Grand Tour für individuelles Wohnmobil-Cruising, Caravaning, Auto- & Motorrad-Touring.

WERNER RAU VERLAG STUTTGART

Text und Fotos (falls nicht anders gekennzeichnet): Michael Moll
Idee, Layout, Karten und Stadtpläne (falls nicht anders gekennzeichnet): Werner Rau
Titelfoto: Die Küste bei Étretat

1. Auflage 2009/2010

Herstellung: Druckerei Steinmeier, Deiningen
Printed in Germany

ISBN 978-3-926145-33-8
Geo Nr. 663 10134

INHALT

Zum Kennen lernen

Anreise

Mobil Reisen – Die schönsten Auto- & Wohnmobil-Touren NORMANDIE

Praktische und nützliche Informationen von A bis Z

Kurzessays

Karten und Stadtpläne

EIN KURZPORTRÄT FRANKREICHS UND DER NORMANDIE

FRANKREICH, *LA FRANCE*, mit offiziellem Staatsnamen La Républic Française, Französische Republik, ist der größte Flächenstaat in Westeuropa und grenzt im Norden an den Ärmelkanal, im Nordwesten und Westen an den Atlantik, im Nordosten an Belgien und Luxemburg, im Osten an Deutschland, die Schweiz, Monaco und Italien, im Süden an das Mittelmeer und im Südwesten an Andorra und Spanien.

Größe des Landes: 547.026 qkm, dazu kommen einige Überseebesitzungen.

Bevölkerung: Ingesamt leben in Frankreich 64,4 Mio. Menschen. Das entspricht statistisch einer Bevölkerungsdichte von 95,9 Menschen pro qkm (Deutschland 230 Einw./qkm).

Landesnatur: In Frankreich lassen sich vier große Landschaftsformen erkennen: Die **Küstenlandschaften**, die **Beckenlandschaften** (Pariser Becken, das Becken an der Garonne in der Provinz Aquitaine und das Rhônebecken im Süden sowie das ausgedehnte Becken von Rennes in der Bretagne), die **Mittelgebirgslandschaften** (Vogesen und Ardennen im Nordosten, Zentralmassiv im Inneren, Jura im Südosten und Armorique oder Armorika in der Bretagne) und die **Hochgebirgslandschaften** im Osten mit den Westausläufern der Alpen und im Süden und Südwesten mit den Pyrenäen.

Längster Fluss Frankreichs ist die **Loire**, 1.020 km.

Höchster Berg: Mont Blanc 4.807 m.

Nationalfeiertag: 14. Juli (Tag des Sturms auf die Bastille von 1789).

Die Farben der **Nationalflagge**, der **Trikolore** sind Blau, Weiß und Rot.

Die französische **Nationalhymne „La Marseillaise"** beginnt mit den Worten: „Allons enfants de la patrie le jour de gloire est arrivée…" (Auf, Kinder des Vaterlandes! Der Tag des Ruhmes ist da.)

Staatsform

Präsidiale Republik auf der Basis der von General de Gaulle geprägten Verfassung der „Fünften Republik" von 1958. Die französische Verfassung, deren Präambel sich an die Erklärung der Menschenrechte von 1789 anlehnt, wurde seit 1958 mehrfach geändert, ergänzt und revidiert. So 1962, als die Direktwahl des Staatspräsidenten geregelt wurde, oder 1992, als die Verfassung an die Maastricht-Verträge angepasst wurde, oder zuletzt im Jahre 2000, als die Amtszeit des Präsidenten gekürzt wurde.

Eine besondere, politisch starke Stellung kommt in Frankreich dem **Staatspräsidenten** (Président de la Républic), dem Staatsoberhaupt zu. Der Staatspräsident bestimmt die Richtlinien der Politik. Sein Amt ist mit allen entscheidenden Machtbefugnissen ausgestattet. Gewählt ist der Staatspräsident auf sieben Jahre. Er wird direkt gewählt. Erhält im ersten Wahlgang keiner der Kandidaten die absolute Mehrheit, ist ein zweiter Wahlgang notwendig. Dann genügt die relative Mehrheit zum Sieg.

Chef der Regierung ist der **Premier Ministre**. Der Premierminister benötigt mit seiner Regierung eine Mehrheit in der Nationalversammlung. Premierminister und Regierung können durch ein Misstrauensvotum zum Rücktritt gezwungen werden.

Frankreichs Parlament ist ein **Zweikammerparlament**, das sich zusammensetzt aus **Assemblée Nationale** (Nationalversammlung) und **Sénat** (Senat). Die Nationalversammlung ist das Plenum der 577 Abgeordneten, die auf fünf Jahre gewählt sind.

Der französische Senat hat 331 Sitze. Er ist im politischen System Frankreichs

eine gewisse Garantie für Kontinuität. Seine Mitglieder, die Senatoren, Vertreter der Départements, werden in den Départements durch Wahlmänner auf neun Jahre gewählt. Alle drei Jahre wird ein Drittel der Senatoren neu gewählt.

Beide Kammern, Nationalversammlung und Senat, sind an den Gesetzgebungsverfahren beteiligt, wobei der Nationalversammlung aber die tragende Rolle zukommt.

Verwaltung

1790 wurden die alten historischen Provinzen Frankreichs aufgelöst und durch damals **90 Départements** ersetzt. Sie waren in allen Verwaltungsdingen ausschließlich der Zentralregierung in Paris verantwortlich.

Bei der Dezentralisierung der Verwaltungsaufgaben 1982 wurde das Land in **22 große Verwaltungsregionen** mit **96 Départements** eingeteilt, denen nun bis zu einem gewissen Grade Selbstverwaltung und Autonomierechte zugebilligt werden.

Die Départements wiederum sind in **Arrondissements** (325 an der Zahl, vergleichbar etwa mit unseren Landkreisen) eingeteilt, die sich in 3.714 **Cantons** unterteilen, zu denen jeweils etwa 12 (Landesdurchschnitt) Gemeinden gehören.

Text: Werner Rau

DIE NORMANDIE

Größe des Landes: Von der Gesamtfläche Frankreichs (547.026 qkm) entfallen auf das Gebiet der Normandie rund 30.627 qkm.

Einwohnerzahl: In der Normandie leben annähernd 3,5 Mio. Einwohner.

Die Normandie ist in zwei Verwaltungsregionen aufgeteilt. Im Westen befindet sich die **Basse-Normandie** (Niedere Normandie) mit der **Hauptstadt** Caen (ca. 200.000 Einwohner) während im Osten die **Haute-Normandie** (Obere Normandie) liegt.

Die Hauptstadt der Haute-Normandie ist **Rouen** mit ca. 385.000 Einwohnern.

Küstenlänge: Die Küste der Normandie ist, besonders in der Haute-Normandie, weitaus weniger zerklüftet als beispielsweise in der Bretagne. Der gesamte Küstenabschnitt bringt es auf eine Länge von etwas über 600 km.

Dabei hat die Küste verschiedene Bezeichnungen. Die in den Ärmelkanal hineinreichende Halbinsel trägt den Namen **Cotentin**. Im Osten schließt sich die **Perlmuttküste (Côte de Nacre**) an, die seit dem Zweiten Weltkrieg jedoch in fünf andere Namen unterteilt ist (Juno, Sword, Gold, Omaha und Utah). Zwischen den Mündungen der Orne und der Seine trägt die Küste die Bezeichnung **Blumenküste (Côte Fleurie)** während sie östlich von Le Havre **Alabasterküste (Côte d'Albâtre)** heißt.

Landesnatur: Die Normandie wird im Norden vom Ärmelkanal begrenzt. Im Westen befindet sich die Bretagne mit dem Département Ille-et-Vilaine (35). Im Süden grenzt sie an die Regionen Pays-de-la-Loire, Centre und Île-de-France mit den Départements Mayenne (53), Sarthe (72), Eure-et-Loir (28), Yvelines (78), Val d'Oise (95) während im Osten die Picardie mit den beiden Départements Somme (80) und Oise (60) an die Haute-Normandie angrenzt. Die in Klammern angegebenen Départementnummern entsprechen übrigens auch den letzten Ziffern auf den Zulassungsschildern an den Autos.

Naturgemäß dominiert in der Normandie die Küstenlandschaft, besonders die Haute-Normandie ist sehr auffällig mit ihren Steilküsten und Kreidefelsen. Sandstrände sind dort keine vorhanden, dafür grober Kies und Steine. Lediglich die westlicheren Strandabschnitte bestehen aus sandigem Untergrund.

Im Binnenland befindet sich das **Armorikanische Massiv**, ein uraltes, schon stark erodiertes Mittelgebirge mit Höhen bis maximal 417 m. Das Massiv erstreckt sich bis in die Bretagne und hat seinen Namen aus der Römerzeit als man die Bretagne noch als Armorica bezeichnete. Dieser Name leitet sich wiederum von der keltischen Bezeichnung „armor“ ab, welches für „Land am Meer“ steht.

Die längsten Flüsse: Mit 776 km ist die **Seine** der drittgrößte rein französische Fluss und durchquert auf normannischem Boden zunächst Rouen bevor sie bei Le Havre in den Ärmelkanal mündet.

Der zweitgrößte Fluss der Normandie ist die **Orne**, die bei Sées entspringt und nach 152 km nordöstlich von Caen ebenfalls in den Ärmelkanal mündet.

An dritter Stelle steht die **Vire** mit 118 km, die ebenfalls in der Normandie entspringt und als begradigter Kanal in den Ärmelkanal mündet.

Höchster Berg: Die höchste Erhebung der Normandie findet man im Armorikanischen Massiv, nördlich der Stadt Alençon. Der 417 m hohe Gipfel des **Signal d'Écouves** ist stark bewaldet.

Die Flagge der Normandie ist rot mit gelben Löwen. Dabei sind die Krallen und der geöffnete Rachen blau gezeichnet. Die genaue Herkunft ist jedoch unbekannt.

Da die Normandie in zwei Regionen aufgeteilt ist, gibt es allerdings auch zwei Flaggen.

Die Basse Normandie präsentiert zwei Löwen, während auf der Flagge der Haute-Normandie drei Löwen abgebildet sind. Übrigens gibt es auch eine Flagge mit nur einem Löwen, sie steht aber für die Region Aquitanien. Die Löwen finden sich auch auf den Wappen der einzelnen Départements wieder. Erstaunlicherweise sind in den Wappen der Départements in der Haute-Normandie aber dennoch nur zwei Löwen zu sehen.

Des Weiteren gibt es eine Flagge mit einem nordischen Kreuz in gelb-rot auf rotem Grund. Es erinnert zunächst einmal an die Zeit der Normannen bzw. der Siedler aus den nordischen Ländern, auf deren Flaggen bekanntermaßen generell das nordische Kreuz abgebildet ist. Doch diese Flagge der Normandie hat keine offizielle Gültigkeit, sondern wird nur von der regionalistischen Bewegung eingesetzt, die sich für eine ungeteilte Normandie einsetzen.

Verwaltung: Wie schon erwähnt, ist die Normandie in zwei Regionen aufgeteilt.

Die **Basse-Normandie** besteht aus den Départements Calvados (14), mit Sitz der Präfektur in Caen, Manche (50) mit Sitz der Präfektur in Saint-Lô und Orne (61) mit Sitz der Präfektur in Alençon.

Die **Haute Normandie** hat nur zwei Départements: Eure (27) mit Sitz der Präfektur in Évreux und Seine-Maritime (76) mit Sitz der Präfektur in Rouen.

Hauptwirtschaftszweig der Normandie ist die Landwirtschaft, insbesondere die Viehzucht aber auch der Anbau von Apfelbäumen, deren Früchte zu Calvados verarbeitet werden. In der Haute-Normandie befinden sich mit Le Havre und Rouen zwei der vier größten Häfen des Landes. Le Havre ist sogar der fünftgrößte Hafen Europas.

Nicht vergessen werden dürfen die Atomkraftwerke der Normandie. Das Werk in Paluel mit seinen vier Reaktoren ist beispielsweise das zweitstärkste Frankreichs und das fünftstärkste der Welt. Zudem wird in Flamanville seit dem 3. Dezember 2007 der dritte Reaktor gebaut, der im Jahr 2013 ans Netz gehen soll.

Ein weiterer Wirtschaftszweig von großer Bedeutung ist mit 5 Mio. Besuchern pro Jahr jedoch auch der Tourismus.

KUNST UND GESCHICHTE - IN STICHWORTEN

Von Werner Rau, mit Ergänzungen zur Normandie von Michael Moll.

Römerzeit – Nach der Niederwerfung des großen Gallieraufstandes unter *Vercingetorix* – auch an der Loire standen um 50 v. Chr keltische Stämme gegen die Römer auf – und der folgenden Eroberung Galliens durch *Gajus Julius Caesar* 56 v. Chr, wird das Gebiet nördlich der Alpen und westlich des Rheins im 1. Jh. v. Chr römische Provinz. Die Normandie wird zur römischen Provinz *Gallia Lugdunensis*.

2. Jh. - 4. Jh. n. Chr – Es entstehen erste befestigte Städte und Bischofsitze. Erste Schritte zur Christianisierung des Landes werden von *Gratianus*, Bischof von Tours, eingeleitet. 372 wird der hl. Martin Bischof von Tours.

5. - 6. Jh. n. Chr – Mit dem Zerfall des Weströmischen Reiches endet die Römerherrschaft auch in Frankreich.

Während der Zeit der Völkerwanderung, die durch das zusammenbrechende Römische Imperium möglich wird, kommen Westgoten, Burgunder und vor allem Franken ins Land. Unter dem Gaukönig **Chlodwig (Clovis) I.** (481 – 511) bildet sich das Fränkische Reich (Regnum Francorum), das bis 987 andauert. Die Franken sind es auch, die dem Land letztendlich seinen Namen geben. Allerdings verstand man unter „France" damals nur das Gebiet zwischen Rhein und Loire, das Territorium des Fränkischen Reiches also.

Nach dem Tode Chlodwigs 511 dehnt sich das Reich weiter aus. Burgund wird ein Teil des Fränkischen Reiches.

7. Jh. – Die karolingischen Hausmeier (major domus), Führer der königlichen Gefolgschaft, gewinnen an Macht und Einfluss im Fränkischen Reich und erringen fast königliche Gewalt.

7. - 8. Jh. – Erste Klostergründungen auf dem Gebiet der heutigen Normandie finden statt.

709 – Mit einem Sanktuarium wird **Mont St-Michel** gegründet.

732 – Karl Martell, der „Hammer", besiegt bei Tours die nach Norden drängenden Araber. Dieser für das Abendland wichtige Sieg bringt die für Westeuropa entscheidende Wende in den arabischen Bestrebungen, Europa auch nördlich der Pyrenäen zu erobern.

751 – Pippin d. J., Spross der karolingischen Hausmeierdynastie, wird König des Fränkischen Reiches.

768 – 814 – Pippins Sohn Karl (747 – 814), der spätere Römische Kaiser **Karl der Große** (Charlemagne), wird 768 fränkischer Teilkönig und 771 Alleinherrscher im Fränkischen Reich. Unter der Herrschaft Karls des Großen erlebt das Fränkische Reich eine Blütezeit.

Das Fränkische Reich unter Karl dem Großen kannte kein Zentrum, keine Hauptstadt des Reiches. Der Kaiser zog mit seinem Hofstaat von Pfalz zu Pfalz. Dieser Umstand hatte vor allem auch Einfluss auf die Baukultur und Architektur. Die Pfalzen waren es, in denen sich u.a. eine neue Kirchenbaukunst entwickelte, die vor allem in den Pfalzkapellen sichtbar wurde. Eines der schönsten Beispiele ist die Pfalzkapelle Karls des Großen in Aachen.

841 – Die normannische Stadt Rouen wird von den Normannen (Wikingern) überfallen und gebrandschatzt. Im Laufe der folgenden Jahrzehnte greifen die Normannen bzw. die Nordmänner aus Skandinavien mehrfach das Land an.

843 – Nach dem Tode Karls des Großen am 28. Januar 814 verfällt das Fränkische Reich und wird schließlich im Vertrag von Verdun 843 aufgeteilt. Erst seit diesem Teilungsvertrag kann man von „Frankreich" sprechen. Bis dahin waren im Fränkischen Reich der

Karolinger (Carolingiens) die Territorien zusammengefasst (zumindest große Teile davon), aus denen Frankreich und Deutschland hervorgehen sollten.

885 - 887 – Unter **König Karl III.** wird das Fränkische Reich noch einmal für kurze Zeit vereint.

911 – Der französische König Karl III. tritt die Normandie an **Rollo, den Normannen** ab und erhofft sich so, dass diese Region als Pufferzone zwischen den Angriffen der Normannen und Frankreich dient. Mit diesem Akt, der im **Vertrag von Saint-Clair-sur-Epte** schriftlich festgehalten wurde, ist das Herzogtum Normandie gegründet worden. Der Name „Normandie" leitet sich von den Normannen ab, die sich nun in dieser Küstenregion niederließen.

1066 – **Wilhelm der Eroberer** wird nach der **Schlacht von Hastings** zum König von England. Mit ihm fällt auch die Normandie an das englische Königshaus. Wilhelm ist übrigens derjenige, der den Tower von London bauen ließ.

1087 - Nach dem Tode Wilhelms wird die Normandie wieder zum Herzogtum. Wilhelms Berater drängten auf diese Entscheidung, der er kurz vor seinem Tode zustimmte.

1106 - 1144 – Durch Erbstreitigkeiten fällt die Normandie wieder an England zurück.

Ca. 980 - 1250 - Romanik. Über die lange Mittelmeerküste Frankreichs war der Kontakt zu den mediterranen Kulturen des oströmischen Reiches und zu Byzanz schon früh gegeben. Kunsthistorisch führten diese Kontakte und Beziehungen dazu, dass die Romanik, der erste universale Kunststil des europäischen Mittelalters, schon früh im Land der Franken heimisch werden konnte. In Frankreich bringt diese Kunstrichtung vor allem in Burgund, in der Normandie, aber auch in Südfrankreich vor allem herrliche Sakralbauten hervor.

Wichtige Elemente der romanischen Architektur sind eine aus der römischen Basilika weiterentwickelte, meist mehrschiffige Kirchenform mit Vorhalle, Apsiden und Tonnengewölbe und später die auf byzantinischen Vorbildern basierende Kreuzkuppel. Markant sind außerdem Rundbögen und Würfelkapitelle. Skulpturen findet man vor allem an den Portalen, an Fenstern und an den Kapitellen.

Die Malerei der Romanik beschränkt sich fast ausschließlich auf die Ausschmückung der Sakralbauten mit biblischen Motiven (z. B. das Jüngste Gericht) und visualisierten Vorstellungen vom Jenseits.

Vor allem in Burgund kommt dem 1098 in Cîteaux gegründeten Zisterzienserorden eine überragende Bedeutung bei der Fortentwicklung des romanischen Architekturstils zu, der sich durch eine schmucklose Reinheit und Einfachheit auszeichnet.

1154 - 1204 – Die Normandie ist erneut ein Teil Englands.

Ca. 1140 – 1550 – Gotik. Auch während der Zeit der Gotik, dem zweiten universalen Kunststil in Europa nach der Romanik, bleibt die Kirchenbaukunst das zentrale Betätigungsfeld dieser Kunstrichtung. Auffällig unterscheiden sich die gotischen Kathedralen, Dome, Klöster und Kirchen durch ihre Spitzbögen, ihre himmelstrebenden Türme und durch ihre säulen- und strebengestützten, hohen Kirchenschiffe von den schweren, oft massiv und blockhaft wirkenden romanischen Bauten.

Frankreich, vor allem der burgundische Zisterzienserorden, können als Ursprungsland des filigranen gotischen Stils bezeichnet werden. In den Nachbarländern Spanien, Italien und Deutschland, aber auch in England hält die Gotik erst im 13. Jh. Einzug.

Große Aufmerksamkeit wird u.a. den Westfassaden der gotischen Kathedralen gewidmet. Die Portale

und deren Bogenfelder (Tympanon) darüber werden prächtig mit Steinmetzarbeiten geschmückt. In Fenstern und Rosetten wird das Maßwerk bis zur Vollkommenheit entwickelt. Und vor allem in der Spätgotik bildet sich das für Frankreich typische Flamboyant heraus, Ornamente in Form von langgezogenen Flammen.

Zu den **schönsten gotischen Kathedralen Frankreichs** zählen die von Chartres (begonnen 1194), Reims und Amiens (beide begonnen 1220) sowie Notre Dame in Paris (begonnen ca. 1160). In der Normandie gehört u.a. die Kathedrale von Rouen zu einer der bedeutendsten Sakralbauten aus jener Stilepoche.

Auch in der Gotik befassen sich Bildhauerei und Malerei immer noch fast ausschließlich mit religiösen Motiven. Allerdings verlieren die Heiligenporträts ihre ikonenhafte Starre, die Szenen werden plastischer dargestellt und es zeigen sich erste Ansätze einer perspektivischen Malerei. Die Plastiken und Statuen wirken bewegter, weniger statisch, werden nicht mehr ausschließlich frontal dargestellt. Typisch für Madonnenstatuen der Gotik ist der Lebendigkeit andeutende S-Schwung der Gestalten.

1204 – **Philipp II.** erobert die Normandie zurück.

1328 – Der seit 1322 regierende König **Charles IV.**, dritter Sohn von Philipp IV. stirbt. Obwohl dreimal verheiratet, mit Blanche de Bourgogne, Marie de Luxembourg und Jeanne d'Evreux, hinterlässt Charles keinen Thronfolger. Die Dynastie der Kapetinger stirbt aus. Die Krone geht an das Haus Valois, das die Geschicke des Landes – auch unter dem Einfluss der Nebenhäuser Orléans und Anjou – bis 1589 leitet.

Allerdings ficht der König von England, Eduard III., ein Neffe von Philipp IV., die Legitimität der Valois an.

1337 – 1453 – Hundertjähriger Krieg mit England. Er ist u.a. die Folge der Streitigkeiten um die Thronfolge zwischen Eduard III. von England und den Valois.

1382 – Aufstand in Rouen gegen den Fiskus. Dieser geht als „La Harelle" in die Geschichte ein.

1415 – Durch die **Schlacht von Azincourt** wird die Normandie wieder ein Teil Englands.

Ca. 1420 – 1590 – **Renaissance.** Die Kunstrichtung der Renaissance, der „Wiedergeburt", versucht, Stilelemente aus der damals stark bewunderten Antike wiederzubeleben und sie als Vorbild zu nehmen. Obwohl die Renaissance zweifelsfrei ihre große epochemachende Zeit in Italien (Frührenaissance in Florenz, Hochrenaissance in Rom, Spätrenaissance in Florenz, Rom und Venedig) hatte, bringt sie in Frankreich vor allem in den Tälern von Loire, Indre und Cher prächtige, bewundernswerte Schlösser und Herrensitze hervor.

Künstler und Architekten der Renaissance besinnen sich bei ihren Arbeiten auf die Ursprünge der Klassik, auf die alten Säulenordnungen des dorischen, ionischen oder korinthischen Prinzips. Gotische Bündelpfeiler werden durch schlanke Säulen, Spitzbögen durch römische Rundbögen ersetzt, anstelle der Senkrechten wird die Horizontale betont. Quadrat, Rechteck und Kreis sind die geometrischen Formen, die Grundrisse prägen. Vor allem versucht die Kunst der Renaissance ein Spiegel der aufkeimenden humanistischen Tendenzen des 15. Jh. zu sein, die den Menschen von mittelalterlichen, kirchlichen Zwängen befreien wollen. Als Ideal gilt die ungebundene Persönlichkeit der Antike.

Während in Italien Kirchen, Paläste und hochherrschaftliche Villen im Renaissancestil entstehen, wenden Baumeister in Frankreich den Stil vor allem im Schlossbau an. Es bilden sich

dabei aber keine allgemeingültigen, grundsätzlichen Stilelemente heraus. Markant sind allerdings die steilen Dächer mit Kronen und Türmchen unterschiedlicher Höhe und Rundtürme oder Erker an den Ecken der Gebäudeflügel. Paradebeispiel dafür ist Schloss Chambord.

Die Bildhauerei der Renaissance versteht sich nicht mehr als Teil der Architektur, gestaltet von den Bauwerken unabhängige, freistehende Plastiken. Es entstehen Reiterstandbilder, Figuren und Bildnisse von idealisierter Schönheit, vollkommene Körper werden in Marmor gemeißelt.

1429 – **Jeanne d'Arc**, die große französische Nationalheroin, erreicht den Abzug der Engländer aus Orléans, leitet damit das Ende des Hundertjährigen Krieges und die Wiederbesinnung Frankreichs auf eine nationale Einheit ein und ermöglicht so die Krönung von König Karl VII. in Reims.

1431 – In Rouen wird Jeanne d'Arc als Ketzerin verurteilt und auf dem Scheiterhaufen verbrannt.

1432 – Die **Universität von Caen** wird gegründet.

1450 – In der **Schlacht von Formigny** am 14. April wird die Normandie wieder zurückerobert.

1456 – Ein Vierteljahrhundert nach ihrem Tod wird der Prozess auf Drängen der Mutter neu aufgerollt und Jeanne d'Arc wird in Rouen posthum rehabilitiert.

1461 – 1483 – **König Ludwig XI.** regiert. Ihm gelingt es, den Herzog von Burgund, Karl den Kühnen, von der Gründung seines Mittelreiches abzuhalten und damit das Königtum Frankreichs zu festigen.

1469 – Das Herzogtum Normandie wird aufgelöst. Die Normandie wird eine königliche Provinz mit einem Autonomiestatus.

16. und 17. Jh. – Mehrere Fahrten zur Erkundung und Eroberung der „Neuen Welt" starten in der Normandie. Dabei werden unter anderem die Stadt Quebec und die Staaten New York, Louisiana und Texas gegründet.

1515 – 1547 – **König Franz I.** aus dem Hause Orléans-Angoulême regiert einen geordneten Staat. Franz I., ein glanzvoller, ausschweifend lebender Renaissancekönig, der gegen Karl V. um Oberitalien kämpft und Zeit seines Lebens mit Karl V., dem späteren Kaiser, um die Vorherrschaft in Europa rivalisiert, fördert eine prächtige Hofhaltung. Karl V. wird von Franz I. im Jahre 1539 in Amboise und Chambord prunkvoll empfangen.

1518 – Die Hafenstadt **Le Havre** wird gegründet.

1547 – **Heinrich II.**, Sohn von Franz I. und Claude de France, besteigt den französischen Thron. 1533 heiratet er die aus Florenz stammende **Katharina von Medici**, die ihm zehn Kinder schenkt. Über ein halbes Jahrhundert lang hatte Katharina von Medici maßgeblichen Einfluss am französischen Hof und auf die Politik des Landes.

1574 – 1589 – **König Heinrich III.**, der letzte französische König aus dem Hause Valois, regiert das Reich von seinen Schlössern an der Loire aus.

1589 – 1610 – **Heinrich IV.**, der erste protestantische König, regiert über Frankreich. Aber schon 1593 tritt Heinrich IV. zum Katholizismus über. In seinem **„Edikt von Nantes"** sichert er 1598 beiden Konfessionen (Katholizismus, Protestantismus) Glaubensfreiheit zu.

Mit Heinrich IV. kommt das Haus Bourbon auf den französischen Thron. Die Bourbonen behalten die Macht bis 1792 über zweihundert Jahre lang. Heinrich IV. verlegt den Hof nach Paris. Die Loireregion verliert damit an politischer Bedeutung. 1600 heiratet Heinrich IV. Maria von Medici, die

1619, neun Jahre nach dem Tode ihres Gemahls aus Blois flieht.

Ca. 1600 – 1750 – Barock. In Frankreich ist die Kunst des Barock der Stil, der die Zeit des Absolutismus seit dem Sonnenkönig Ludwig XIV. in prunkvollen, üppigen Schlossbauten manifestiert. Während in Italien vor allem Kirchen im Barockstil entstehen, spiegelt sich in Frankreich die uneingeschränkte Macht der Monarchie in riesigen Prunkbauten wie Versailles wieder. Das Schloss sollte zum unerreichten Vorbild für Barockschlösser an den europäischen Höfen werden.

Das Barock – vom italienischen *barocco* für „schiefrundig" – betont noch mehr als die Renaissance die Fassade der Bauwerke. Im Inneren sind die Räume überschwänglich mit üppigen Stuckornamenten, Akanthusblättern, Gemälden und Plastiken dekoriert.

Wichtiger Teil der Barockschlösser sind ihre überaus kunstvoll angelegten Gärten. Der Gartenarchitekt André Le Nôtre (1613-1700) war es, der als erster ein Grundschema für barocke Gärten festlegte.

Maler und Bildhauer verherrlichen den Sonnenkönig in ihren Arbeiten, Künstler wie der Bildhauer Lorenzo Bernini und François Girardon arbeiten am Hofe Ludwigs XIV.

1643 – 1715 – König Ludwig XIV., der absolutistische **„Sonnenkönig"**, bestimmt über die Geschicke Frankreichs. Unter der Herrschaft Ludwigs XIV. führt Frankreich Eroberungskriege gegen Spanien und die Niederlande. Allerdings schwächt die Kriegsführung die Vormachtsbestrebungen Frankreichs eher, als sie zu stärken.

Die prunkvolle Hofhaltung in Versailles erreicht unter dem Sonnenkönig einen glanzvollen Höhepunkt. Sie wird zum Vorbild für die europäischen Königs- und Fürstenhöfe.

1685 – Das Edikt von Nantes wird von König Ludwig XIV. aufgehoben. Dies ist einer der Gründe für die Auswanderung der Hugenotten.

1715 – 1774 – König Ludwig XV. regiert. Seine Mätresse, Jeanne Antoinette Poisson, besser bekannt als **Marquise de Pompadour**, hatte großen Einfluss auf die Politik und sie prägte das höfische Leben mindestens ebenso nachhaltig wie der König selbst.

Ca. 1730 – 1780 – Rokoko. Diese in Frankreich entstandene Kunstform wird vor allem von der „Rocaille" (von ihr leitet sich der Name des Kunststils ab), einer filigranen, in Schwüngen verlaufenden Muschelform geprägt. In unzähligen Abwandlungen ist sie für die Ausschmückung der Räume und Salons der nun wesentlich kleineren, intimeren Schlösser und Stadtpalais, den sog. Hôtels, bestimmt.

Ca. 1760 – 1830 – Klassizismus. In Frankreich fällt die Zeit des Klassizismus zusammen mit einer Zeit dramatischer politischer und großer gesellschaftlicher Veränderungen. Der Kunststil ist die Antwort auf die nun von großen Teilen der Künstlerschaft als verlogen, dekadent, verspielt und unnatürlich angesehene Zeit des Barock. Wieder einmal erinnert man sich auf der Suche nach klaren Formen und Perspektiven der Antike.

In Paris wird der klassizistische Bau der ursprünglich für die Stadtheilige Ste-Geneviève errichteten Kirche mit ihrer gewaltigen, 117 m hohen Kuppel von den nachrevolutionären Kräften zum Panthéon, zur Ruhmeshalle umfunktioniert.

Das **Empire**, die während der Kaiserzeit Napoleons entstandene Stilrichtung, ist eine Variante des Klassizismus. So wie sich Napoleon als Imperator nach römischem Vorbild sah, lehnte sich der Stil des Empire stark an die römische Antike an. Und mit dem fast 50 m hohen Triumphbogen Arc de Triomphe auf der Place de L'Étoile setzte sich Napoleon ein kaiserliches und

der Kunst ein imperialklassizistisches Denkmal.

1790 – Das Kloster Mont St-Michel wird zum Gefängnis umgerüstet, die Mönche verlassen das Kloster.

1789 - 1795 – **Französische Revolution.** Haarsträubende Missstände im sozialen Bereich, Knebelung des Bürgertums durch horrende Steuern und eine geradezu provozierende Verschwendungssucht bei Hofe schürten den Unmut in fast allen Bevölkerungskreisen und Regionen Frankreichs.

Die schon lange im Volk gärenden Unruhen machten sich mit dem historischen **Sturm auf die Bastille**, dem Pariser Staatsgefängnis, am 14. Juli 1789 (Nationalfeiertag) Luft. Am 4. August 1789 werden während der Sitzung der Nationalversammlung die Adelsprivilegien abgeschafft. Die großen Ideale von Freiheit, Gleichheit, Brüderlichkeit werden zu den Leitmotiven der Revolutionsbewegung ausgerufen.

1792 – Im Nationalkonvent wird die Abschaffung der Monarchie beschlossen. Frankreich führt bis 1787 Kriege gegen England, Preußen und Österreich.

1793 – Hinrichtung König **Ludwigs XVI.** und **Marie Antoinettes.** Das Land leidet unter der Terrorherrschaft des Wohlfahrtsausschusses im „Jahre II". Vernichtung der Girondisten, einer politischen Revolutionsgruppe des nationalistischen Bürgertums, die wegen ihrer aufklärerischen Gesinnung und ihrem Bekenntnis zu den Menschen- und Bürgerrechten in Opposition zu den sich radikalisierenden Jakobinern geraten. Die Normandie verliert ihren Status als autonome Region Frankreichs.

1799 - 1804 – Das **„Konsulat"** bestimmt die Richtlinien der Politik. Napoléon Bonaparte wird „Erster Konsul".

1799 - 1802 – Krieg gegen England, Russland und Österreich.

Ca. 1800 - 1830 – **Romantik.** Die Gedanken und Ideen der relativ kurzen Zeit der Romantik wirken noch in den folgenden Generationen nach. Literaten, Maler und weite Teile des gebildeten Bürgertums lassen sich gerne von romantischen Stimmungen und Phantasien beeinflussen. Man wünschte sich eine uneingeschränkte Freiheit des Individuums, frei von allen Zwängen der Realität.

1804 - 1814 – Kaiserreich unter **Napoleon I.** Napoleon hat es verstanden, in Frankreich eine bürgerliche Gesellschaftsform zu etablieren. Mit seinem Gesetzeswerk „Code Napoléon" wird erstmals die Gleichheit aller Bürger vor Gericht gefordert.

1806 – Der **Rheinbund** wird etabliert. Frankreich führt Krieg mit Russland und Preußen, der 1807 mit dem Frieden zu Tilsit beendet wird.

Napoleon verfügt die **Kontinentalsperre**, die den Handel Kontinentaleuropas mit Großbritannien unterbinden sollte, um die britische Wirtschaft zu destabilisieren. Die Sperre wird aber von vielen Ländern trickreich unterlaufen. Der Schmuggel blüht.

1813 - 1814 – Befreiungskriege. Napoleon wird nach Elba verbannt.

1815 – Napoleon kehrt nach Frankreich zurück. „Herrschaft der Hundert Tage". Napoleon rekrutiert eine neue Armee, erlebt aber bei **Waterloo** eine vernichtende Niederlage und das endgültige Aus seiner politischen Karriere. Napoleon wird nach **St. Helena** deportiert.

Ca. 1830 - 1895 - Historismus. In der Zeit zunehmender Industrialisierung in Europa tun sich Kunst und Architektur schwer, eine eigenständige Stilrichtung zu finden. Man baut neogotische Kirchen, Bahnhöfe im Neobarock und Opernhäuser wie die Pariser Oper

im Neoklassizistischen Stil. Selbst an Werkhallen und Fabriken werden gotische oder klassizistische Stilelemente verwendet. Ganz eigene Wege geht Gustave Eiffel (1832 – 1923) mit seiner für die Weltausstellung in Paris von 1889 errichteten Stahlkonstruktion des Eiffelturms.

1830 – **Julirevolution** des Pariser Bürgertums. Der sog. „Bürgerkönig" **Louis-Philippe**, Herzog von Orléans, kommt an die Macht und regiert bis 1848. Während seiner Regentschaft erlebt das Bürgertum eine Blütezeit. Frankreich erobert Algerien.

1843 – Zwischen Paris und Rouen wird die Eisenbahnlinie in Betrieb genommen.

1848 – **Februarrevolution** in Paris und **Zweite Republik**. Ihr Präsident wird Prinz Louis Napoléon Bonaparte, der 1852 Kaiser Napoleon III. wird.

1852 – 1870 – Unter **Napoleon III.** erneut Kaiserreich.

1863 – Die Mönche kehren zum Mont St-Michel zurück, das Gefängnis wird aufgelöst.

Ca. 1865 – 1900 – Impressionismus. Unbeeinflusst von den wenig konkreten Strömungen des Historismus in der Architektur entwickelt sich in der Malerei, und hier besonders in Frankreich, ein ganz eigenständiger Kunststil, der den Eindruck des Augenblicks, die Farben des Moments, die Stimmung von Licht und Schatten festhält. Claude Monet, Paul Cézanne oder Edgar Degas stehen mit ihren Werken beispielhaft als die großen Meister des Impressionismus.

1870 – 1871 – Der **Deutsch-französische Krieg** wird nach der Niederlage bei Sedan und der Gefangennahme von Napoleon III. mit dem Frieden zu Frankfurt am 10. Mai 1871 beendet. Elsass und Lothringen werden Deutschland zugesprochen.

1870 – 1940 – Das französische Kaisertum stürzt. **Dritte Republik**.

1874 – **Mont St-Michel** wird zum nationalen Erbe Frankreichs erklärt.

Ca. 1895 – 1910 – Der **Jugendstil**, von Belgien nach Frankreich gekommen und stark von der Glasgower Kunstschule von Charles Rennie Macintosh beeinflusst, versteht sich als Gesamtkunst. Der Jugendstil, so die Kunstinterpreten, möchte nicht in der Architektur gefangen sein, an der Fassade enden. Jugendstilkünstler gestalten die Innenräume ebenso wie Tische, Stühle, Mobiliar, Leuchten und Glasfenster, Geschirr und Besteck, ja selbst die Textildesigns für Vorhänge und Tischwäsche.

1890 – Die berühmte, aus Spanholz bestehende, runde Verpackung des **Camembert-Käse** wird in der Normandie erfunden.

1900 – Die zweiten **Olympischen Spiele** der Neuzeit finden mit 23 verschiedenen Sportarten in Paris statt. So viele Sportarten gab es erst 1988 in Seoul wieder.

1904 – Entente cordial, Vertrag mit Großbritannien über koloniale Fragen.

1905 – Erst bei der dritten **Tour de France** findet eine Etappe dieses Radrennens auch auf dem Boden der Normandie, genauer gesagt in Caen, statt.

Ca. 1910 – 1915 – **Expressionismus**. Die Kunst des Ausdrucks ging zumindest im Bereich Architektur aus dem Jugendstil hervor. Malerei und Bildhauerei versuchen, die Ängste und Unsicherheiten der damaligen Zeit in ihren Werken zum Ausdruck zu bringen. Um dies zu erreichen, greift man auch zur Überzeichnung und Überbetonung von Farben und Formen.

1912 – Die **Titanic** ankert in Cherbourg, rund einhundert Stunden bevor sie im Atlantik versinkt.

1914 – 1918 – Erster Weltkrieg.

1919 – **Versailler Vertrag**, abgeschlossen am 28. Juni 1919, beendet den Ersten Weltkrieg zwischen dem Deutschen Reich und den Siegermächten. Voraus ging eine Friedenskonferenz, die am 18. Januar 1919 im Spiegelsaal des Versailler Schlosses ohne Mitwirkung einer deutschen Delegation (der eine Teilnahme schlicht verweigert wurde) eröffnet worden war. Frankreich erhält Elsass und Lothringen zurück.

1924 – Frankreich trägt als erstes Land der Welt zum wiederholten Male die Olympischen Sommerspiele in Paris aus. Zudem finden in Chamonix auch die Olympischen Winterspiele statt.

1925 – **Locarnoverträge**, Abkommen zwischen Frankreich, Großbritannien, Italien, Polen, Belgien und Deutschland, um einen politischen Ausgleich zwischen Deutschland und seinen Gegnern im Ersten Weltkrieg zu erreichen.

1926 – In Giverny stirbt am 5. Dezember **Claude Monet** im Alter von 86 Jahren.

1936 – 1938 – Volksfront-Regierung unter Ministerpräsident Léon Blum. 1938 Kabinett Daladier.

1. September 1939 – Überfall Deutschlands auf Polen und dadurch Beginn des **Zweiten Weltkrieges**.

3. September 1939 – Frankreich und Großbritannien erklären dem Deutschen Reich den Krieg.

1940 – Die deutsche Wehrmacht besetzt während des Zweiten Weltkrieges die Normandie und Nordfrankreich und am 14. Juni auch Paris.

1944 – Am 6. Juni landen die Alliierten in der Normandie. Frankreich wird von britischen, amerikanischen und kanadischen Truppen befreit. Die Stadt Rouen wird am 15. August befreit.

1945 – Nach der Niederlage Deutschlands bildet Charles de Gaulle eine erste neue Regierung. De Gaulle, der während des Zweiten Weltkrieges vom Ausland aus den Widerstand gegen die Wehrmacht in Frankreich organisiert hatte, integriert in die neue Regierung Kräfte aus der Résistance und wird Regierungschef.

1946 – 1958 – Während der **Vierten Republik** führt Frankreich Krieg gegen Indochina (1946 – 1954).

1949 – Frankreich wird Gründungsmitglied der NATO.

1956 – Am 26. Oktober wird der Saarvertrag geschlossen. Von Oktober bis Dezember sieht sich Frankreich mit der **Suezkrise** konfrontiert.

1957 – Frankreich gestaltet die **Römischen Verträge** mit und wird Gründungsmitglied der EWG.

1958 – In Algerien putschen die „Ultras". Im Oktober wird mit Inkrafttreten der neuen Verfassung die Fünfte Republik etabliert. Am 8. Januar 1958 wird **Charles de Gaulle** zum Staatspräsidenten vereidigt.

1962 – In Evian wird ein Abkommen geschlossen, das den Algerien-Krieg beendet.

1963 – Abschluss des Deutsch-Französischen Vertrages. An der Loire wird bei Chinon das erste Kernkraftwerk Frankreichs in Betrieb genommen.

1967 – Bei La Hague auf der Halbinsel Cotentin wird die **Wiederaufbereitungsanlage** in Betrieb genommen.

1968 – In Frankreich herrschen schwerwiegende Streiks und Studentenunruhen (Maiunruhen), die an den Festen der Republik rütteln.

Im Juli findet der erste **Formel-1-Grand-Prix** von Frankreich statt. Er wird zum Teil noch auf öffentlichen Straßen in der Nähe von Rouen durchgeführt.

1969 – Charles de Gaulle tritt zurück. Neuer Staatspräsident wird **George Pompidou**.

1972 – Die Normandie wird aufgeteilt in **Haute-Normandie** und **Basse-Normandie**.

1974 – **Valéry Giscard d'Estaing** von der Union pour la Démocratie Française (UDF) wird französischer Staatspräsident.

1975 – Unruhen auf Korsika. Man fordert die Autonomie der Insel. Anschläge und Unruhen flackern auf der Mittelmeerinsel immer wieder auf.

1979 – **Mont St-Michel** wird zum Weltkulturerbe der UNESCO erklärt.

1981 – **François Mitterand** von der Parti Socialiste (PS) wird im Mai zum Staatspräsidenten gewählt. Bei den Parlamentswahlen im Juni erringt die Linke die Mehrheit, Mauroy (PS) wird neuer Premierminister. Im September wird die Todesstrafe abgeschafft.

1984 – Im Juni wird das korsische Regionalparlament aufgelöst. Im Juli wird Laurent Fabius (PS) neuer Premierminister und die Kommunisten ziehen aus dem Kabinett aus.

1986 – Bei den Parlamentswahlen siegt der Block der bürgerlichen Parteien. Die Sozialisten erleiden herbe Verluste. Jacques Chirac vom Rassemblement pur la République (RPR) wird Premierminister. Beginn der „Cohabitation". Man kehrt vom erst ein Jahr zuvor eingeführten Verhältniswahlrecht zurück zum Mehrheitswahlrecht.

1988 – François Mitterand wird als Staatspräsident wiedergewählt. Michel Rocard (PS) wird neuer Premierminister.

1990 – Während eines Staatsbesuches von Präsident Michail Gorbatschow in Paris unterzeichnen Frankreich und Russland einen Freundschaftsvertrag. In Moskau wiederum unterzeichnet Frankreich trotz ursprünglicher Bedenken den Zwei-plus-vier-Vertrag, der die Einheit Deutschlands ermöglicht. Im November wird der Autonomiestatus von Korsika erweitert.

1991 – Im Januar beteiligen sich französische Truppen mit fast 15.000 Soldaten am Zweiten **Golfkrieg**. Verteidigungsminister Chevènement tritt zurück, Nachfolger wird Joxe.

1992 – Pierre Bérégovoy von den Sozialisten wird Premierminister. Im September fällt ein Referendum mit 51,05% Ja- Stimmen zugunsten des EG-Unions-Vertrags von Maastricht aus. Im Oktober wird die Regierung umgebildet.

In Albertville finden die dritten Olympischen Winterspiele auf französischem Boden statt.

1995 – Nach der Fertigstellung im Jahr zuvor und einigen darauf folgenden Tests wurde die Pont de Normandie für den Verkehr freigegeben. Sie verbindet Honfleur mit Le Havre und überspannt die Mündung der Seine.

Am 23. April erster Durchgang zu den Präsidentschaftswahlen. Der bisherige Staatspräsident François Mitterand tritt nicht mehr an. Ergebnis: Balladur scheidet aus dem Rennen um das Amt, Jacques Chirac verliert überraschend. Gewinner nach dem ersten Wahldurchgang ist der Sozialist Lionel Jospin.

Nach dem zweiten Durchgang der Präsidentschaftswahlen am 7. Mai gewinnt der Pariser Bürgermeister **Jacques Chirac** (RPR) mit 52,6% der Stimmen die Wahl. Seit 21 Jahren ist wieder ein Gaullist Staatspräsident in Frankreich.

Alain Juppé (RPR) löst den zurückgetretenen Edouard Balladur im Amt des Premierministers ab.

Im Ausland kommt es zu Protesten und Boykotts gegen französische Produkte, da Jacques Chirac mit der Wiederaufnahme von **Atomtests** auf dem pazifischen Mururoa-Atoll begann.

Ab Mitte November eskalieren Streiks und Aufstände, die in Paris und weiteren Großstädten Frankreichs das öffentliche Leben nahezu lahm legen. Aus Paris werden zeitweise Staus von insgesamt 500 km Länge gemeldet. Die Proteste richten sich gegen die

Regierung Chirac und gegen die geplanten Einschnitte ins soziale Netz des Staates, die u.a. notwendig sind, um das Haushaltsdefizit zu verringern, aber auch, um die Anforderungen der Europäischen Union zu erfüllen.

Am 14. Dezember wird in Paris das im amerikanischen Dayton ausgehandelte Bosnien-Friedensabkommen von den Präsidenten Bosniens, Kroatiens und Serbiens, Izedbegović, Tudjman und Milošević unterzeichnet.

1998 – Im Juli wird die französische Fußballnationalmannschaft erstmals in ihrer Sportgeschichte und zudem im eigenen Land **Fußballweltmeister**.

2000 – Staatspräsident Jacques Chirac spricht als erster ausländischer Staatschef im restaurierten Berliner Reichstag.

Am 25. Juli stürzt eine Passagiermaschine vom Typ **Concorde** der Air France mit 114 Menschen an Bord beim Start auf dem Pariser Flughafen Charles de Gaulle ab. Die Katastrophe läutete das Ende der Ära von Überschallpassagiermaschinen ein. Die insgesamt 13 Maschinen dieses Typs von British Airways und Air France werden 2003 endgültig aus dem Verkehr gezogen.

2002 – Jacques Chirac wird im zweiten Wahlgang am 5. Mai erneut zum Präsidenten Frankreichs gewählt. Sein größter Rivale und der allgemein als Favorit gehandelte sozialistische Premierminister Lionel Jospin, schied bereits im ersten Wahlgang am 21. April aus und kam – noch hinter dem rechten Jean-Marie Le Pen – nur auf Platz drei. Jean-Pierre Raffarin wird im Mai zum Premierminister gewählt.

In Frankreich wird der **Euro** als allein gültiges Zahlungsmittel eingeführt und löst damit den Franc ab.

2003 – 77% der Franzosen (zum Vergleich: 71% der Deutschen) sprechen sich gegen eine Teilnahme am Dritten Golfkrieg aus. In der Tat nimmt Frankreich, ebenso wie Deutschland, nicht an den Kämpfen teil und stellt sich damit gegen die USA.

2004 – Am 6. Juni wird in der Normandie zum 60. Mal der Landung der Alliierten gedacht. Zum ersten Mal darf ein deutscher Bundeskanzler an den Feierlichkeiten teilnehmen. Neben Kanzler Gerhard Schröder waren unter anderem auch Jacques Chirac, der US-Amerikanische Präsident George W. Bush und Kardinal Joseph Ratzinger, der ein Jahr später zum Papst Benedikt XVI. gewählt wurde, anwesend.

2005 – Im Herbst kommt es landesweit zu **Ausschreitungen** und Brandstiftungen besonders in den sog. Problemvierteln der Großstädte. Auslöser war der Tod zweier Jugendlicher aus Immigrantenfamilien in Paris. Insgesamt wurden während dieser Vorkommnisse über 9.000 Autos in Brand gesteckt und fast 3.000 Verhaftungen vorgenommen.

Die Innenstadt von Le Havre wird von der UNESCO zum Weltkulturerbe ernannt.

2007 – **Nicolas Sarkozy**, Chef der gaullistischen UMP, wird am 16. Mai neuer Staatspräsident. Er gewinnt im zweiten Wahlgang gegen Ségolène Royal von der Sozialistischen Partei.

Die UNESCO nimmt den **Wandteppich von Bayeux** in ihr Weltdokumentenerbe auf.

2008 – Trotz Nichtteilnahme am Irak-Krieg nimmt Frankreich 500 christliche Iraker im Land auf.

In Cherbourg werden 2,4 Milliarden Euro in Form eines modernen Atom-U-Bootes in Anwesenheit von Nicolas Sarkozy zu Wasser gelassen. Dieser kündigt zudem an, die französischen Atomsprengköpfe auf eine Anzahl von unter 300 abzurüsten.

WIE KOMMT MAN HIN?

Anreise mit dem Auto

Autobahnen sind in Frankreich gebührenpflichtig (péage) und die **Mautgebühren** schlagen nicht nur für ein Wohnmobil sondern auch schon für einen Pkw ganz schön auf die Reisekasse. Motorräder zahlen 60% des Pkw-Tarifs, Caravaner ein Aufgeld von 10 bis 50% und Wohnmobilisten sind je nach Strecke mit einem Zuschlag von 60% bis 90% dabei.

Ganz verzichten wird man auf das relativ schnelle Fortkommen auf Autobahnen allerdings kaum wollen, es sei denn, man kann sich für die An- und Rückreise jeweils ein oder zwei Tage mehr Zeit gönnen und dann den Weg über die in aller Regel bestens ausgebauten Routes Nationales wählen.

Die Reise dauert dann zwar etwas länger, vor allem die Orts- und Stadtdurchfahrten halten auf, aber man wird mit Sicherheit das eine oder andere sehen, Städte und Landschaften erleben, das einem sonst verborgen bliebe.

Die **Prozedur an den Mautstellen** der Autobahnen geht gewöhnlich so vor sich: Sie fahren in die Furt an einem der Zahlhäuschen und ziehen aus dem Automaten eine Mautkarte.

Am Ende des mautpflichtigen Autobahnabschnitts oder an der Ausfahrt wählen Sie eine Furt, an der Sie mit Bargeld oder mit Kreditkarte (nicht Euro-Scheckkarte) bezahlen können.

Auf kürzeren Strecken findet man auch Durchfahrten, an denen man die Maut abgezählt und in Münzen in einen Zahlkorb werfen kann, damit sich die Schranke öffnet. Das geht meist etwas zügiger.

Die Furten mit elektronischen Lese- und automatischen Abbuchungsautomaten sind oft verlockend leer, für uns allerdings tabu.

Anreise aus dem süddeutschen Raum (mit Mautgebühren)

A5 Karlsruhe – Basel, Ausfahrt Offenburg oder Kehl am Rhein und der Beschilderung Strasbourg folgen. Dort auf die A35/E25 Richtung Metz. Die Autobahn wird unterwegs zur A4/E25.

In Metz-Nord auf der A4 bleiben, die hier auch zur E50 wird.

In Reims der A26/E17 Richtung Saint Quentin folgen. Dort in Saint Quentin-Ost auf die A29/E44 abbiegen. Bei Longueau, kurz vor Amiens führt die N25 einmal um die Stadt herum und bringt Sie zur A16 Richtung Abbeville.

Im Norden von Abbeville benutzt man kurzzeitig die A28/E402 und verlässt diese nach drei Kilometern auf der D925 bis Eu.

Anreise aus dem süddeutschen Raum (ohne Mautgebühren)

Ab Strasbourg fahren Sie über die D41 über Saverne bis Phalsbourg, wo Sie auf die N4 wechseln.

Der Zustand bzw. der Ausbau dieser Straße wechselt ständig, führt aber sicher durch die Stadt Nancy, die einen kurzen Besuch wert ist. Besonders das Zentrum rund um den Place Stanislas sollte man nicht auslassen.

Die N4 reicht aber noch weiter bis Vitry-le-François, wo Sie auf die N44 wechseln und nach Châlons-en-Champagne noch Reims durchqueren.

Im folgenden Saint-Quentin wechseln Sie auf die N29 und fahren parallel zur A29 in das Zentrum von Amiens. Dort benutzen Sie zunächst bis Picquigny die N235 und zu guter Letzt die D936 um Eu zu erreichen.

Wie schon oben beschrieben, ist die mautpflichtige Strecke wesentlich angenehmer und um einiges zügiger zu fahren, dafür aber auch kostspieliger. Man sollte auch nicht vergessen, dass auf der mautfreien Strecke der Spritverbrauch durch den ständigen Geschwindigkeitswechsel höher ist.

Anreise aus dem nord- und mitteldeutschen Raum

Im Regelfall wird man entweder über das Ruhrgebiet oder über Köln anreisen. In beiden Fällen treffen sich die Routenvorschläge aber kurz hinter der französischen Grenze bei Lille.

Im Ruhrgebiet benutzt man die A40 in Richtung Venlo und fährt auf niederländischer Seite auf der A67, die in Belgien zur A21 wird.

Kurz vor Antwerpen gilt es unbedingt darauf zu achten, der Beschilderung R1 zu folgen, um die Stadt südlich zu umfahren. R2 ist teilweise kostenpflichtig und ein dreimal so weiter Umweg!

Schließlich fahren Sie auf der A14 Richtung Gent und verlassen Belgien bei Kortijk.

Wer über die A4 von Köln nach Aachen fährt und auf belgischer Seite der A3 folgt, wird in Liège zunächst auf die A15 und später auf die A7 wechseln.

Im französischen Valenciennes benutzen Sie die A21 und kurz vor Lens die A1 nach Arras.

In Arras muss man nur noch der N25 und später der D925 folgen, um die Normandie zu erreichen.

In beiden Fällen ist es nicht lohnenswert, die Autobahn in Frankreich zu verlassen, da der mautpflichtige Streckenabschnitt relativ kurz ist.

Wer einen Routenplaner benutzt und von einer norddeutschen Stadt aus starten möchte, sollte darauf achten, dass dieser nicht die Strecke über Calais vorschlägt. Es gibt dort zwar eine mautpflichtige Autobahn, die bequem zu benutzen ist, doch bei dieser Küstenautobahn (A16) handelt es sich um einen gewaltigen Umweg.

der Strand von Dieppe

die Felsküste bei Étretat

1. EU – ÉTRETAT

Länge der Tour: Rund 125 km, ohne Abstecher.

Die Route: D1015 bis **Le Tréport** – D940 bis zur Einmündung zur D925 – D925 bis **Dieppe** – D75 bis **Saint-Aubin-sur-Mer** – D68 bis **Veules-les-Roses** – D925 bis **Fécamp** – D940, D211 und D279 bis **Étretat**.

Reisedauer: Mindestens ein Tag.

Reisehöhepunkte: Panoramen in **Dieppe** und **Fécamp** ** – Wanderung an der **Steilküste von Étretat** ***.

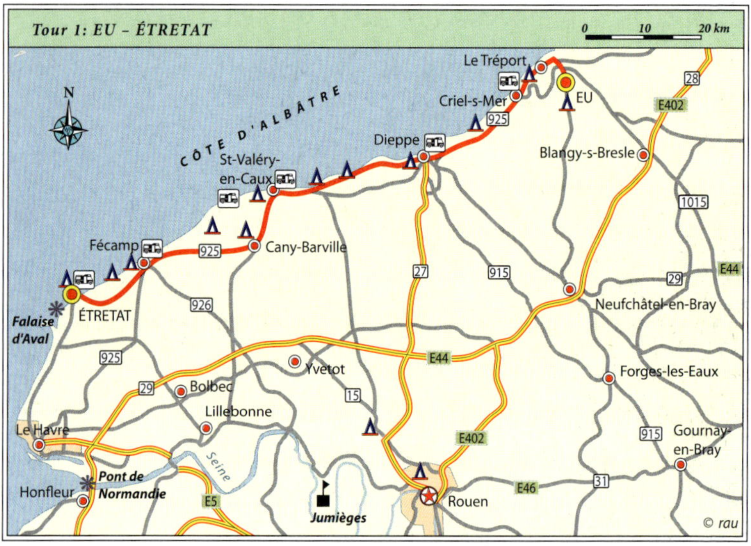

Der im Folgenden beschriebene Reiseweg durch die Normandie beginnt in einem kleinen Städtchen, dessen sehr kurzer Name an die Europäische Union erinnert – **Eu**.

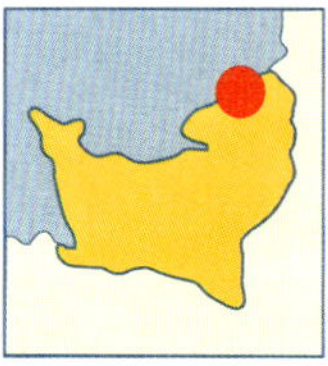

Eu liegt am Fluss Bresle, der mit seinen etwas über 70 km Länge Grenzfluss ist. Beim Überfahren des Flusses erreichen wir zum ersten Mal normannischen Boden.

Das eigentliche Zentrum von Eu darf nur mit Fahrzeugen bis zu einem Gesamtgewicht von 3,5 Tonnen befahren werden. Etwas unklar ist allerdings, ob dies nur für Lastwagen gilt oder auch für Wohnmobile. Da es aber auch vor dem Verbotsschild ausreichend Parkgelegenheiten gibt und der Ort nicht besonders groß ist, stellt dies kein Problem dar.

Schon bei der Anfahrt in den Ort hinein, sehen wir die mächtige Abtei von Eu, die das Zentrum der Ortschaft bildet. Das auf den ersten Blick unscheinbare Eu hat eine bedeutende Geschichte und bezeichnet sich selbst als das letzte königliche Landgut Frankreichs.

Wir treffen in Eu zum ersten, aber nicht zum letzten Mal auf die Geschichte von **Wilhelm, dem Eroberer** (Guillaume le Conquérant).

das Schloss in Eu

Wilhelm wurde im 11. Jahrhundert in Falaise geboren und starb bei Rouen. Sein Leichnam liegt in der Abteikirche Saint-Étienne in Caen begraben. Somit werden wir noch öfter auf die Ortschaften seines Wirkens treffen.

Den Beinamen Eroberer erhielt er nicht zu Unrecht. Unter seiner Führung wurde das Herzogtum der Normandie so gestärkt, dass Wilhelm es wagte, ein benachbartes Land zu überfallen.

Im Jahr 1066 stach er in See um England zu erobern. Es kam zur legendären Schlacht von Hastings, aus der Wilhelm als Sieger hervortrat und so später zum König von England wurde. Wilhelm I, wie er fortan hieß, war der englische König, auf den der Bau des Londoner Towers zurückzuführen ist.

In Eu fand 15 Jahre vor der Schlacht von Hastings die Hochzeit zwischen Wilhelm und Mathilde von Flandern statt. Mit dieser Heirat leistete sich Wilhelm einen offenen Streit mit Papst Leo IX., der diese Ehe unterbinden wollte, weil zwischen Mathilde und Wilhelm ein zu nahes Verwandtschaftsverhältnis bestünde. Ein Gedenkstein mit den Abbildungen des Brautpaares steht vor der Abtei und erinnert an das Ereignis.

Steht man vor der **Abtei von Eu**, so sieht man auf der gegenüberliegenden Seite das **Schloss** aus dem 16. Jahrhundert . Dieses im Renaissancestil gehaltene Bauwerk mit dem dahinterliegenden Garten wurde von Henri de Guise (Heinrich von Guise) erbaut und war später die Sommerresidenz von König Louis Philippe, der als letzter „König der Franzosen" bezeichnet wird. Er traf sich auf dem Schloss mit der englischen Königin Victoria und unterzeichnete mit ihr die Entente Cordiale, ein diplomatisches Abkommen zwischen den beiden Ländern.

Praktische Hinweise – Eu

Office de Tourisme, Place Guillaume le Conquérant, 76260 Eu, Tel.: 02 35 86 04 68, Fax: 02 35 50 16 03, E-Mail: otsi.eu@wanadoo.fr, Web: www.ville-eu.fr. *Öffnungszeiten Mai-Juni 9.30-12.30 Uhr und 14-18.30 Uhr, Juli-August 9.30-18.30 Uhr, März, April, September, Oktober 9.30-12.30 Uhr und 14-18 Uhr, November, Dezember, Januar, Februar 9.30-12.30 und 14-17.30 Uhr, Sonn- und Feiertags zwischen Mai und Sept. nur 10-13 Uhr.*

Camping

Camping Municipal, Parc du Chalet, Tel.: 02 35 86 20 04; April – Okt.; 1 ha, kommunaler Campingplatz im Wald neben dem Schlossgelände und -park, die Zufahrt zum Campingplatz führt am Schloss vorbei und durch das angrenzende Wäldchen; 30 parzellierte Stellplätze auf Wiese sowie 15 Plätze auf Schotter. Die Duschen werden ab 21 Uhr geschlossen; Standardausstattung; saubere Sanitäreinrichtung, Spielplatz, Volleyballfeld, **V & E für Wohnmobile**.

Öffnungszeiten Schloss: Ganzjährig können die Außenanlagen, der Park und der angrenzende Garten besichtigt werden. Das Museum im Inneren ist vom 15. März bis zum 1. Sonntag im November geöffnet 10 – 12 Uhr und 14 – 18 Uhr, Di und Fr Nachmittag geschlossen. Es gibt deutschsprachige Führungen.

Bei einem Rundgang durch das überschaubare Städtchen Eu trifft man auf die **Stiftskirche Notre Dame und Saint Laurent**. Dieses gotische Bauwerk präsentiert im Inneren eine sehenswerte **Krypta** aus dem 12. Jahrhundert. Fertig gestellt wurde das Gotteshaus erst im 16. Jahrhundert.

Am Ende der Rue Reine Mathilde ist zudem noch die aus dem 17. Jahrhundert stammende **Chapelle du collège des Jésuites,** Kapelle des Jesuitenkollegs, zu sehen, in der sich die Mausoleen von Katharina von Kleve und Heinrich von Guise befinden. Katharina war nicht nur Ehefrau von Heinrich, sondern auch Gräfin von Eu.

Für Naturliebhaber empfiehlt sich der **„Chemin Vert du Petit Caux"**. Dieser Wanderweg verläuft auf einer alten Bahntrasse und erstreckt sich über 17 Kilometer von Eu zur Küstenstadt Le Tréport. Eine genaue Karte gibt es beim Touristenbüro von Eu.

Route: Über die Rue Charles Morin begeben wir uns auf die Chaussée de Picardie und folgen dieser bis zum Kreisverkehr, wo wir links auf die **D1015** abbiegen. Am nächsten Kreisverkehr geht es erneut nach links und wir folgen der Beschilderung nach **Le Tréport,** welches nur rund einen Kilometer entfernt ist.

Mit Le Tréport erreichen wir die **Côte d'Albâtre**, die **Alabasterküste**, an der wir uns von nun an westwärts bewegen.

Dieser Küstenstrich reicht bis in das über 100 km entfernte Le Havre und ist von bis zu 100 Meter hohen **Steilklippen** geprägt, deren Alabasterfärbung der Küste ihren Namen verlieh.

Unterbrochen werden die Steilküsten lediglich von einigen wenigen Taleinschnitten, in denen sich heute die Küstenorte der Haute-Normandie befinden.

In einem dieser Küsteneinschnitte liegt an der Mündung der Bresle das Städtchen **Le Tréport**.

Die Stadt unterteilt sich in eine Unter- und eine Oberstadt, wobei es sich bei letzterem nur um eine moderne

am Hafen von Le Tréport

Wohnsiedlung auf der westlichen Steilküste handelt.

Zunächst fällt einem in Le Tréport der Hafen auf. Am Kai entlang gelangt man nach wenigen Metern zum **steinigen Strand**, wo man zum ersten Mal einen wunderbaren **Blick auf die Steilküste** werfen kann.

Man erreicht die **Promenade** sowie die kleinen und schmalen Gassen der **Altstadt**.

Sehenswert sind hier die etwas versteckten Fresken an den Wänden einiger Häuser, die liebevoll das Leben in Le Tréport widerspiegeln. Geschaffen wurden die Gemälde erst im Jahr 2001 durch den Künstler Paule-Adeline Vieillescazes.

Auf einem der Bilder ist auch ein Fahrstuhl zu erkennen, der den Höhenunterschied der Steilküste überbrückt. Und tatsächlich, geht man einige Meter weiter, gelangt man zum Einstieg in den kostenlosen Lift. Er befördert die Passagiere von der Promenade bis hinauf auf die Felsküste. Dabei fährt der Fahrstuhl durch einen engen Tunnel schräg durch das Felsmassiv.

Ängstliche Personen werden vieleicht die über 300 Stufen bevorzugen, die unter freiem Himmel ebenfalls nach oben führen.

Oben angekommen erreicht man ein Informationsbüro und eine kleine **Aussichtsplattform**, die einen schönen Blick auf das Meer und die weiter unterhalb liegende Stadt preisgibt.

Bei einem Rundgang wundert man sich zunächst über halb verfallene Stufen, die scheinbar ins Leere führen. Sie gehörten einst zum **Hotel Trianon**, welches im Jahr 1913 fertig gestellt wurde. Das Hotel sollte der Auftakt für ein groß angelegtes Projekt werden, mit dem der Fremdenverkehr in der Stadt gefördert werden sollte. Doch

ein Jahr später begann der Erste Weltkrieg und machte die großen Pläne der Stadtoberen zunichte.

Das Hotel wurde zu einem Militärkrankenhaus der Briten umfunktioniert und im Zweiten Weltkrieg von der deutschen Wehrmacht gesprengt. Übrig blieben nur diese Stufen, die auf die erste Terrasse führten.

Aufmerksame Beobachter werden festgestellt haben, dass auf den erwähnten Fresken in der Altstadt das Hotel berücksichtigt wurde und abgebildet ist.

Neben dem großen **Kreuz**, das im Original ein Holzkreuz aus dem Jahr 1860 war, befinden sich noch Überreste der so genannten **Kahlburg**. Sie ist der

Praktische Hinweise – Le Tréport

Office de Tourisme, Quai Sadi Carnot, 76470 Le Tréport, Tel.: 02 35 86 05 69, Fax: 02 35 86 73 96, E-Mail: officetourismeletreport@wanadoo.fr, Web: www.ville-le-treport.fr. *Öffnungszeiten Juli, August 9.30-19 Uhr, sonst 10-13 Uhr und 15-17 Uhr.*

Restaurants

L'Aquarius, 42, François 1er, Tel.: 02 35 86 59 62. Traditionelle Küche im gehobenen Ambiente mit Panoramasaal.

Le Homard Bleu, 45, François 1er, Tel. 02 35 86 15 89. Fischgerichte und traditionelle Speisen, Aussenterrasse.

La Pile d'Assiettes, 1, place Notre Dame, Tel.: 02 35 84 65 61, kleines, gemütliches und preiswertes Lokal.

Räucherei, Sainte Croix, Tel.: 02 35 86 29 36. Heringe, Makrelen, Schellfisch und Lachs werden mit Buchenholz geräuchert.

Camping

Camping Municipal "Les Boucaniers", Rue Pierre Mendes France, 76470 Le Tréport, Tel.: 02 35 86 35 47, Fax: 02 35 86 55 82, E-Mail: camping@ville-le-treport.fr; April – Sept; der städtische Campingplatz befindet sich in einem kleinen Industriegebiet in der Nähe des Hafens. Die Ortschaft ist allerdings von dort gut zu Fuß erreichbar. Der Platz ist baumbestanden und ruhig trotz der Größe von 200 Plätzen, die in Parzellen angelegt sind. Komfortausstattung; drei verschiedene Sanitärgebäude, Spielplatz, **V & E für Wohnmobile**.

Camping Parc International du Golf, 102 Route de Dieppe, 76470 Le Tréport, Tel. 02 35 86 33 80, Fax 02 35 50 33 54, April – Sept; 150 Plätze, die sich je nach Saison auf verschiedenen Wiesen befinden. Sehr gepflegter Platz, deutschsprachig. Komfortausstattung. **V & E für Wohnmobile.**

Camping Ferme, Camping auf dem Bauernhof. Kurz vor dem Camping Parc du Golf weist ein kleines Hinweisschild auf diesen Bauernhof hin. Große Wiese mit einfacher Sanitärausstattung.

Wohnmobil-Stellplatz

Aire de Camping-car, Wohnmobil-Stellplatz, Rue Pierre Mendès-France, gleich hinter dem Campingplatz Les Boucaniers, ca. 50 Plätze auf Asphalt, die nicht immer ausreichen. Dann wird sich auch schon mal auf die Straße gestellt. Kostenpflichtige Übernachtung, max. 48 Stunden, **V & E für Wohnmobile**.

erste Teil des Atlantikwalles, dem wir auf der weiteren Reise durch die Normandie noch öfter begegnen werden. 32 Räume auf vier Etagen beherbergte die Kahlburg, die 1942 auf Grund der Operation Jubilée errichtet wurde. Es lohnt sich, etwas die Stufen hinab und gleich rechts zu der Straße zu gehen, wo man noch weitere Betonbauten der Kahlburg entdeckt, die teilweise schon zugewachsen und verfallen sind.

Zurück zur Promenade sollte man noch einen Abstecher über den Quai François 1er machen, wo täglich Fische und Meeresfrüchte frisch verkauft werden. Die Verkaufszeiten sind natürlich abhängig von den Gezeiten und der Ankunft der Fischerboote.

ROUTE: Am Abzweig zum Stellplatz in Le Tréport beginnt die **D940** (Avenue Paul Parray), der wir folgen. Die Fahrt verläuft durch die kleinen Weiler **Floques** und **Les Quesnets** bevor die Straße in die D925 einmündet. Dort biegen wir rechts ab und folgen der Hauptstraße bis zum Kreisverkehr nach **Criel-sur-Mer,** wo wir entweder der **D925** folgen um die Ortschaft zu umrunden oder rechts abbiegen, um zum Campingplatz zu gelangen.

Wer sich für Cidre interessiert, wird in **Criel-sur-Mer** die **Cidrerie Tailleux** besuchen, 35, Rue de Chantereine, Tel.: 02 35 86 78 54, Criel-sur-Mer. Terminvereinbarung empfohlen. Cidre-Schnaps aus Eichenfässern inkl. einer Betriebsbesichtigung.

ROUTE: In Criel-sur-Mer auf die **D925** in Richtung Dieppe. Fast schnurgerade verläuft die Strecke ohne Sicht zum Meer.

Gut einen Kilometer hinter **Biville-sur-Mer** (Campingplatz) erscheint der Abzweig nach rechts zum Kernkraftwerk Penly, das mit zwei Druckwasserreaktoren betrieben wird. Es ist das erste von drei Atomkraftwerken in der Normandie, welchem wir begegnen werden.

In **Neuville**, einem Vorort von Dieppe, folgen wir der Beschilderung nach **Dieppe Centre Ville**.

Camping

Criel-sur-Mer

Camping Les Mouettes, Rue de la Plage, 76910 Criel-sur-Mer, Tel.: 02 35 86 70 73, www.crieltourisme.com; Apr. – Okt.; 80 Stellplätze, ruhig gelegen, nur wenige Meter vom Meer entfernt, die Ortschaft ist rund einen Kilometer entfernt. Steile Einfahrt von der Straße D16. Sehr freundlich und man spricht auch Englisch. Standardausstattung.

Camping Municipal Le Mont Joli-Bois, 29, Rue de la Plage, 76910 Criel-sur-Mer, Tel.: 02 35 50 81 19, Fax: 02 35 50 22 37, E-Mail: camping.criel@wanadoo.fr, ganzjährig geöffnet; knapp 100 Stellplätze, nur wenige Meter vom Camping Les Mouettes entfernt, aber nicht ganz so küstennah. Standardausstattung.

Wohnmobil-Stellplatz

Criel-sur-Mer

Parking Camping-cars, Wohnmobil-Stellplatz, Rue de la Plage, Criel-sur-Mer, Tel. 23 58 65 691; 50 Stellplätze direkt am Meer auf Schotter und Wiese. Im Ort der Beschilderung nach Criel-Plage folgen.

Camping

Biville-sur-Mer

Camping Le Clos Savoye, Chemin du Clos Savoye, 76630 Biville-sur-Mer, Tel.: 02 35 83 61 06, E-Mail: campingclosavoye@orange.fr, ganzjährig geöffnet; 8 ruhig gelegene Plätze, allerdings in unmittelbarer Nähe zur D925, kein Zugang zur Küste. Die Ver- und Entsorgung ist gegen eine geringe Gebühr auch ohne Übernachtung möglich. Standardausstattung; Waschmaschine, behindertenfreundlich, **V & E für Wohnmobile**.

Berneval-le-Grand

Camping de Val Boise, 56, Avenue Capitaine Porthéous, 76370 Berneval-le-Grand, Tel.: 02 35 85 29 18, Fax: 02 35 06 07 20, E-Mail: camping-berneval@wanadoo.fr, April – Okt.; mitten im kleinen Ort mit etwas mehr als 20 Stellplätzen. Die Steilküste ist in wenigen Gehminuten erreicht, Mindestausstattung.

Die erste etwas größere Stadt, der wir auf unserem Reiseweg durch die Normandie begegnen, ist **Dieppe**.

Dieppe war das erste französische Seebad, was allerdings auch daran lag, dass es von der Pariser Gesellschaft früher am günstigsten zu erreichen war und noch heute fahren viele Hauptstädter nach Dieppe.

Auch von England aus ist Dieppe mittels Fähren schnell erreichbar. So kommt es nicht von ungefähr, dass die Stadt nach dem Vorbild des englischen Seebads Brighton gestaltet wurde.

Blick von der Stadtfestung auf Dieppe

Dieppes Hafen, wichtiger Fährhafen mit Verbindungen nach England und bedeutender Jachthafen an der Kanalküste, spielte im Zweiten Weltkrieg eine große Rolle.

Im August 1942 startete und scheiterte die Operation Jubilée, bei der alliierte Landungstruppen, überwiegend Kanadier, die Stadt befreien wollten und durch den Widerstand der deutschen Wehrmacht große Verluste hinnehmen mussten.

Einen schönen Überblick auf die Stadt erhält man von der westlichen Steilküste aus, wo sich eine **Burg** aus dem 15. Jahrhundert befindet, die erhaben über der Stadt wacht.

Die Burg ist ein Nachfolgebau einer früheren Festung, die bereits im 12. Jahrhundert errichtet worden war.

Bis zum Jahr 1923 wurde das Gemäuer als Kaserne benutzt. Zu Verteidigungszwecken war sie aber nicht mehr zu gebrauchen.

Im Inneren der Burganlage ist das **Schlossmuseum** untergebracht *(geöffnet Mi – Mo 10 – 12 und 14-17 Uhr, von Juni bis Sept. bis 18 Uhr)*. Neben Kupferstichen und zahlreichen Gemälden, die sich mit dem Thema Meer befassen, sind auch zahlreiche Kunstgegenstände aus Elfenbein zu bewundern. Im 15. Jahrhundert waren zahlreiche Handwerker in Dieppe ansässig, die mit Elfenbein arbeiteten.

Bei dem prächtigen Blick auf Stadt und Meer sieht man hinter der Burg auch die Kirchen von Dieppe. Geht man dann in die **Altstadt** hinab, gelangt man zunächst zur **Kirche Saint-Rémy** *(geöffnet nur von Mitte Juni bis Mitte Sept. Mi-So 15-18.30 Uhr)*. Das gotische Gebäude stammt aus dem 16. Jahrhundert, hat aber im Laufe der Zeit einige Elemente der Renaissance erhalten.

Im Inneren befindet sich eine der wichtigsten Orgeln, die noch aus der Zeit vor der Revolution stammen. Gebaut wurde das mächtige Instrument in den 1730er Jahren von Claude Parizot, der als bedeutender Orgelbauer des 18. Jahrhunderts gilt. Nachdem sie 1932 die Auszeichnung eines historischen Monuments erhielt, hat man sich dennoch nicht sehr um sie gekümmert und so musste sie 1990 komplett restauriert werden.

Etwas größer und komplett im Stil der Renaissance errichtet ist die **St. Jakobskathedrale** am Place Saint Jacques.

Dass die Kirche dem Heiligen Jakob geweiht ist, ist u. a. ein Hinweis darauf, dass Dieppe ein wichtiger Ort für die Engländer war, die sich auf dem Pilgerweg zum Grab des Heiligen in Santiago de Compostela befanden.

→ **ROUTE:** Dieppe verlassen wir über die **D75** (Rue Toustain) und fahren küstennah weiter Richtung Westen.

PRAKTISCHE HINWEISE – DIEPPE

Office de Tourisme, Pont Jehan Ango - B.P. 152 Quai du Carenage, 76204 Dieppe, Tel.: 02 32 14 40 60, Fax: 02 32 14 40 61, E-Mail: officetour.dieppe@wanadoo.fr, Web: www.dieppetourisme.com.

Restaurants

Brasserie 1930, 138 Grande Rue, Tel.: 02 35 84 13 87. Gediegenes Restaurant mit traditionellen Speisen.

Windsor, 18, Boulevard de Verdun, Tel.: 02 35 84 15 23. Meeresspezialitäten; Blick auf den Ärmelkanal.

Relais Gambetta, 95 Avenue Gambetta, Tel.: 02 35 84 12 91.

Camping

Saint-Aubin-sur-Scie

Camping Vitamin, 865 Chemin des Vertus, 76550 Saint-Aubin-sur-Scie, Tel.: 02 35 82 11 11, E-Mail: camping.vitamin@wanadoo.fr, Web: www.camping.vitamin.com, Apr. – Mitte Okt.; südlich von Dieppe ist der Platz über die N27 zu erreichen. Hinter dem großen Kreisverkehr das Einkaufszentrum links liegen lassen und die erste größere Ausfahrt rechts ab. Standardausstattung; Swimmingpool, Restaurant, Bar, Animation, Spielplatz, Waschmaschine, Trockner, **V & E für Wohnmobile**.

Martigny

Camping des 2 rivières, 76880 Martigny, Tel.: 02 35 85 60 82, Fax: 02 35 85 95 16, Web: www.camping-2-rivieres.com, April – Mitte Okt.; südlich von Dieppe liegen der Ort Martigny an der D154 und mehrere künstliche Seen. Zwischen zwei dieser Gewässer befindet sich der Campingplatz mit einem kleinen Shop und Waschmaschine, regelmäßig werden Grillabende veranstaltet. Angler sind gerne willkommen. Standardausstattung.

Wohnmobil-Stellplatz

Aire d'accueil Quai de la Marne, Wohnmobil-Stellplatz, Dieppe, Tel. 232-14 40 60; auf der rechten Uferseite zwischen Kreidefelsen und Hafeneinfahrt. Rund 50 Plätze für maximal 48 Stunden, **V & E für Wohnmobile**.

die Sankt Jakobs Kathedrale in Dieppe

Camping

Hautot-sur-Mer

Camping Relais Motard, 1015 Rue de la Mer, 76550 Hautot-sur-Mer, Tel.: 02 35 83 92 49, E-Mail: jean-luc.jue@wanadoo.fr, Web: www.relais-motard.com. Mitte April – Okt.; die Küste ist rund 800 m entfernt, es existieren eine kleine Bar und ein einfaches Restaurant. Überwiegend Festcamper, aber es gibt eine kleine Wiese an der Einfahrt für ca. 20 Campingurlauber, Hunde erlaubt. Mindestausstattung.

Camping Le Marqueval, Pourville-sur-Mer, 76550 Hautot-sur-Mer, Tel.: 02 35 82 66 46, Fax: 02 35 40 10 36, E-Mail: contact@campinglemarqueval.com, Web: www.campinglemarqueval.com, Ende März – Mitte Okt. großer, belebter Platz mit 300 Stellflächen, überwiegend jedoch Dauercamper, als Alternative kann der gegenüber liegende Camping Relais Motard dienen. Die Einfahrt ist 100 m weiter auf der anderen Straßenseite. Standardausstattung. **V & E für Wohnmobile.**

Camping La Source, 63, Rue Tisserands, Petit Appeville, 76550 Hautot-sur-Mer, E-Mail: info@camping-la-source.fr, Web: www.camping-la-source.fr, Mitte März – Mitte Okt.; südwestlich von Dieppe, über die D925 erreichbar, in unmittelbarer Nachbarschaft der Bahnlinie. Rund 120 Plätze auf Wiese, Standardausstattung; Swimmingpool, Fernsehraum mit Bar und Billard, Spielplatz, Tischtennis, Sportfeld, **V & E für Wohnmobile.**

Nach einer kurzen Steigung befinden wir uns auf der Steilküste und finden kurz hinter Dieppe einen **Parkplatz**, von dem aus man einen wunderbaren **Blick über den Ärmelkanal** hat. Von dort geht es hinab in den kleinen Ort **Pourville-sur-Mer**.

ROUTE: Auf der **D75** weiter gen Westen. Man erreicht **Varengeville-sur-Mer,** wo sich auf der linken Seite eine **Cidrerie** im **Schlosspark** befindet.

Varengeville-sur-Mer ist nur eine kleine Gemeinde, die schnell durchquert ist.

Claude Monet, der berühmte, aus der Normandie stammende Maler, hielt sich längere Zeit in Varengeville-sur-Mer auf und ließ sich zu einigen seiner Werke inspirieren, von denen einige die Ortschaft zeigen.

Ebenso blieb auch Jean Ango im 16. Jahrhundert in diesem Ort. Er war Reeder, Kapitän und Freibeuter aus Dieppe. Es ist bis heute nicht ganz geklärt, ob er oder ein Kapitän eines seiner Schiffe vielleicht sogar Brasilien entdeckt haben könnte. Sein ehemaliges Wohnhaus in Varengeville kann man besichtigen.

Wesentlich interessanter ist das **Schloss von Varengeville** bzw. das, was sich im Schlosspark des zweistöckigen Herrenhauses befindet, eine Cidrerie *(geöffnet tägl. 9 – 19 Uhr)*.

Die Herstellung des Cidre wird hier anschaulich erklärt und es besteht selbstverständlich die Möglichkeit, sich mit dem leckeren Apfelwein einzudecken. Ansonsten wird der Schlossgarten oftmals für Tanzabende oder Hochzeiten genutzt.

ROUTE: Die „Route de Dieppe", wie die **D75** auch genannt wird, wird in **Le Haut Blancmesnil** zur „Route de la Mer". Nach einer scharfen Rechtskurve erreichen wir den kleinen Ort **Sainte-Marguerite-**

Blick auf die Ärmelkanalküste bei Dieppe

sur-Mer, wo sich an der hübschen Kirche auf der linken Seite ein kleiner **Rastplatz** befindet.

Sainte-Marguerite-sur-Mer, ein kleiner Ort, bietet einen schönen **Picknickplatz** auf der linken Seite neben der kleinen **Kirche**. An der benachbarten Kapelle erinnert eine Gedenktafel an die bereits erwähnte Operation Jubilée im Jahr 1942.

→ **ROUTE:** Über **Quiberville** führt die **D75** an leuchtenden Rapsfeldern vorbei bis **Saint-Aubin-sur-Mer**. Ab hier folgt man der **D68** bis **Veules-les-Roses** an der **D925**.

Weiterreise ab Veules-les-Roses auf der D925 über **Cany-Barville** nach **Fécamp**.

PRAKTISCHE HINWEISE – SAINTE-MARGUERITE-SUR-MER

Office de Tourisme, Mairie, 76119 Sainte-Marguerite-sur-Mer, Tel.: 02 35 04 03 74, Fax: 02 35 85 12 34.

Restaurants

La Buissonnière, Tel.: 02 35 83 17 13. Meerespezialitäten, schön am Waldrand gelegen.

La Terrasse, Tel.: 02 35 85 12 54. Der Name des Restaurants verrät den Standort. Mit Blick auf das Meer kann man hier verschiedene Menüs probieren. Parkplatz, Aussenterrasse.

Praktische Hinweise

Quiberville-sur-Mer
Office de Tourisme, 983, rue de l'Eglise, 76860 Quiberville-sur-Mer, Tel.: 02 35 04 08 32, Fax: 02 35 04 08 32, E-Mail: ot-quiber-sv@wanadoo.fr, Web: http://perso.orange.fr/quiber.saaneetvienne.

Camping

Quiberville-sur-Mer
Camping Municipal „De la Plage", 123, Rue de la Saâne, 76860 Quiberville, Tel.: 02 35 83 01 04, Fax: 02 35 85 10 25, April – Okt. ; großer Campingplatz, der nur durch die D75 vom Strand abgetrennt ist. Hinter dem Platz befindet sich eine große Wiese mit Sportplatz. Die rund 200 Stellplätze sind parzelliert und auf Wiese. Standardausstattung; Aufenthaltsraum, Tischtennis, Waschmaschine.

Saint-Aubin-sur-Mer
Camping L'Isolette, Rue de L'Isolette, 76740 Saint-Aubin-sur-Mer, Tel.: 02 35 83 00 03, Fax 02 35 85 36 27, E-Mail: anne.mauduit@yahoo.fr, April – Okt.; Achtung, enge Zufahrt. 1 ha große Fläche für 40 Wohnmobile und Zelte auf einer Wiese, nennt sich selbst Naturcampingplatz. Sehr gemütlich und ruhig. Mindestausstattung.

Camping Municipal le Mesnil, 76740 St-Aubin-sur-Mer, Tel. 02 35 83 02 83, Apr. – Okt.; im Südwesten des Ortes gelegen, terrassierte Wiese bei einem ehemaligen Bauernhof, ca. 2 ha – 55 Stpl.; Standardausstattung. Von Dauercamper geprägt. **V + E für Wohnmobile**.

Bourg-Dun
Camping Les Garennes de la Mer, 76740 Bourg-Dun, Tel.: 02 35 83 10 44, April – Mitte Okt.; kleiner und einfacher Platz in ruhiger Lage am Südrand des Ortes, ca. 5 km von der Küste entfernt. Mindestausstattung.

Sotteville-sur-Mer
(–) **Camping Les Pommiers**, Rue Jean Antheaume, 76740 Sotteville-sur-Mer, Tel.: 02 35 97 62 12, E-Mail: yves-touret@wanadoo.fr, Web: www.campinglespommiers.fr, April – Okt.; kleiner Platz auf der Südseite des Ortes mit 68 Stellplätzen und einem kleinen Restaurant im alten Bauernhaus inkl. Terrasse. Standardausstattung.

Veules-les-Roses traumhaft!
+! **Camping Les Mouettes**, 34, Avenue Jean-Moulin, Veules-les-Roses, Tel.: 02 35 97 61 98, Fax: 02 35 97 33 44, März – Nov.; 150 Stellpätze mit W-LAN. Standardausstattung; kleiner Sportplatz, behinderten- und kinderfreundlich. Ort auch zu Fuß erreichbar

Saint-Valery-en-Caux
Camping Municipal Etennemare, Rue du Hameau d'Etennemare, 74640 Saint-Valery-en-Caux, Tel.: 02 35 97 15 79, ganzjährig geöffnet, in Hanglage mit etwas über 100 Stellplätze, am Ortsrand gelegen, Standardausstattung.

Cany-Barville
Camping Municipal, 15, Route de Barville, 76450 Cany-Barville, Tel.: 02 35 57 17 70, Fax: 02 35 97 72 32. Apr. – Sept.; 100 Plätze in Par-

zellen auf Wiese. Standardausstattung; Waschmaschine, Fußballplatz, Spielplatz, Bar.

Sassetot le Mauconduit
Camping Les 3 Plages, 76540 Sassetot le Mauconduit, Tel.: 02 35 27 40 11, Fax 02 35 28 23 20, Mitte Apr. – Mitte Sept.; ca. 100 parzellierte Stellplätze, Standardausstattung; kleines Geschäft.

Wohnmobil-Stellplatz

Saint-Valery-en-Caux
Aire de Service Camping-cars, Wohnmobil-Stellplatz am Leuchtturm, Quai d'Aval, Plage Ouest (Weststrand) in Saint-Valery-en-Caux, Tel. 23 59 70 063; Zahlung der Sani-Station mit Jetons, die im Touristenbüro erhältlich sind. Mit Blick auf das Meer, 72 Stunden Maximum, Übernachtung gratis, **V & E für Wohnmobile**.

Veulettes-sur-Mer
Parking Digue Jean Corruble Wohnmobil-Stellplatz, 76450 Veulettes-sur-Mer, Tel. 23 59 75 133; nördlich von Cany-Barville im Ort Veulettes-sur-Mer gelegen, kostenpflichtiger Stellplatz mit rund 50 Plätzen auf Asphalt und Wiese, Brötchenservice, **V & E für Wohnmobile**.

Bei der Anfahrt auf **Fécamp** kann man den Ort auf der linken Seite schon gut erkennen.

Bevor man in die Stadt hinein fährt, sollte man rechts in die kleine Straße (Route du Phare) abbiegen. In einer 180°-Grad-Kurve trifft man auf eine kleine **Kapelle** mit einer golden schimmernden Statue auf dem Dachfirst.

Nach einer Legende gelobte der normannische Herzog Robert der Prächtige, der Vater von Wilhelm, dem Eroberer, drei Kirchen zu bauen, nachdem er bei einem Schiffsunglück mit

die Steilküste bei Fécamp

dem Leben davon kam. Eine davon ist eben diese kleine Kirche. Sie steht herrlich an der Steilküsten und ist von fast jeder Stelle in Fécamp zu sehen.

Umgekehrt hat man von diesem Platz einen tollen Blick auf die Stadt und den Ärmelkanal. Bei guter Sicht kann man die berühmte Steilküste des 20 km entfernten Étretat erkennen.

Rund um die Kirche kann man ein wenig auf dem Küstenabschnitt spazieren gehen und die zahlreichen Überreste aus dem Zweiten Weltkrieg betrachten, die zum Teil noch sehr gut erhalten sind. Ein kleiner, beschilderter Rundweg erklärt die einzelnen Bauwerke dieses Teils des Atlantikwalls. Hauptsächlich dienten die Anlagen in Fécamp zum Abhören feindlicher Funksprüche.

Auf der Weiterfahrt hinein nach Fécamp passieren wir Teile des Hafengeländes und sehen nach der Linkskurve auf der rechten Seite das **Touristenbüro**.

das himmelstrebende Kirchenschiff der gotischen Abteikirche La Trinité in Fécamp

Direkt dahinter geht es rechts zu einem weiteren Teil des Hafens und gleichzeitig zum **Wohnmobilstellplatz**. Da dieser kostenlos und sehr günstig gelegen ist, sollte man ihn auch aufsuchen, wenn man nur die Stadt besichtigen möchte.

An dem folgenden Kreisverkehr kann man entweder gleich in Richtung **Strand und Promenade** gehen oder man geht zunächst nach links, um sich das etwas modernere Zentrum mit Einkaufsmöglichkeiten und zwei interessanten Kirchen anzuschauen.

Die erste von ihnen ist die **Kirche Saint Étienne**, die leider etwas herunter gekommen wirkt und sich mit ihrem fast kreisrunden Grundriss auf dem Place A. Bellet erhebt.

Wesentlich imposanter erscheint da die nur wenige Meter dahinter liegende **Abtei Trinité** *(geöffnet April-Sept. 9 – 19 Uhr, sonst, 9 – 12 Uhr und 14 – 17 Uhr, Eingang an der Seite)*, an die sich das Rathaus von Fécamp anschließt.

Auf dem Gelände der Abtei wurde im 7. Jahrhundert die erste kleinere Kirche gebaut, die allerdings bei einem Angriff der Wikinger zerstört wurde. Unter Herzog Richard I. wurde sie neu erbaut, war aber schon zu Anfang viel zu klein für die große Kirchengemeinde. Bald wurde sie zur Kathedrale erweitert.

Doch auch dieser romanische Bau wurde schon nach wenigen Jahrzehnten wieder zerstört, diesmal durch ein Feuer.

Das heutige gotische Gebäude stammt überwiegend aus dem 13. Jahrhundert, hat aber zwei größere Umbauten im 18. Jahrhundert erlebt, aus der zum Beispiel auch die Frontfassade stammt.

Über die verkehrsberuhigte Zone im Zentrum von Fécamp gelangt man schließlich in Richtung Promenade zu einem weiteren

Benediktinerabtei, Fécamp

Höhepunkt der Stadt. Der **Benediktinerpalast (Palais Bénédictine)** wurde vom Architekten Camille Albert geplant und im Jahr 1888 fertig gestellt. Doch schon nach vier Jahren zerstörte ein Großbrand das Gebäude, das aber umgehend in der heutigen Form wieder errichtet wurde.

Heute befinden sich in dem reich verzierten und unbedingt sehenswerten Gebäudekomplex nicht nur temporäre **Ausstellungen,** sondern auch eine Sammlung alter Kunstgegenstände sowie eine Ausstellung über Pflanzen, vor allem Gewürzen, aus aller Welt *(geöffnet Mitte Juli bis Ende Aug. 10 – 19 Uhr, sonst 10 – 13 und 14 – 18.30 Uhr, Eintrittskarten werden nur bis eine Stunde vor Schließung verkauft).*

Für viele Besucher ist die Besichtigung der **Destillerie** im Keller ein Höhepunkt des Benediktinerpalastes. Hier wird nämlich der leckere Benediktinerlikör hergestellt. Natürlich kann er in der kleinen Boutique gekostet sowie käuflich erworben werden.

Und wahrscheinlich kamen die kostbaren Kräuter, Gewürze und Ingredienzien für den Benediktinerlikör schon in alten Tagen über die legendäre **Route de l'Ivoire et des Epices**, die Straße des Elfenbeins und der Gewürze nach Fécamp.

Über die Rue Alexandre le Grand erreicht man auf dem weiteren Weg schließlich die **Promenade von Fécamp**, die von Lokalen und dem großen Casino geprägt ist.

Auf dem Weg zum Hafen kommt man wieder zurück zum Stellplatz und zur Touristeninformation.

Abschließend kann man im Haus Nummer 27 des Boulevard Albert 1er das **Museum „Neufundland und Fischerei"** besichtigen *(geöffnet Mi – So 10 – 12 Uhr und 14 – 17.30 Uhr, im Juli und August tägl. 10 – 19 Uhr)*. Es berichtet über die Seefahrer, die zum Kabeljaufang bis nach Neufundland fuhren. Mehrere Schiffsmodelle, Werkzeuge, Ausrüstungsgegenstände und eine Gemäldesammlung sind zu diesem Thema zu besichtigen.

→ **ROUTE:** Am Hafen von Fécamp beginnt die Rue du Président René Coty **(D940)**. Sie führt steil

Praktische Hinweise – Fécamp

Office de Tourisme, 113, rue Alexandre le Grand - BP 112 (Oktober bis März)

Office de Tourisme, Quai Sadi Carnot - BP 112, 76403 Fécamp (Apr.-Sept.), Tel.: 02 35 28 51 01, Fax: 02 35 27 07 77, E-Mail: info@fecamp-tourisme.com, Web: www.fecamptourisme.com.

Restaurants

Auberge de la Rouge, Route du Havre, Tel.: 02 35 28 07 59. Etwas außerhalb von Fécamp und nur in der Saison geöffnet, Spezialität sind Steinbutt und Austern. Parkplatz.

La Maree, 77, quai Bérigny, Tel.: 02 35 29 39 15. Hummermedaillon und Langusten werden in gediegener Atmosphäre angeboten.

Chez Nounoute, 3, place Nicolas Selle, Tel.: 02 35 29 38 08. Dienstagnachmittag und Mittwoch geschlossen. Günstiges Restaurant für Muscheln und Meeresfrüchte.

Internetcafé, Avenue du Cany/Quai Guy de Maupassant. Nur 100 Meter von der Touristeninformation entfernt befindet sich ein Jugendzentrum. In der ersten Etage ist ein Internetcafé untergebracht. Mitgebrachte USB-Sticks und Speicherkarten werden zuvor auf Viren untersucht.

Camping

Camping de Renéville, Chemin de Nesmond, 76400 Fécamp, Tel.: 02 35 28 20 97, Fax 02 35 29 09 09, E-Mail: camping-de-reneville@tiscali.fr, Web: www.campingdereneville.com, Mitte März – Mitte Nov.; dieser Campingplatz mit mehreren Terrassen liegt an der westlichen Steilküste von Fécamp. Dadurch haben fast alle der rund 150 Stellplätze ein tolles Panorama auf das Meer. Komfortausstattung; Spielplatz, kleine Snack-Bar, Waschmaschine, Trockner. **V & E für Wohnmobile**.

Wohnmobil-Stellplätze

Wohnmobil-Stellplatz, Quai Sadi Carnot, Tel. 23 52 85 101; direkt neben dem Touristenbüro, die Straße gehört zum Hafen. Man hat einen schönen Blick auf das Treiben im Yachthafen. Der Platz ist zwar nur für zehn Fahrzeuge gedacht, aber es sind regelmäßig wesentlich mehr Wohnmobile vor Ort. Kostenlos, dafür keine Ver- und Entsorgung.

Aire Camping-car Port de Plaisance, Wohnmobil-Stellplatz, Chaussee Eduard Levasseur, Tel. 23 52 85 101; an der Strandpromenade neben dem Yachthafen gelegen, Asphaltfläche für 10 Einheiten, Wasser gegen Gebühr, sonst gebührenfrei.

bergauf aus der Stadt hinaus. Kurz hinter dem Kreisverkehr in **Saint-Léonard** erscheint der Abzweig der **D211** in Richtung Yport. Auf kurvenreicher Straße geht es hinab in das von Wald umgebende **Yport**.

Ein wirklich ruhiger Ort an der normannischen Küste ist **Yport**. Die Gemeinde ist noch recht jung und wurde erst Mitte des 19. Jahrhunderts gegründet. Archäologische Ausgrabungen haben aber ergeben, dass auch hier schon im Mittelalter eine Siedlung gewesen sein muss. Diese Tatsache wundert

Praktische Hinweise – Yport

Office de Tourisme, Place J.P. Laurens, 76111 Yport, Tel.: 02 35 29 77 31, Fax: 02 35 10 52 24, E-Mail: yport.tourisme@wanadoo.fr.

Camping

Camping La Pature, 76111 Yport, Tel.: 02 35 27 30 04, Apr. – Sept.; sehr kleiner Campingplatz (Aire Naturelle), die Rezeption besteht aus einem sehr alten Wohnwagen, der Besitzer ist aber sehr freundlich. Der gemütliche Platz verfügt über eine große Wiese für maximal 40 Wohnmobile oder Zelte. Mindestausstattung.

Camping Le Rivage, 76111 Yport, Tel.: 02 35 27 33 78, E-Mail: le-rivage.yport@free.fr, Mitte März – Mitte Sept.; dieser Platz befindet sich gleich gegenüber vom Campingplatz La Pature. Genauer gesagt, befindet sich dort die obere Einfahrt. Der Platz liegt am Hang und hat deshalb noch einen zweiten Zugang weiter unten. Dadurch fährt man von der oberen Einfahrt kommend zunächst über den gesamten Platz bis zur Rezeption. Die 90 Stellplätze sind terrassenförmig angelegt und bieten einen schönen Blick auf das Meer und die kleine Stadt. Man sollte vermeiden, einen Platz am oberen Eingang zu erhalten. Dort ist der Platz nicht bewacht, die Sanitäranlagen sind sehr weit entfernt und das Panorama nicht ganz so schön. Standardausstattung; Tischtennisplätze, Flugdrachenverleih, Spielplatz, Brötchenservice. **V & E für Wohnmobile**.

Camping La Chênaie, 104, Rue H. Simon, 76111 Yport, Tel.: 02 35 27 33 56, ganzjährig geöffnet; der Campingplatz ist der einzige der drei Plätze in Yport, der zwischen den Steilküsten aber nicht an der Küste liegt, sondern am anderen Ende des Ortes im Binnenland in waldreicher Umgebung. 80 Stellplätze auf Wiese, Standardausstattung.

nicht, wenn man sich die Lage von Yport anschaut. Das Städtchen in der Haute-Normandie wird zwar von Steilküsten eingegrenzt, bietet aber dennoch einen der wenigen Zugänge zum Meer. Lange setzte man in Yport im Wesentlichen auf den Fischfang, der aber im letzten Jahrhundert mangels Ertrag eingestellt werden musste.

Heute lebt die Stadt vom Tourismus. Und obwohl es drei Campingplätze gibt, ist Yport nie überlaufen.

Bekannt ist die Stadt auch durch das Gemälde „Les Falaises a Yport" von Monet, das er im Jahr 1861 schuf.

Route: Weiterreise von Yport auf der **D279** Richtung **Les Loges** und zur **D940**. Alternativ kann man auch über die kleinere und enge **D211/D11** in Küstennähe entlang fahren. In beiden Fällen trifft man am Etappenziel **Étretat** auf die Kreuzung Rue Jaques Offenbach/Avenue Nungesser et Coli.

Étretat kann mit Fug und Recht zu den hübschesten Küstenstädtchen der Normandie gezählt werden. Stimmt!

Zugegebenermaßen ist der kleine Ort im Sommer sehr überlaufen. Schließlich ist Ètretat eines der beliebtesten Ausflugs- bzw. Reiseziele bei Franzosen und ausländischen Touristen gleichermaßen. Und der Autor dieses Buches konnte hier schon Urlauber-Fahrzeuge aus Marokko und Weißrussland sichten. Bei Étretat findet man nun mal DAS Wahrzeichen der Normandie,

Camping

Les Loges

Camping Les Pommiers, 190, Rue des Pommiers, 76400 Saint Léonard, Tel.: 02 35 27 69 96, E-Mail: contact@camping-les-pommiers.com, Apr. – Okt.; 75 gemütliche und parzellierte Stellplätze unter Bäumen. Nördlich der D940, aber sehr einsam gelegen, gut drei Kilometer von der Küste entfernt. Standardausstattung; Waschmaschine, Trockner, Snackbar, Shop, Brötchenservice.

Camping L'Aiguille Creuse, 76790 Les Loges, Tel.: 02 35 29 52 10, Fax: 02 35 10 86 64, E-Mail: camping@aiguillecreuse.com, Web: www.campingaiguillecreuse.com, Apr. – Sept.; wenige Kilometer vor Étretat befindet sich auf der linken Seite der Platz in unmittelbarer Nähe der Hauptstraße (D940) am westlichen Ortsende von Les Loges. Er verfügt über rund 100 Stellplätze; Standardausstattung; Swimmingpool, Spielplatz und Bar.

die **Felsformationen seiner Steilküste** (Falaise).

Schon bei der Einfahrt in die Stadt wird man, je nach Uhrzeit, merken, dass es nicht lohnt, mit dem Wohnmobil in den engen Straßen einen der drei Parkplätze zu zusuchen, die sowieso immer belegt sind. Sinnvoller ist es, sein Fahrzeug entweder direkt auf dem Camping- bzw. Stellplatz abzustellen oder durch den Ort hindurch zu fahren und am Ortsausgang (Richtung Le Havre) auf dem dortigen Parkstreifen zu parken.

Das kleine Zentrum von Étretat ist überschaubar und schnell besichtigt.

Zentraler Punkt ist die hölzerne **Markthalle** aus dem Jahr 1926, die über dem Tor eine Gedenkplatte an die vergangenen Kriege trägt und damals als Militärkrankenhaus genutzt wurde.

Im Inneren sind heute zahlreiche Souvenirläden zu finden, die von Postkarten über Fahnen und Batiktüchern alles verkaufen, was man als Tourist braucht oder auch nicht.

Der Wochenmarkt findet aber schon lange nicht mehr in der Markthalle, sondern jeden Donnerstag auf dem Nebenplatz statt, auf dem sich in früheren Zeiten einmal ein Bauernhof, ein Teich und ein Kanal befanden.

Auf dem Weg von der Markthalle, die von mehreren Restaurants und weiteren Andenkenläden umgeben ist, passiert man den Boulevard René Coty, wo altes Fachwerk zu bewundern ist. Besonders auf der rechten Seite fällt der Blick auf das rustikale Hotel Salamandre, in dem im Untergeschoss ein einladendes Restaurant untergebracht ist.

Am Ende des Boulevards trifft man auf einen der Parkplätze und gleich dahinter geht es wenige Stufen hinauf auf die **Promenade**, die nicht nur einen herrlichen Blick auf das Meer bereit hält, sondern auch auf die Steilküste rechts und links sowie auf die berühmte **Felsnadel**, die aus dem Meer ragt.

Die Promenade ist von West nach Ost in vier verschiedene Terrassen unterteilt (Terrasse C. Courbet, Terrasse Claude Monet, Terrasse Maurice Leblanc und Terrasse F. Boudin). Sie tragen die Namen von Künstlern, die in Étretat tätig waren.

Am berühmtesten sind hierbei wohl die Gemälde von Claude Monet, deren Motive die Steilküste von Étretat zeigen. Mehrere Schilder weisen auf den Maler hin und zeigen die Standorte, an denen der Künstler die Werke skizzierte.

Am östlichen Ende der Promenade führt, ein wenig versteckt, eine

Treppe nach oben und endet auf dem rechten Felsabschnitt. Oben auf dem sogenannten **Falaise d'Amont** angekommen, sieht man zunächst die **Kapelle Notre Dame de la Garde**.

Sie stammt aus dem Jahr 1950 und ersetzt eine Kapelle, die rund 100 Jahre zuvor errichtet, aber im Zweiten Weltkrieg zerstört wurde.

Gleich hinter der Kapelle erhebt sich in 24 Meter Höhe ein weißes pfeilartiges Denkmal, das auf einem Parkplatz über einer Flugzeugnachbildung aus Beton, im Boden eingelassen wurde. Es soll an die beiden französischen Piloten Nungesser und Coli erinnern, die am 8. Mai 1927 an Bord ihres ‚Oiseau blanc' (Weißer Vogel) die erste Atlantiküberquerung vollbringen wollten. Sie erreichten ihr Ziel leider nie und blieben auf dem Weg zum amerikanischen Kontinent bis heute verschollen.

Zuletzt gesichtet wurden sie bei Étretat, weshalb man ihnen dieses Denkmal widmete.

Zugleich ist der Falaise d'Amont der beste Aussichtspunkt auf das Seebad und den **Falaise d'Aval**.

Deutlich ist die **Felsnadel (L'Aiguille)** zu erkennen, die sich vor der Küste aus dem Meer erhebt, sowie das **Aval-Tor (Porte d'Aval)**, das eine weitere Besonderheit bietet.

Nur wer genau hinschaut, wird den dunklen Flecken in der Felswand als Höhleneingang deuten und nur wer Geduld hat, wird diesen Höhleneingang auch nutzen können. Denn man muss schon bis zur Ebbe warten, damit die vom Meerwasser umspülte Höhle begangen werden kann.

Ist das Wasser einmal zurückgewichen, kann man über eine in den Fels installierte Sprossenleiter die Höhle be-

das Wahrzeichen der Normandie, die Felsformationen Falaise d'Aval bei Étretat – links die Felsnadel L'Aiguille und in der Mitte das Aval-Tor Porte d'Aval

Guy de Maupassant

Gerne wird Guy de Maupassant als einer der großen französischen Erzähler des 19. Jahrhunderts im gleichen Atemzug mit Honoré Balzac oder Émile Zola genannt.

1850 erblickte er das Licht der Welt im Schloss Miromesnil bei Dieppe und verbrachte die größte Zeit seiner Jugend in Fécamp. Seine Novelle „Boule de suif" (Fettklößchen) brachte ihm im Alter von 30 Jahren den Durchbruch. Es folgten weitere 300 Novellen und ein halbes Dutzend Romane in den nächsten 12 Jahren.

Gleichzeitig verbrachte er seine Freizeit mit zahlreichen Liebesabenteuern und infizierte sich dabei mit Syphilis. Im Jahr 1893 starb er in einer französischen Klinik an den Folgen der Krankheit.

Doch in den wenigen Jahren seines Ruhmes und Erfolges verdiente er genügend Geld, um sich eine Segelyacht in Südfrankreich zu kaufen und ein Haus in Étretat bauen zu lassen.

Sein erfolgreichstes Werk „Bel-Ami" beschreibt den Aufstieg eines jungen Mannes in immer höhere gesellschaftliche Positionen, obwohl er ungebildet ist und immer nur Bekanntschaften skrupellos zu seinem Vorteil ausnutzt. Der Roman wird auch heute noch gerne gelesen.

treten. Die Mitnahme einer Lichtquelle ist nicht unbedingt erforderlich, da man nur wenige Meter in die Dunkelheit geht und es am Ende wieder etwas heller wird.

Die Überraschung ist dann perfekt, denn die vermeintliche Höhle ist ein Tunnel und man gelangt durch diesen auf die andere Seite des Felsmassivs, wo man noch ein wenig weiter spazieren gehen kann.

Doch sollten die aushängenden Gezeitenpläne beachtet werden, damit man rechtzeitig wieder durch den Tunnel zurückgeht, anderenfalls ist man bis zur nächsten Ebbe von der Außenwelt abgeschnitten. In der Hochsaison ist Wachpersonal vorhanden, das einen kurz vor Einsetzen der Flut darauf hinweist, dass man wieder zurück zu gehen hat.

Zudem kann man sich auf dem Weg zum Tunnel noch die Anlagen zur Austernzucht anschauen. Diese wurden im Jahr 1777 angelegt und dienten der Überlieferung nach der Austernzucht für Königin Marie-Antoinette. Natürlich sind die Becken heute nicht mehr in Betrieb. Einen guten Überblick über die Becken hat man von oben, genauer gesagt von der Steilküste.

Auch hier geht ein Wanderweg von der Promenade bis hinauf auf den Kieselsteinbogen. Auf der linken Seite kann man dabei den Golfern – und den Kaninchen - auf dem sehr schön angelegten Platz zuschauen, während rechts die Wellen an die 51 m hohe Felsnadel schlagen.

Ebenfalls sieht man von dort oben wieder sehr schön den Ort und die Steilküste auf der anderen Seite, wo sich die Kapelle Notre Dame und das Fliegerdenkmal befinden. Oben auf der Steilküste kann man weit auf einem ausgetretenen Pfad entlang wandern.

Auf dem Rückweg ins Stadtzentrum hat man noch die Möglichkeit, schräg gegenüber der Touristeninformation in die Rue Guy de Maupassant in Richtung Campingplatz zu gehen.

Gleich am Anfang der Straße befindet sich auf der linken Seite das ehemalige **Wohnhaus des Schriftstellers**

Maurice Leblanc. Dieser schuf den Helden Arsène Lupin, weshalb der Garten und das Anwesen auch als Le Clos A. Lupin bezeichnet wird.

Im Inneren des Hauses wird das Wirken von Leblanc erklärt, wobei man unter anderem auch das Arbeitszimmer des Schriftstellers zu sehen bekommt *(geöffnet von April bis Sept. tägl. 10–17.45 Uhr, sonst nur am Wochenende 11 – 16.45 Uhr).*

Mein Tipp! Etwas außerhalb von Étretat befindet sich in Richtung Le Havre an der D940 das Herrenhaus **Manoir de Cateuil.** Dort wird Ziegenkäse aus eigener Zucht hergestellt. Ebenso kann man sich bei einer Führung zwischen März und November mit dem hausgemachten Apfelwein oder den selbst hergestellten Schokopralinen in acht verschiedenen Geschmacksrichtungen eindecken.

Praktische Hinweise – Étretat

Office de Tourisme, Place Maurice Guillard - B.P.3, 76790 Étretat, Tel.: 02 35 27 05 21, Fax: 02 35 28 87 20, E-Mail: ot.etretat@wanadoo.fr, Web: www.etretat.net. *Öffnungszeiten Mitte Juni bis Mitte Sept. 9-19 Uhr, sonst 10-12 und 14-18 Uhr.*

Restaurant

Brasserie Bio La Salamandre, 4 Boulevard René Coty, Tel.: 02 35 27 17 07. Im Erdgeschoss des gleichnamigen Hotels in rustikaler Atmosphäre. Man kann auch draußen sitzen, doch dies ist eher ungemütlich und auf dem schmalen Bürgersteig ein wenig eng.

Restaurant Hôtel Le Corsaire, Rue Général Leclerc, Tel.: 02 35 10 38 90. Meerespezialitäten an der Promenade.

Restaurant Hôtel l'Escale, Place Foch, Tel.: 02 35 27 03 69. Verschiedene Speisen direkt an der Markthalle.

Camping

Camping Municipal, 69 Rue Guy de Maupassant, 76790 Étretat, Tel.: 02 35 27 07 67, Apr. – Sept.; der kommunale Platz ist rund einen Kilometer vom Zentrum und vom Strand entfernt und hat 73 Plätze, von denen aber nicht alle an Wohnmobilisten vergeben werden. Hier sollte man frühzeitig einchecken, da der Platz oft schon am Spätnachmittag belegt ist. Die Sanitäreinrichtungen sind sauber, aber ein wenig eng. Eine Seite des ruhigen Platzes ist vom Wald begrenzt, Standardausstattung; Waschmaschine, Spielplatz. **V & E für Wohnmobile**.

Wohnmobil-Stellplatz

Parking Grand Val Wohnmobil-Stellplatz, 69 Rue Guy de Maupassant, 76790 Étretat, Tel. 02 35 27 05 21. Der Stellplatz (ca. 20 Plätze) gehört zum Campingplatz Municipal. Man erreicht seine Einfahrt hinter der Campingzufahrt. Das Sanitärgebäude darf nicht benutzt werden, die dortigen Campingtouristen erhalten hierfür eine Pinnummer. In den Übernachtungskosten, die günstiger sind als die auf dem Campingplatz, ist die Ver- und Entsorgung enthalten, **V & E für Wohnmobile.**

Wohnmobil-Stellplatz am alten Bahnhof, Rue du Colonel Raynal, Place de la Gare, Tel. 02 35 28 87 20, Asphaltfläche für ca. 10 Einheiten vor der Gendarmerie National. Gebührenfrei.

2. ÉTRETAT – TROUVILLE-SUR-MER/DEAUVILLE

Länge der Tour: Rund 75 km.

Die Route: D940 bis **Le Havre** – D232 in **Le Havre** – N15, N282 und N182 nach **Harfleur** – N182, N282 bis zur **Pont de Normandie** – A29 und D580 bis **Honfleur** – D570, D288 und D74 nach **Trouville-sur-Mer/Deauville.**

Reisedauer: Mindestens zwei Tage.

Reisehöhepunkte: Stadtrundgang durch das Zentrum **Le Havre** ** - Überquerung der **Seinemündung** * - Bummel durch die Gassen von **Honfleur** ** - Besichtigung von **Deauville** **.

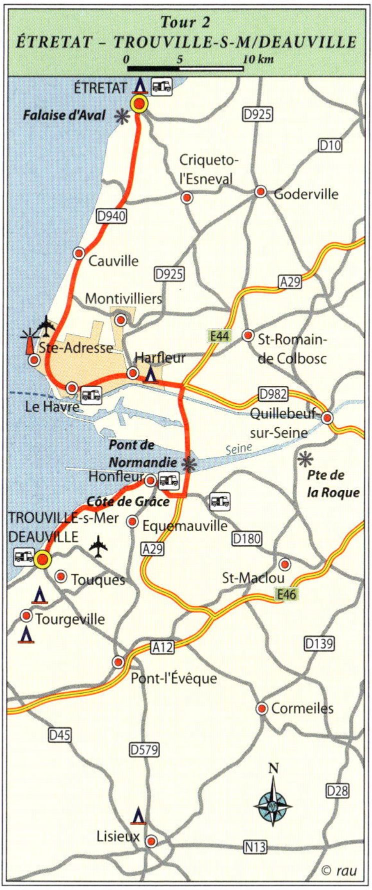

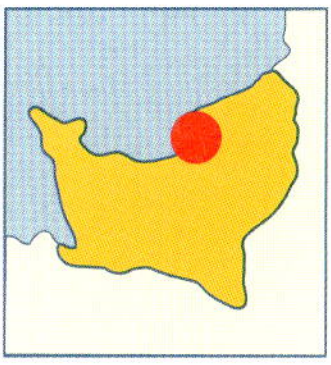

Route: Die **Route du Havre (D940)** in Étretat steigt steil an und lässt die Parkplätze rechts und links liegen. Auf einer Anhöhe passiert man das drei Kilometer entfernte **Le Tilleul**. Später kommt man durch **Octeville**, lässt den kleinen Flugplatz rechts liegen und fährt danach rechts hinab in den kleinen Ort **Sainte-Adresse**.

Den kleinen Ort **Sainte-Adresse** hat man auf Grund fehlender Sehenswürdigkeiten schnell durchquert, was eigentlich schade ist, denn Sainte-Adresse ist die erste Adresse für die Nachbarn aus Le Havre, zumindest wenn es um angenehmes Wohnen geht. Viele Menschen bezeichnen Sainte-Adresse als noblen Villenvorort von Le Havre und genau diesen Eindruck erweckt die Stadt auch.

Claude Monet z. B. hielt sich in den Sommermonaten oft in Sainte-Adresse auf, obwohl er in Le Havre wohnte. Bei einem seiner Aufenthalte schuf er das Gemälde „**Garten von Sainte-Adresse**".

Wenn man die kleine **Kirche Saint Denis** auf der linken Seite unbeachtet lässt, so gelangt man kurz darauf an die Strandpromenade. Nach rechts bzw. in Richtung Osten endet diese aber nach wenigen Metern, während es entge-

Camping

Le Grand Hameau/St-Jouin-Bruneval

Camping Le Grand Hameau, 76280 Saint-Jouin-Bruneval, Tel.: 02 35 55 88 41, E-Mail: richlecoq@aol.com, Apr. – Mitte Okt.; kleiner Platz mit parzellierten Stellflächen auf Wiese, freundlicher Empfang, ruhig gelegen, Mindestausstattung.

gengesetzt direkt in die Nachbarstadt Le Havre geht.

Jedes Jahr in der letzten Maiwoche findet in Sainte-Adresse ein mehrtägiges **Jazzfestival** statt.

ROUTE: Auf dem Weg von **Sainte-Adresse** in die benachbarte Hafenstadt **Le Havre** an der Seinemündung passiert man die Zufahrt zum **Wohnmobil-Stellplatz** der Stadt. Am Kreisverkehr der **D940** zweigt man auf dem **Boulevard Albert 1er (D232)** Richtung **Le Havre ab** und sieht dann bereits die Beschilderung zum Wohnmobil-Stellplatz. Schließlich endet der schnurgerade Boulevard François 1er am Wohnmobil-Stellplatz. Entlang des Boulevards liegt auf der rechten Seite ein langer verkehrsgünstiger Parkplatzstreifen.

Auf den ersten flüchtigen Blick könnte man von **Le Havre** den Eindruck bekommen, man befinde sich nicht in Frankreich, sondern wesentlich weiter östlich in einer Stadt, die in einem ehemals kommunistisch regierten Land geplant und erbaut wurde. Die Innenstadt von Le Havre ist rechtwinklig, mit geraden Linien versehen und als Baumaterial wurde nichts anderes als Beton verwendet.

Der Grund für diesen Architekturstil liegt in den Wirren des Zweiten Weltkrieg.

1940 war Le Havre von den deutschen Besatzern eingenommen und auf Grund ihrer Bedeutung als Hafenstadt stark befestigt und zu einem Teil des Atlantikwalls ausgebaut. Dies wiederum führte dazu, dass es zu schweren Kämpfen kam und Le Havre im September 1944 überwiegend von britischen Flugzeugen stark bombardiert wurde. Dabei kamen 5.000 Menschen ums Leben und mehr als doppelt so viele Häuser wurden zerstört. Von der Stadt Le Havre blieb schlicht nichts mehr übrig.

nicht auf den ersten Blick als solcher zu erkennen, der ganz mit Glasfenstern durchbrochene Betonkirchturm von St-Joseph in Le Havre

Nach dem Krieg gab es aber keinen typischen Wiederaufbau wie in anderen Städten, sondern es wurde ein einziges Architekturbüro beauftragt, die Stadt wieder zu errichten.

Auguste Perret war ein Liebhaber von Beton als Baumaterial und hatte in der Zeit von 1945 bis 1954 reichlich Gelegenheit, dies deutlich zu zeigen. Unter seiner Leitung entstand das gesamte Zentrum von Le Havre neu. Perrets „Betonstil" wirkt auf den Betrachter zwar etwas gewöhnungsbedürftig, veranlasste die UNESCO im Jahre 2005 aber dazu, Le Havres Innenstadt eben wegen dieses Baustils zum Weltkulturerbe zu erklären.

Die Geschichte von Le Havre begann zwar schon lange vor dem Zweiten Weltkrieg, aber doch erstaunlich spät, wenn man die strategisch wichtige Lage der Hafenstadt an der Mündung der Seine bedenkt.

Le Havre wurde erst im 16. Jahrhundert gegründet, wuchs aber wegen seines Fischerei- und Militärhafens schnell zu einer Großstadt heran. Schon im 18. Jahrhundert verfügte Le Havre über den zweitgrößten Hafen des Landes, der bis heute nichts von seiner enormen Bedeutung für den französischen Seehandel eingebüßt hat.

Am Boulevard Clemenceau, der am Kreisverkehr bei der Touristeninformation beginnt und direkt am Yachthafen verläuft, steht alle zehn Meter ein Flaggenmast. An jedem Mast ist ein Schild angebracht, welches die Seehäfen der Nation erwähnt, deren Flagge oben weht. Schon deshalb lohnt ein Spaziergang an der Promenade entlang.

Sehenswert ist aber auch der **Yachthafen** selbst, der mit 1.300 Liegeplätzen einer der größten des Landes und der nächstgelegene für die Einwohner der Hauptstadt Paris ist.

Le Havre, Place General de Gaulle

gerade Linien prägen das Bild von Le Havre wie hier am Rathausplatz der Stadt

Gleich neben dem Yachthafen dehnt sich der breite **Strand** von Le Havre aus, der in den Sommermonaten gut besucht wird. Allerdings darf man nicht vergessen, dass es sich um den Strand einer Großstadt handelt, an dem große Überseeschiffe vorbei schippern. An einen gemütlichen Strandurlaub sollte man hier also nicht denken.

Das erst kürzlich renovierte Kunstmuseum **Musée Malraux**, 2 Blvd. Clemenceau, *(geöffnet tgl. a. Di 11 – 18 Uhr, Sa + So bis 19 Uhr)* zeigt die größte Sammlung impressionistischer Künstler nach dem Musée d'Orsay in Paris. 2006 wurde das Museum durch die Collection Senn-Foulds ausgedehnt und damit noch zusätzlich bereichert.

Über den Strandboulevard gelangt zum Passagierhafen, wo kurz hinter dem Wohnmobilstellplatz die Rue de Paris abzweigt. Spätestens hier merkt man den erwähnten architektonischen Stil ganz besonders. Die schnurgerade Straße ist mit geraden, schnörkellosen und gleich hohen Häusern versehen, die bis zum **Rathausplatz** reichen. Nur ein Gebäude fällt dabei aus dem Rahmen. Es ist die auf der rechten Seite befindliche **Kirche Notre Dame**, die nach mehreren Zerstörungen im Laufe ihrer langen Existenz immer an derselben Stelle wieder aufgebaut wurde.

Die Kirche Notre Dame steht seit 1919 unter Denkmalschutz, was aber die Bombardierungen im Jahr 1944 nicht aufhalten konnte, bei denen das Kirchenschiff einstürzte.

Auf dem weiteren Weg erreicht man ein kleineres Hafenbecken an dem eine überdimensionale Statue an die Schrecken des Zweiten Weltkrieges erinnert.

Gleich gegenüber sieht man ein Gebäude, das sehr ungewöhnlich wirkt. Es ist das von Oscar Niemeyer erschaffene **Kulturzentrum**.

Wer Bilder aus der brasilianischen Hauptstadt Brasilia gesehen hat, der wundert sich nicht über die Architektur des Kulturzentrums. Denn Oscar Niemeyer schuf in Brasilia unter anderem die Kathedrale sowie weitere Gebäude dort, die allesamt ungewöhnlich erscheinen. So auch dieses weiß leuchtende Bauwerk, welches wegen seinem Äußeren den Beinamen „**Le Volcan**" erhielt. Heute sind in dem Vulkan auch ein Kino und mehrere kleine Geschäfte untergebracht.

Nur wenige Meter später passieren wir am Place Auguste Perret die Fußgängerzone Rue Victor Hugo, die im Jahr 2007 komplett restauriert wurde.

Dahinter erscheint der mächtige **Rathausplatz**, bei dem auch hier wieder alles in geraden Linien verläuft. Selbst die Baumkronen werden regelmäßig in quadratische Formen geschnitten.

Doch spätestens auf dem Rathausplatz muss jeder Kritiker zugeben, dass der Baustil zwar nicht der schönste, aber wenigstens alles stimmig ist.

Der 72 m hohe Turm neben dem Rathaus passt genau zum Platz, auf dem zahlreiche Wasserspiele und Blumenbeete das Bild abrunden.

Das Rathaus wurde 1958 fertig gestellt.

Auf der anderen Seite des Rathausplatzes sieht man ein weiteres interessantes Gebäude, die **Kirche Saint Joseph**.

Über die Rue Paul Dourner gehen wir geradeaus und biegen an der dritten Straße (Rue Séry) links ab, um das ungewöhnliche Gotteshaus zu erreichen. Schon von außen ist der achteckige Kirchturm mit einer Höhe von 107 Metern sehenswert.

Noch imposanter ist aber der Anblick von innen. Der Turm befindet sich genau über dem modern gestalteten Altar und bietet von innen einen interessanten Einblick.

Über 12.000 verschiedenfarbige Glasfenster wurden in den Turm eingesetzt, die bei entsprechendem Sonnenstand ein tolles Lichtspiel ergeben. So ungewöhnlich wie der Turm ist die Kirchenbestuhlung, die ein wenig an alte Kinosäle aus den 1950er Jahren erinnert.

Wer sich für das Treiben in großen Häfen interessiert, wird von der Hafenstadt Le Havre ein wenig enttäuscht sein. In der Nähe des Zentrums befindet sich zwar der Passagierhafen und es sind nicht selten große Kreuzfahrtschiffe zu sehen, aber der imposante Frachthafen ist aus Sicherheitsgründen für den normalen Reisenden nicht zugänglich.

Praktische Hinweise – Le Havre

Office de Tourisme, 186, bd Clemenceau - BP 649, 76059 Le Havre, Tel.: 02 32 74 04 04, Fax: 02 35 42 38 39, E-Mail: contact@lehavretourisme.com, Web: www.lehavretourisme.com.

Restaurants

L'Écume des Mers, Boulevard Albert 1er, Tel.: 02 35 21 87 99. Einfaches Lokal mit Meeresspezialitäten.

Le Zgorthiote, 110, Rue Jules Siegfried, Tel.: 02 35 43 34 97. Restaurant mit libanesischer Küche. Ausgefallen, aber lecker.

Wohnmobil-Stellplatz

Wohnmobil- Stellplatz, Chaussée John F. Kennedy, direkt am Hafenkai mit Blick auf die Passagierschiffe. 19 eingezäunte Stellplätze mit Sanistation gegen Gebühr, maximale Standzeit 48 Stunden. Strom. **V & E-Säule**.

Praktische Hinweise – Harfleur

Maison du Tourisme, 1, Rue du grand Quai, 76700 Harfleur, Tel.: 02 35 13 30 09, Fax: 02 35 13 37 41, E-mail: tourisme@harfleur.fr. *Geöffnet von Di - Sa 10.30 - 12.30 Uhr und 13.30 - 18 Uhr, So 10 - 12.30 Uhr.*

Restaurants

Restaurant Le Victor Hugo, 6, place Victor Hugo, Tel.: 02 35 49 18 70. Klassische Küche, günstige, aber leckere Menüs.

Route: Weiterreise auf der N15 zunächst Richtung Rouen. Nach rund 6 km passiert man **Harfleur** und zweigt auf die **N182** ab, über die man direkt den großen **Parkplatz am Place d'Armes** am Rande von Harfleurs Zentrum erreicht.

Der kleine Ort **Harfleur** wäre das, was heute Le Havre ist, wenn nicht sein Hafen im Laufe der Zeit versandet wäre.

Dafür hat sich Harfleur bis heute eine kleine, aber schöne **Altstadt** bewahrt. Rustikale Häuser, teilweise aus Fachwerk, dominieren das Zentrum, durch das sich der schmale Fluss Lézarde windet.

Unverhältnismäßig groß und imposant erscheint die **St. Martinkirche**, die zwischen dem 13. und dem 17. Jahrhundert erbaut wurde.

Ebenfalls sehenswert ist die **Bibliothek** in dem ehemaligen Rathausgebäude an der Rue Jean Jaurés. Das Gebäude stammt aus dem 16. Jahrhundert, wurde aber im Jahr 1886 restauriert.

Route: Von Harfleur auf der **N282** und die weiterführende **A131** ostwärts. Nach rund 6 km südwärts auf die A29 und über die imposante und schon von weitem sichtbare Hängebrücke **Pont de Normandie**, die die Mündung der Seine überspannt, hinüber nach **Honfleur** am Südufer der Seinemündung.

Als weithin sichtbare Landmarken ragen die Pylone der **Pont de Normandie (Brücke der Normandie)**, die die Seinemündung überbrückt, 215 Meter hoch auf.

Schon vor der großen Hängebrücke gilt es ein anderes Brückenbauwerk zu überqueren. Dieses ist zwar nicht so hoch und spektakulär, sieht aber auf Grund der Kurvenform nicht weniger interessant aus.

Hinter der ersten Brücke, die zunächst nur ein Hafenbecken überspannt, erscheint ein **Rastplatz**, den man kurz ansteuern sollte. Dort befindet sich ein **Informationszentrum** über den Bau der Brücke. Zum Beispiel sind dort Muster der Trageseile ausgestellt, an denen die Fahrbahn aufgehängt ist und es ist der Querschnitt eines der Pylonen aufgebaut, um die Brückenkonstruktion zu veranschaulichen.

Darüber hinaus kann man eine **Aussichtsplattform** oberhalb der Mautstation betreten und die Brücke kostenlos sogar zu Fuß überqueren, was allerdings nur Schwindelfreien zu empfehlen ist. Zudem sollte man dies nur an windstillen Tagen machen und besonders den Verkehr im Auge behalten, da der Gehweg (gleichzeitig auch Radweg) sehr schmal ist.

Die Brücke wurde in den Jahren 1988 bis 1994 erbaut, aber erst ein Jahr darauf für den Verkehr freigegeben. Dies lag an den Belastungstests, die zuvor durchgeführt werden mussten, da es für eine **Schrägseilbrücke** dieser Größe zum damaligen Zeitpunkt noch keine Erfahrungswerte gab. Die Brücke weist

eine Gesamtlänge von 2.141 Metern auf und ist mit einer Spannweite von 856 Meter die längste dieser Art in Europa. Weil auf der Seine bis Rouen Hochseeschiffe verkehren, musste man dem Bauwerk eine Durchfahrtshöhe von 56 Metern geben. Das führt dazu, dass die Anfahrt auf den Scheitelpunkt extrem steil verläuft und man für einen Moment das Gefühl bekommt, in den Himmel zu fahren.

→ ROUTE: Nach Überquerung der Seine über die Pont de Normandie benutzen wir direkt die erste Ausfahrt und folgen der **D580** nach **Honfleur**.

Nach Überqueren der Brücke hat man die Region in der Normandie erreicht, die den Namen **Blumenküste Côte Fleurie** trägt. Sie reicht bis in das westlichere Sallenelles hinter Cabourg und hat ihren Namen wegen der grünen und oftmals blühenden Küstenlandschaft.

Vor Honfleur besteht die Möglichkeit, sich die Brücke aus einer anderen Perspektive anzuschauen. Man muss nur der Beschilderung ab der Abfahrt folgen. Die kleine Straße endet an einem Parkplatz neben einem ehemaligen Betriebshof. Dort hat man einen Blick auf das gesamte Bauwerk.

Honfleur ist auf jeden Fall eine Reise wert – das finden andere allerdings auch, daher kann es zuweilen schon recht eng werden in den schmalen Gassen der kleinen und gemütlichen Altstadt.

Sein Fahrzeug sollte man entweder kostenpflichtig auf dem Stellplatz oder den benachbarten Parkplätzen am Hafenkai abstellen. Lediglich auf der D579 stadtauswärts sind kostenfreie Parkstreifen vorhanden, die jedoch einen etwas längeren Fußmarsch erfordern.

Mittelpunkt von Honfleur ist das **Hafenbecken**, in dem zahlreiche Yachten an den Kaimauern liegen und das fast komplett von sehenswerten Häusern umgeben ist.

Der **Kai Sainte-Catherine,** zum Beispiel, ist geprägt von sehr schmalen Häusern, die allesamt sechs Stockwerke haben.

Auf der gegenüberliegenden Seite wiederum befindet sich der Kai Saint-Etienne und das **Marinemuseum, Musée de la Marine**, das in einem Gebäude untergebracht ist, das sehr an ein Gotteshaus erinnert. Kein Wunder, es handelt sich um die älteste Kirche der Stadt, in der aber bereits seit 1976 das Museum untergebracht ist. Zu sehen gibt es in der Ausstellung verschiedene Schiffsmodelle und Präsentationen über das Leben der Seeleute, dem Schiffbau, der Fischerei und weiteren maritimen Themen *(geöffnet Juli und August Di – So 10 – 13 Uhr und 14 – 18.30 Uhr, April – Juni und Sept. Di - So 10 - 12 Uhr und 14 - 18.30 Uhr, Mitte Febr. – März und Oktober bis Mitte November nur nachmittags)*.

Gleich neben dem Marinemuseum befindet sich die schmale Gasse Rue de la Prison mit dem **Ethnographischen Museum, Musée d'Ethnographie,** das aus neun Räumen besteht, in denen typisch normannische Inneneinrichtungen sowie regionales Kunsthandwerk präsentiert werden *(geöffnet April – Sept. Di - So 10 - 12 und 14 - 18.30 Uhr, Mitte Febr. - März und Okt. bis Mitte Nov. Di - Fr 14.30 - 17.30 Uhr und am Wochenende zusätzlich auch 10 - 12 Uhr)*.

Auffällig in Honfleur ist das große Angebot an Kunstgegenständen und Ateliers.

Schon Claude Monet war in Honfleur tätig. Er war aber nicht der einzige. Auch Renoir, Cézanne und Courbet trafen sich immer wieder in Honfleur auf einem kleinen Bauernhof, der heute zu einem Hotel umgebaut ist.

Zudem wurde Eugène Boudin, ein Küstenlandschaftsmaler, im Jahr 1824

an den Kais von Honfleur drängen sich Restaurants und Fischlokale

in Honfleur geboren. Ihm zu Ehren wurde ein großes Museum in der Stadt eingeweiht. André Hambourg !

Auf dem Weg dorthin passiert man die Überreste einer alten Verteidigungsanlage, die sich an der Nordseite des „**Alten Beckens**" befindet. Der runde Turm stammt aus dem 13. Jahrhundert und ist heute ein beliebtes Motiv für Künstler. Gleich dahinter treten wir in die Rue des Logettes, wo sich eine herrliche Holzkirche befindet.

Die **Église Sainte-Catherine** stammt aus dem 15. Jahrhundert und war zunächst einschiffig. Wegen der großen Zahl an Gläubigen baute man parallel dazu ein weiteres Kirchenschiff und vereinte diese beiden. Die gewölbte Decke erinnert sehr an den Kiel eines Schiffes, was wohl mit der Bedeutung als Hafenort zu tun haben dürfte.

Die Kirche ist bis heute fast original erhalten geblieben, obwohl sie, abgesehen von den Grundmauern, aus Holz erbaut wurde. Der Grund für diese Bauweise liegt übrigens darin, dass man zum damaligen Zeitpunkt aus Kostengründen kein anderes Baumaterial verwenden konnte.

Mehrere Gemälde zieren die Wände und einige wenige Statuen sind zu sehen.

Bewundernswert ist besonders die Orgel. Sie ist mit Holztafeln verziert, auf denen Musikinstrumente des 16. Jahrhunderts wie zum Beispiel eine Harfe, eine Schalmei oder eine Panflöte eingeschnitzt sind.

Gegenüber der Kirche, auf der anderen Seite des Place Saint-Catherine befindet sich der dazugehörige **Glockenturm Clocher Ste-Catherine**, der ebenfalls aus Holz ist und besichtigt werden kann *(geöffnet Mitte März bis Sept. Mi - Mo 10 - 12 Uhr und 14 - 18 Uhr, Okt. - Mitte Nov. 14.30 - 17 Uhr und am Wochenende auch 10 - 12 Uhr)*.

Impressionen eines normannischen Künstlers – Claude Monet

Mit Karikaturen begann eine Karriere, die zu Beginn erst gar keine war. 1840 wurde der Sohn eines Pariser Kolonialwarenhändlers geboren und erhielt den Namen Claude Monet. Da das Geschäft seines Vaters schlecht lief, zog die Familie nach Le Havre und lebte sowohl dort als auch in der Nachbargemeinde Sainte-Adresse.

Claude Monet nahm zunächst Zeichenunterricht und blieb vom regulären Schulunterricht fern, um besagte Karikaturen zu zeichnen.

Im Laufe der Jahre wurden aus den Zeichnungen Malereien und Monet war stets bemüht, an Ausstellungen wie dem Pariser Salon teilzunehmen oder sogar eigene Ausstellungen abzuhalten.

Seine Werke behandelten die verschiedensten Themen, viele Motive stammen aus der Normandie, z.B. Fécamp oder Étretat, manche inspirierten ihn aber auf seinen Reisen nach England und Italien. Mit seinem Werk Sonnenaufgang, das den Hafen von Le Havre darstellt, schuf er 1873 zugleich eine neue Stilrichtung, den Impressionismus. Monet lebte viele Jahre am Existenzminimum und konnte erst Ende des 19. Jahrhunderts von seinen Künsten leben, als er mit seiner Serienmalerei den Durchbruch erzielte.

Dabei malte er jeweils dasselbe Motiv an verschiedenen Tageszeiten, so dass es immer in einem anderen Licht erscheint. Die berühmteste Serie ist wohl die Kathedrale von Rouen, bei der es sich um 20 Gemälde handelt, die Monet innerhalb von drei Jahren malte.

Kurz zuvor erwarb er ein Haus im kleinen Ort Giverny, wo er über viele Jahre hinweg mit verschiedenen Zierpflanzen den berühmten Normannischen Garten anlegte. Dieser wiederum diente dabei nicht nur zur Erholung, sondern ebenfalls zur Inspiration. Berühmt sind hierbei seine Seerosenbilder und die Japanische Brücke.

Monet starb im Alter von 86 Jahren in Giverny, doch seine zahlreichen Bilder hängen heute weltweit in zahlreichen Museen, unter anderem in Berlin, Moskau, New York, Chicago und mit 16 Werken sogar im japanischen Tokyo.

Ein weiteres Museum ist das bereits erwähnte und nur wenige Meter von der Katherinenkirche entfernte **Musée Eugène Boudin** *(geöffnet Mitte März bis Sept. Mi - Mo 10 - 12 Uhr und 14 - 18 Uhr, sonst Mi - Mo 14.30 - 17 Uhr und an den Wochenenden auch 10 - 12 Uhr)*. Das Museum befasst sich nicht nur mit Leben und Werk des Landschaftsmalers, sondern auf mehreren Etagen auch mit dem Schaffen der impressionistischen Maler wie Monet. Zudem gibt es einen Saal, in dem Künstler des 20. Jahrhunderts vorgestellt werden, während im Untergeschoss eine kleine ethnographische Sammlung untergebracht ist.

Praktische Hinweise – Honfleur

Office de Tourisme, Quai Lepaulmier - BP 20070, 14602 Honfleur, Tel.: 02 31 89 23 30, Fax: 02 31 89 31 82, E-Mail: contact@ot-honfleur.fr, Web: www.ot-honfleur.fr. *Öffnungszeiten: Juli und August Mo - Sa 10 - 19 Uhr, So 10 - 17 Uhr, Ostern bis Ende Juni und Sept. Mo-Sa 10 - 12.30 und 14 - 18.30 Uhr, So 10 - 17 Uhr, sonst Mo - Sa 10 - 12.30 und 14 - 18 Uhr. So 10 - 17 Uhr.*

Feste und Folklore

Zu Pfingsten findet das **Seemannsfest** statt, Ende September/Anfang Oktober wird das **Garnelenfest Fête de la crevette** gefeiert, Mitte August **Jazzfestival**.

Jeden Samstag traditioneller **Wochenmarkt**, am Mittwoch **Bio-Markt**.

Restaurants

Auberge de la Claire, 77, cours Albert Manuel, 14600 Honfleur, Tel.: 02 31 89 05 95. Rustikal eingerichtet, traditionelle Speisen.

Café de l'Hôtel de Ville, place de l'Hôtel de Ville, 14600 Honfleur, Tel.: 02 31 89 07 29. Straßencafé mit Blick auf das „Alte Becken".

L'Alcyone, 8 place de la Porte de Rouen, 14600 Honfleur, Tel.: 02 31 89 56 85. Verschiedene Menüs je nach Jahreszeit, Cocktailbar.

Le Hamelin, 16 place Hamelin, 14600 Honfleur, Tel.: 02 31 89 16 25. Gemütliches Restaurant mit klassischer Karte.

Camping

Camping La Briquerie, Equemauville, 14600 Honfleur, Tel.: 02 31 89 28 32, Fax 02 31 89 08 52, E-Mail: info@campinglabriquerie, Web: www.campinglabriquerie.com. April – Sept.; zu erreichen ist der Campingplatz über die D579 Richtung Pont-l'Évêquem außerhalb von Honfleur. Der Campingplatz gehört zu den größeren in der Normandie und ist für Familienurlaub bestens geeignet. Komfortausstattung; Bar, Restaurant, Supermarkt, Internet, Fitnessraum, einen großen Spielplatz, Minigolfanlage, Sauna, W-LAN, Brötchenservice, drei beheizte Aussenschwimmbecken. **V & E für Wohnmobile an jedem Stellplatz.**

Fiquefleur-Equainville

Camping du Domaine Catinière, Route d'Honfleur, 27210, Tel.: 02 32 57 63 51, Fax: 02 32 42 12 57, E-Mail: info@camping-catiniere.com, www.camping-catiniere.com; Mitte April – Ende Sept.; Zufahrt von A29 Ausfahrt Honfleur und hinter der Brückenüberquerung nicht rechts nach Honfleur, sondern nach links auf die D580. Standardausstattung; Swimmingpool, Spielplatz, Billardraum, Kiosk, Bar. **V & E für Wohnmobile.**

Wohnmobil-Stellplätze

Honfleur

Carport Honfleur Wohnmobil-Stellplatz, Quai du Nord, nach der Autobahnausfahrt Honfleur am vierten Kreisverkehr rechts abbiegen. Der Stellplatz liegt relativ ruhig am Hafenbecken Bassin Carnot. Ebene Asphaltfläche mit Platz für bis zu 100 Wohnmobile. Maximale Standzeit 24 Stunden, **V & E-Säule**.

La Rivière Saint Sauveur

Wohnmobil- Stellplatz, Chemin du Banc, La Rivière Saint Sauveur, östlich der Pont de Normandie auf der Südseite der Seine. Kostenpflichtige Ver- und Entsorgung und Gratisübernachtung am Rande des kleinen Ortes, unbegrenzte Aufenthaltsdauer. **V & E-Säule.**

Neben all den Malern, die in Honfleur wirkten, darf ein Künstler aus einer anderen Richtung nicht vergessen werden. Es handelt sich um **Erik Satie**, der ebenfalls in Honfleur geboren wurde und als Klaviervirtuose und Komponist im Alter von 22 Jahren nach Paris zog. Im **Maison Satie,** seinem Geburtshaus, ist ein Museum eingerichtet, in dem man über Kopfhörer seinen Werken lauschen kann, während man dem Rundgang durch das Museum folgt *(geöffnet Mi - Mo 10 - 19 Uhr, in der Nebensaison 11 - 18 Uhr)*.

Sehenswert, besonders für Kinder, ist das so genannte **Naturospace** auf dem Boulevard Charles V, etwas abseits der Altstadt *(geöffnet Mitte Febr., März, Okt. und Nov. tägl. 10-13 Uhr und 14-17.30 Uhr, April, Mai und Sept. 10-13 Uhr und 14-19 Uhr, Juli und August 10-19 Uhr)*. Es handelt sich um ein **Tropenhaus** mit konstant 28° Celsius, in dem nicht nur Pflanzen zu betrachten sind, sondern auch zahlreiche Schmetterlinge durch die Lüfte schwirren und sich durchaus auch den Besucher als Landeplatz aussuchen.

UMWEG ÜBER PONT-AUDEMER

→ ROUTE: Von **Honfleur** bzw. von der Pont de Normandie geht es über die **D180/D580** in südöstliche Richtung. Die Straße mündet bei **Saint-Maclou** in die **N175,** der wir ostwärts bis **Pont-Audemer** folgen.

Pont-Audemer ist der Geburtsort von Laetitia Casta, die 1978 in der kleinen Stadt am Fluss Risle zur Welt kam und in Frankreich zu einem Topmodel aufstieg. In Deutschland ist sie unter anderem bekannt aus der Comic-Verfilmung „Asterix und Obelix gegen Caesar", in dem sie „Falbala", die Verehrte von Obelix spielt. Obelix wird in dem Film von Gérard Depardieu dargestellt.

Aber die hübsche Leatitia ist natürlich nicht der Grund für einen Abstecher nach Pont-Audemer.

Vielmehr sollte man sein Augenmerk auf die hübschen **Holz- und Fachwerkhäuser** legen, die in der Altstadt zu sehen sind und direkt an den Fluss Risle grenzen.

Der fast 150 km lange Fluss hat es an dieser Stelle nicht mehr weit bis zu seiner Mündung in die Seine und bildet in Pont-Audemer ein schönes Bild, wenn er durch die Altstadt fließt und die Bewohner der Häuser nur ihre Angelroute aus dem Fenster halten müssten. Genau genommen ist es nur ein Nebenkanal des Flusses Risle. Dieser Kanal verhalf der Stadt zum selbst ernannten Prädikat „Venedig des Nordens".

Archäologische Funde belegen, dass auf dem Stadtgebiet von Pont-Audemer schon in frühester Vorzeit Menschen lebten. Die Stadt selbst wurde bewusst an der schmalsten Stelle des Flusses erbaut, um ihn am einfachsten überqueren zu können. Daher auch der Stadtname, der sich auf eine der ersten Brücken der Stadt bezieht.

Von einer der Brücken sollte man den schönen Ausblick auf die schiefergedeckten Häuser genießen, die den Kanal umrahmen.

Die schönste Aussicht hat man dabei an der **Pont-sur-la-Risle**, die vom Place Victor Hugo zu erreichen ist und gleichzeitig den Gang zur weiter nördlich gelegenen **Kirche Saint-Ouen** ermöglicht.

Die Saint-Ouen Kirche wurde zum ersten Mal im 11. Jahrhundert erwähnt. Rund 500 Jahre später erweiterte man sie, hat aber bis zum heutigen Tage die Fassade unvollendet gelassen.

Die Motive der schönen Bleiglasfenster im Renaissancestil erzählen unter anderem die Sage von Saint Ouen, dem einstigen Bischof von Rouen im 7. Jahrhundert, dessen Leichnam in der Kathedrale der normannischen Hauptstadt Rouen begraben liegt.

Die Glocken der Saint-Ouen Kirche ertönen übrigens noch heute jeden Abend um 22 Uhr, um die Sperrstunde einzuläuten. Allerdings geschieht das nur noch aus traditionellen Gründen und hat selbstverständlich keinerlei Bedeutung mehr.

Mein Tipp! Um einmal ein wenig mittelalterliches Flair zu spüren, sollten Sie links neben der Kirche Saint-Ouen in die Rue de l'Épée gehen. Diese schmale Gasse vermittelt mit ihrer Enge und den Fachwerkhäusern sehr deutlich, wie sich das Leben vor einigen Jahrhunderten in der Stadt abgespielt haben muss.

Die Altstadt zwischen dem Kanal und dem Fluss Risle ist nicht besonders groß, besitzt aber einige schöne **Fachwerkhäuser** und westlich der Touristeninformation, die sich am Nordufer des Flusses befindet, ist noch ein kleiner Wasserfall zu besichtigen.

Wasser und Holz waren die wichtigsten Materialien, weswegen sich im Mittelalter zahlreiche Handwerker in Pont-Audemer niederließen. Hauptsächlich Gerber hatten sich in der Stadt am Risle niedergelassen, was man in der Rue Jules Ferry noch an einigen Gebäuden sehen kann.

Am Ende dieser Straße befindet sich die **Église Saint-Germain** aus dem 11. Jh. mit imposantem Kirchturm.

Das **Office de Tourisme** findet man am Place Maubert, 27500 Pont-Audemer, Tel.: 02 32 41 08 21, Fax: 02 32 57 11 12, *geöffnet Mo-Sa 9.30-12.30 Uhr und 14-17.30 Uhr.* E-Mail: tourisme@ville-pont-audemer.fr, Web: www.ville-pont-audemer.fr.

HAUPTROUTE

ROUTE: Von **Honfleur** über die Rue de la République und die weiterführende **D579** südwärts. Zwei Kilometer nach Durchquerung des kleinen Ortes **Equemauville** Abzweig auf die **D288**, der wir weitere zwei Kilometer folgen. An der Kreuzung mit der **D74** rechts ab, am kleinen Flugplatz von **Deauville** vorbei und weiter bis **Trouville-sur-Mer**. Sinnvoll ist es hier, sofort am ersten Kreisverkehr über die **Pont des Belges** zu fahren und auf der anderen Seite des Flusses rechts abzubiegen, um zum Stellplatz bzw. Parkplatz in **Deauville** zu gelangen, der sich dort am Hafenkai befindet.

Alternativroute nach Trouville-sur-Mer

Alternativ zum oben geschilderten Weg kann man Honfleur auch über die Küstenstraße D513 in westlicher Richtung verlassen. Die Straße ist allerdings etwas schmal und die Fahrstrecke länger. Dafür wird man nicht selten mit einem schönen Blick auf das Meer belohnt.

Besonders schön ist der Blick direkt hinter Honfleur. Dort kann man zum Strand hinab gehen und einen Blick über die Seinemündung nach Le Havre werfen und rechts abermals die Pont de Normandie sehen.

Auf dem weiteren Weg durchquert man die beiden kleinen Ortschaften **Pennedepie** und **Criqueboeuf**, in denen jeweils schöne Kirchen aus dem 12. und 13. Jahrhundert stehen. Besonders die Kirche in Criqueboef ist einen kurzen Fotostop wert.

Hinter dem Seebad **Villerville**, wo man bei Ebbe weit über den Strand laufen kann, durchquert man den bewaldeten Abschnitt der Küste, die hier den Namen **Côte de Grâce** trägt.

Schließlich erreicht man **Trouville-sur-Mer.**

Die Bebauung der beiden Küstenorte **Trouville-sur-Mer** und **Deauville** geht in einander über, nur durch das Ortseingangsschild und durch den

alles was das Herz begehrt, Fischmarkt in Trouville-sur-Mer

Fluss Touques voneinander getrennt, der an dieser Stelle in den Ärmelkanal mündet.

Beide Städte sind bekannt für ihre prächtigen Villen, die überwiegend an den Promenaden liegen. Viele der Anwesen werden oder wurden von berühmten Franzosen wie Gérard Depardieu bewohnt.

Das kleinere und östlich gelegene Trouville-sur-Mer ist nicht ganz so sehenswerte wie das mondänere Deauville.

Ein zentraler Anziehungspunkt in Trouville-sur-Mer ist sein **Casino**, das an einer Flussschleife kurz vor der Mündung des Touques liegt.

Vor dem Casino kann man mittwochs und sonntags auf dem **Markt** frischen Fisch und zahlreiche verschiedene Spezialitäten aus dem Meer erstehen. Von Langusten über Jakobs- und Miesmuscheln und Austern ist für jeden etwas dabei, der Speisen mit Schalen- und Krustentieren bevorzugt.

Gegenüber vom Casino befindet sich eine kleine Besonderheit, um den Fluss überqueren zu können. Ein findiger Geschäftsmann hat sich dort eine Lizenz erworben, mit der er eine **kostenpflichtige Fußgängerbrücke** betreiben darf, die bei Bedarf hochgezogen werden kann, wenn ein Schiff in den Hafen einlaufen will. Alternativ bleibt nur der Gang einmal um das ganze Hafenbecken herum, wo man am anderen Ende die Pont des Belges überquert und sich wieder in Deauville befindet.

Das Seebad **Deauville** braucht den Vergleich mit der Côte d'Azur nicht scheuen. Zahlreiche Villen, zwei Yachthäfen, ein interessantes Zentrum mit unzähligen Fachwerkhäusern, Dutzende von Cafés machen die Stadt zu einem beliebten Reiseziel.

Nicht zu vergessen natürlich das **mondäne Casino**, mit dem alles begann. Mitte des 19. Jh. eröffnet ist es das viertgrößte Spielkasino des Landes.

Das heutige Gebäude stammt aus dem Jahr 1912. U. a. ist es Austragungsort internationaler Pokerturniere.

Wer sein Geld lieber woanders verspielen möchte, der geht am Besten auf die Pferderennbahnen. In Deauville gibt es gleich zwei davon.

Deauvilles Casino liegt an der Kreuzung Avenue Lucien Barrière/Boulevard Eugène Cornuché.

Gleich hinter dem Casino gelangt man in das Zentrum von Deauville. Bemerkenswert sind die vielen reich verzierte Häuserfassaden, die zusammen mit den einladenden Straßencafés zu einem Bummel animieren.

Wer es bequemer mag, der kann an der Touristeninformation in ein Touristenzüglein steigen und sich während der 35minütigen Fahrt das Zentrum der Stadt zeigen lassen.

Schließlich sei erwähnt, dass Deauville gerade mal 4.500 Einwohner zählt. In den Sommermonaten steigt die Zahl aber auf ein Vielfaches. Deauville lebt schließlich vom Tourismus, der in den 1960er Jahren verstärkt gefördert wurde.

An der **Strandpromenade** findet man das Olympische Hallenbad, in dem allerdings nie olympische Wettkämpfe stattfanden.

Bemerkenswert sind an der Promenade übrigens die Umkleidekabinen, die allesamt Namen berühmter Stars tragen.

Hinter der Promenade führt die Küstenstraße entlang, an der eine stattliche Villa neben der anderen steht.

Erwähnenswert ist auch die kleine „Hafenstadt" **Touques,** die weiter südöstlich von Deauville liegt. Die Zeiten, in denen in Touques ein reges Hafenleben pulsierte, sind allerdings schon eine Weile vorbei.

Das sah zu Zeiten Wilhelms des Eroberers noch ganz anders aus, der von Touques aus zu seinen Seereisen aufbrach. Das ist lange her und inzwischen sind große Teile des großen Küstenabschnitts verlandet. Und in Touques gibt es schon lange keinen Hafen mehr.

Aus der Zeit vor der Verlandung des Hafens stammen zwei Kirchen in Touques, die **Église Saint-Thomas** und die **Église Saint-Pierre**, wobei letztere mehr als Veranstaltungsort genutzt wird. Die Kirche Saint-Thomas allerdings erfüllt auch heute noch als Gotteshaus ihren Zweck. Den Namen erhielt sie zu Ehren von Thomas Becket, dem einstigen Erzbischof von Canterbury.

Praktische Hinweise – Trouville-sur-Mer/Deauville

Office de Tourisme, 32, bd Fernand Moureaux, 14360 Trouville-sur-Mer, Tel.: 02 31 14 60 70, Fax: 02 31 14 60 71, E-Mail: o.t.trouville@wanadoo.fr, Web: www.trouvillesurmer.org.

Office de Tourisme, Place de la Mairie - B.P.64300, 14804 Deauville, Tel.: 02 31 14 40 00, Fax: 02 31 88 78 88, E-Mail: info@deauville.org, Web: www.deauville.org.

Feste und Folklore

Das ganze Jahr über finden verschiedene **Pferderennen, Springreitturniere** u. ä. statt.

Zu Ostern gibt es in Deauville ein **Klassikfestival**, internationale **Segelwoche** im Juni und **Filmfestivals** im März und September.

Restaurants

Les Tonneaux, Route de Trouville, 14130 Pont-L'Évêque, Tel.: 02 31 64 65 20. Zwar liegt dieses Restaurant rund 12 Kilometer südlich von Deauville, aber es bietet eine ganz besondere Atmosphäre, da man in alten Eichenholzfässern aus der Cidreproduktion sitzt. Gleichzeitig besteht die Möglichkeit die Cidrerie zu besichtigen *(Apr. - Okt. tägl. um 11, 14.30, 15.30 und 16.30 Uhr)*.

Augusto - Chez Laurent, 27, Rue Désiré Le Hoc, 14800 Deauville, Tel.: 02 31 88 34 49. Mit kleiner Außenterrasse, serviert werden hauptsächlich Meeresfrüchte.

Chez Julie, 29-31 Rue Mirabeau, 14800 Deauville, Tel.: 02 31 87 22 11. Traditionelle Küche aber auch exotische Platten im stimmungsvollen Rahmen, Außenterrasse, Cocktailbar.

Brasserie Le Central, Hôtel Le Central, 158 Boulevard Fernand Moureaux, 14360 Trouville, Tel.: 02 31 88 13 68. Zentral gelegen mit Straßencafé, Meeresfrüchte und Fischgerichte aus der Region.

Camping

Camping La Vallée de Deauville, Avenue de la Vallée, 14800 Deauville/St-Arnoult, Tel.: 02 31 88 58 17, Fax: 02 31 88 11 57, E-Mail: contact@camping-deauville.com, Web: www.camping-deauville.com, Ende März – Okt.; bei einer Stadt wie Deauville wundert es nicht, dass der Campingplatz gut ausgebaut ist und über sämtliche Einrichtungen verfügt, die ein Campingplatz bieten sollte. Die über 70 Stellplätze sind parzelliert, auf Wiese und für Touristen vorgesehen, ein Großteil des Geländes ist für Dauercamper reserviert. Der Platz bietet ein Freibad mit Wasserrutschen; Komfortausstattung; Sportplatz, Spielplatz, Restaurant und Freizeitraum mit Billardtischen. **V & E für Wohnmobile**.

Vauville

Camping du Lieu Roti, an der D27, 14800 Vauville, Tel.: 02 31 87 96 22, Ostern – Okt.; südlich von Deauville über die D 27 Richtung Caen zu erreichen, gleich neben der Kirche von Tourgéville liegt dieser Campingplatz mit 90 Stellplätzen auf Wiesengelände. Es gibt einen kleinen Shop, Waschmaschine, Brötchenservice, eine Snackbar und einen Swimmingpool. Die Anlage ist behindertenfreundlich. Tiere sind erlaubt. Standardausstattung. **V & E für Wohnmobile.**

Wohnmobil-Stellplatz

Deauville

Wohnmobil-Stellplatz, Quai de la Gare, hinter der Pont des Belges die dritte Möglichkeit rechts in Deauville, direkt am achthafen. Rund 100 Stellplätze. Kostenlos, dafür aber ohne Ver- und Entsorgung. Ein kleines Toilettenhäuschen ist vorhanden.

3. TROUVILLE-SUR-MER/DEAUVILLE – BAYEUX

Länge der Tour: Rund 90 km, ohne Abstecher.

Die Route: D513 über **Houlgate** nach **Cabourg** – D514 bis **Ouistreham** – D515 bis **Caen** – D7/79 bis **Courseulles-s-M** – D514/D516 bis **Bayeux**.

Alternativstrecke: D27 bis **Varaville** – D513 bis **Caen** – D7 bis Kreisverkehr D7/D404 – D404 bis **Courseulles-sur-Mer** – D514 über **Asnelles** und **Arromanches-les-Bains** bis zum Kreisverkehr D514/D516 – D516 bis **Bayeux**.

Reisedauer: Mindestens zwei Tage.

Reisehöhepunkte: Besuch von verschiedenen **Museen zum D-Day** ** – Besichtigung des **Teppichs von Bayeux** in der **Tapisserie** ***.

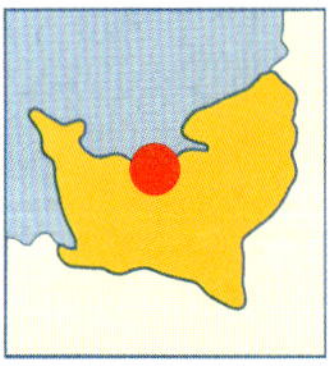

ROUTE: Von Deauville auf der **D513** an der Küste entlang und über **Bénerville** und **Blonville-sur-Mer** nach Südwesten.

Bénerville und **Blonville-sur-Mer** sind zwei benachbarte Gemeinden, die beinahe schon ineinander übergehen. In den beiden schönen Seebädern geht es trotz der Nähe zu Deauville wesentlich geruhsamer zu.

Diese Aussage gilt allerdings nur für die Zeit von September bis Juni. Denn in den Ferienmonaten Juli und August herrscht auch hier ein großer Andrang von Touristen und Urlaubern. Denn Bénerville und Blonville-sur-Mer verfügen über einen **sehr breiten Sandstrand** sowie über einen kleinen Freizeitpark.

Überragt werden die Gemeinden vom **Mont Casiny**, der von der franzö-

Praktische Hinweise – Blonville-sur-Mer

Office de Tourisme, 32, Avenue Michel d'Ornano, 14910 Blonville-sur-Mer, Tel.: 02 31 87 91 14, Fax: 02 31 87 11 38, E-Mail: tourisme-blonville@wanadoo.fr, Web: www.blonville.org.

Camping

Camping de la Plage, 109, Avenue Michel d'Ornano, 14910 Blonville-sur-Mer, Tel.: 02 31 87 92 46, Fax: 02 31 88 07 12, E-Mail: contact@campingblonville.com, Web: www.campingblonville.com. Apr. – Sept.; im Westen des Ortes, nur von der Straße D513 vom direkten Zugang zum Strand getrennt, allerdings überwiegend Dauercamper und nur wenige touristische Stellplätze. Mindestausstattung.

sischen Armee vor dem Zweiten Weltkrieg als Gefechtsstellung ausgebaut und von der deutschen Wehrmacht im Zweiten Weltkrieg übernommen wurde.

Zudem haben die deutschen Besatzer Mont Casiny als Teil des Atlantikwalles mit verschiedenen Bunkern und Geschützstellungen ausgebaut. Sie wurden auf Grund ihrer Nähe zu den Stränden der Alliierten-Landung und zur Seine-Mündung zu einer der wichtigsten Gefechtsstationen der deutschen Armee. Auch heute noch ist die Batterie in einem relativ guten Zustand und kann kostenlos besichtigt werden.

ROUTE: Von der Promenade in Blonville-sur-Mer Weiterfahrt in Richtung Südwesten bis in das nächste Seebad **Villers-sur-Mer**.

Der Küstenabschnitt bei **Villers-sur-Mer** bietet einen **feinen Sandstrand** sowie eine **schöne Steilküste** mit den **Falaises des Vaches Noires**.

Die abwechslungsreiche Küstenlandschaft lockt die Besucher im Sommer in so großer Zahl an, dass sich in den Spitzenmonaten die Einwohnerzahl der Orte glatt verzehnfacht.

Ein Markierungsstein an der Küste weist darauf hin, dass man hier den **Null-Meridian** überschreitet

ROUTE: Die **D513** führt in Villers-sur-Mer zunächst in das Landesinnere, um die Steilküste zu umgehen und erreicht schließlich **Houlgate**.

Die Küstenklippen **Falaise des Vaches Noires,** die sich zwischen Houlgate und Villers-sur-Mer erheben, lassen sich von beiden Orten aus gleichermaßen erreichen.

In dem Küstengestein werden immer wieder Fossilien und Urzeitfunde entdeckt, die das erodierende Gestein hin und wieder freigibt. Vielleicht haben Sie Glück und werden fündig. Sie müssten das Gefundene dann allerdings bei der Gemeinde abgeben. Das eigenmächtige Graben und Kratzen an den Felsen ist übrigens verboten!

Ortschaften wie Houlgate muss man mögen, wenn man nicht nur durchfahren, sondern vielleicht ein paar Tage bleiben will.

Verbotsschilder an den Stränden, die das massive Besucheraufkommen regeln und Häuser direkt am Strand, die den Besuchern den direkten Zugang zum Strand verwehren, sind nicht jedermanns Sache. Zum Glück findet man solche Umstände in der Normandie nicht allzuoft.

Der Küstenabschnitt zwischen Deauville und Cabourg ist zwar teilweise genauso verbaut, dennoch lockt er Badegäste in Massen an die Strände.

Praktische Hinweise – Houlgate

Office de Tourisme, 10, Boulevard des Belges, 14510 Houlgate, Tel.: 02 31 24 34 79, Fax: 02 31 24 42 27, E-Mail: houlgate@wanadoo.fr, Web: www.ville-houlgate.fr. *Öffnungszeiten: Juli und August tägl. 10 - 13 Uhr und 14.30 - 18.30, von Ostern bis Juni und Sept. - Okt. Mo - Sa 10 - 13 Uhr und 14 - 18 Uhr, So 10.30 - 13 Uhr und 14 - 16 Uhr, sonst Mo - Sa 10 - 13 Uhr und 14 - 18 Uhr.*

Camping

Camping La Vallée, 88, rue de la Vallée, 14510 Houlgate, Tel.: 02 31 24 40 69 oder 02 31 24 42 42, E-Mail: camping.lavalle@wanadoo.fr, Web: www.campinglavallee.com. Ende März – Mitte Okt.; am östlichen Ortsrand von Houlgate direkt neben einer Bahnlinie, großer familienfreundlicher Platz mit zwei Swimmingpools, Wasserrutsche; Komfortausstattung; Restaurant, Bar, Shop, Fahrradverleih. **V & E für Wohnmobile**, teilweise auch an einigen Parzellen.

Camping Municipal des Chevaliers, 14510 Houlgate, Tel.: 02 31 24 37 93, Fax: 02 31 28 37 13. April – Sept.; kleinerer, kommunaler Platz in direkter Nachbarschaft zum Camping La Vallée. Standardausstattung.

Camping de la Plage, 59, Rue Henri Dobert, 14510 Houlgate, Tel.: 02 31 28 73 07, E-Mail: campingplagehoulgate@orange.fr, Web: www.camping-houlgate.com. 1. Apr. – 31. Okt.; am Nordrand des Ortes direkt am Strand, kleinerer Platz aber dafür gemütlich. Standardausstattung. **V & E für Wohnmobile** (aufpreispflichtig).

Auch **Houlgate** sieht nicht anders aus und reiht sich in das Bild der Seebäder ein, die wir seit Deauville kennengelernt haben.

Aber der **lange Sandstrand** westlich der Steilküste ist nun wirklich sehr schön. Und nach dem nachmittäglichen Sonnenbad gibt es reichlich Gelegenheit in der Parallelstraße der Strandpromenade, der Rue des Bains, in den zahllosen Geschäften zu stöbern oder in einem der Restaurants Platz zu nehmen und sich mit leckeren Spezialitäten aus dem Meer verwöhnen zu lassen.

ROUTE: **Dives-sur-Mer** ist der nächste Ort, den wir auf der **D513** erreichen.

Schon bei der Anfahrt nach **Dives-sur-Mer** sieht man die Mündung des Flusses Dives, der nach etwas mehr als 100 km an dieser Stelle in den Ärmelkanal fließt. Zuvor muss das Gewässer allerdings das linksseitige Cabourg und das am gegenüberliegenden Ufer befindliche Dives-sur-Mer passieren und den dortigen Yachthafen umrunden bevor es endlich im Meer landet. Der direkte Weg dorthin wird dem Flüsschen nämlich von einer mehrere hundert Meter langen Sanddüne namens **Cap de Cabourg** verwehrt.

Durch seine besondere geographische Lage verfügt Dives-sur-Mer über keinen eigenen Sandstrand mehr. In früheren Zeiten war das einmal anders.

Ähnlich wie bei Touques hat sich die Küstenlandschaft hier in den letzten eintausend Jahren verändert. Und als Dives-sur-Mer noch Hafenstadt war, legte hier Wilhelm der Eroberer im Jahr 1066 zu seiner historischen Reise nach England ab, wo er bei Hastings dann die legendäre Schlacht gewann. Diesem

Praktische Hinweise – Dives-sur-Mer

Office de Tourisme, Rue du Général de Gaulle, 14160 Dives-sur-Mer, Tel.: 02 31 91 24 66, Fax: 02 31 24 42 28, E-Mail: mairie-dives-sur-mer@wanadoo.fr, Web: www.dives-sur-mer.com.

Camping

Camping du Golf, Chemin de Trousseauville, 14160 Dives-sur-Mer, Tel.: 02 31 24 73 09, E-Mail: campingdugolf@wanadoo.fr., Mitte Apr. – Sept.; überwiegend Dauercamper, dafür liegt der Platz aber ruhig und abseits. Zu erreichen auf der D45 ca. 2 km östlich von Dives-sur-Mer. Mindestausstattung. Bar, Waschmaschine, Minigolf, Tischtennis.

Sieg verdankt Dives-sur-Mer seine **Kirche Notre-Dame**, die Wilhelm damals in Auftrag gab. Übrig geblieben ist von der ursprünglichen Kirche – abgesehen von der Vierung – aber nicht mehr viel. Der größere Rest dieses massiven Kirchenbauwerks geht auf die Zeit des 14. und 15. Jahrhunderts zurück.

Innerhalb der Kirche lohnt ein Blick auf die Tafel über dem Portal. Auf der Tafel, die allerdings erst in der zweiten Hälfte des 19. Jh. angebracht wurde, sind die damaligen Weggefährten Wilhelms aufgeführt.

Ein weiteres sehenswertes Bauwerk in Dives-sur-Mer ist die **Markthalle,** eine bemerkenswerte Holzkonstruktion. Auch dieser Bau aus dem 15. Jh., einstmals komplett aus Eichenholz aufgeführt, ist – wie schon die Holzkirche von Honfleur – ein schönes Beispiel für die großen handwerklichen Fähigkeiten über die die damaligen Zimmerleute der Region verfügten.

Nur eine Brücke verbindet die beiden Städte Dives-sur-mer und **Cabourg** an den beiden Ufern des Flusses Dives. Nach Überquerung der Brücke hält man sich sofort rechts, um in einer der Straßen, die sternförmig aufeinander zulaufen, den Mittelpunkt Cabourgs, das **Casino**, zu erreichen.

Auch Cabourg zählt zu den vielbesuchten normannischen Seebädern an der Blumenküste.

Ein Blick auf den Stadtplan verrät, dass diese Stadt nicht natürlich gewachsen sein kann, sondern am Reissbrett eines Städteplaners entstanden sein muss.

Drei Straßen verlaufen parallel zur Strandpromenade. Alle anderen Straßen führen darauf und auf das Stadtzentrum mit Casino und Grand Hôtel zu. Ein Verlaufen ist in Cabourg schier unmöglich.

Die **Promenade**, die vom Grand Hôtel dominiert wird, trägt den Namen des berühmtesten Gastes der Stadt, der zu Beginn des letzten Jahrhunderts regelmäßig im Grand Hôtel abstieg.

Praktische Hinweise – Cabourg

Office de Tourisme, Jardins de l'Hôtel de Ville, 14390 Cabourg, Tel.: 02 31 06 20 00, Fax: 02 31 06 20 10, E-Mail: office.tourisme@cabourg.net, Web: www.cabourg.net.

Camping

Camping de la Plage, Route de Cabourg, 14390 Cabourg, Tel.: 02 31 91 05 75, Fax 02 31 24 71 47, E-Mail: vival-cabourg@wanadoo.fr, Apr. – Okt.; östlich des kleinen Ortes Merville-Franceville-Plage an der D514. Kein direkter Strandzugang, Standardausstattung; Spielplatz, kleines Restaurant.

Marcel Proust (1871 – 1922) hieß der wohlhabende, aus Paris stammende Gast, der allerdings unter Asthma litt und sich deshalb sehr gerne und oft hier aufhielt, um das Meeresklima zu genießen.

Nach Reisen, die Proust nach Dieppe, Tréport und Trouville führten, wurde er zum Dauergast in Cabourg. Hier, im Grand Hôtel schrieb er sein berühmtestes und erfolgreichstes Werk „À la recherche du temps perdu" (Auf der Suche nach der verlorenen Zeit), das mit seinen sieben Bänden als eine der wichtigsten Erzählungen des letzten Jahrhunderts gilt.

Wer ausreichend Zeit und Muse hat, sollte sich in Cabourg dieses Werk zu Gemüte führen, da es sich in der Geschichte bei dem fiktiven Badeort Balbec um Cabourg zu handeln scheint.

Neben der Lektüre empfiehlt es sich aber auch die feinen, süßen Kuchen namens „Madeleine" zu genießen, die es in jedem Geschäft zu kaufen gibt, und denen sich Proust über mehrere Seiten in dem Roman widmet.

→ **ROUTE:** Weiterreise von Cabourg auf der **D514** in Küstennähe westwärts. Man durchquert **Le Hôme** und passiert den dort auf der linken Seite liegenden Campingplatz Les Peupliers. Kurz darauf erscheinen am Ortseingang von **Merville-Franceville-Plage** zwei weitere Campingplätze.

Das westlichste Seebad an der Blumenküste ist das kleine **Merville-Franceville-Plage**, wo sich vor allem bei Ebbe ein weiter Sandstrand ausdehnt.

Schon seit Cabourg befinden wir uns an den **Landungsstränden der Alliierten**, kommen aber erst bei Merville-Franceville-Plage in die Region, in der die Anzahl der Museen zu diesem Thema stark zunimmt und man in so ziemlich jedem Ort an die Befreiung Europas erinnert wird.

In Merville-Franceville zum Beispiel hatten die Deutschen eine mächtige Verteidigungsanlage, die so genannte **Batterie von Merville**, aufgebaut, deren Geschütze eine Reichweite von 20 Kilometern hatten und die als eine der mächtigsten galt. Dennoch wurde auch diese am D-Day außer Gefecht gesetzt, worüber das in dem Gefechtsstand untergebrachte **Musée de la Batterie** berichtet *(geöffnet Juni - Aug. tägl. 9.30 - 19 Uhr, Mitte März bis Mai und Sept. - Mitte Nov. tägl. 9.30 - 18 Uhr)*. Mehrere Bunkeranlagen und als Soldaten verkleidete Schaufensterpuppen erklären die damaligen Kriegsgeschehnisse.

→ **ROUTE:** Über die **D514** (Route de Cabourg) in südwestlicher Richtung über **Sallenelles** bis zu einem Kreisverkehr bei **Ranville**. Spätestens an diesem Kreisverkehr nimmt man die dritte Ausfahrt **(D37)**, um zum Campingplatz und hinein nach **Ranville** zu gelangen. Nimmt man an besagtem Kreisverkehr dagegen gleich die erste Ausfahrt, gelangt man nach wenigen Metern zum Fluss Orne und nach einem weiteren Kreisverkehr zur Brücke, die über den **Caen-Kanal** führt.

Dass die Landung der Alliierten in der Normandie auch über 60 Jahre später noch –zu Recht– als großartige Wende im Zweiten Weltkrieg gilt und geehrt wird, sieht man nicht nur an den unzähligen Denkmälern entlang des Weges, an englischsprachigen und militärischen Straßenbezeichnungen, sondern auch an der Tatsache, dass man sogar bei Erweiterungsbauten den historischen Eindruck wahren möchte.

Ein gutes Beispiel ist die Hebebrücke, die zwischen **Ranville** und **Bénouville**

Praktische Hinweise – Merville-Franceville-Plage

Office de Tourisme, Place de la Plage, 14810 Merville-Franceville-Plage, Tel.: 02 31 24 23 57, Fax: 02 31 24 17 49, E-Mail: ot.merv.franceville@free.fr, Web: www.ot-mervillefranceville.fr. *Öffnungszeiten: Di - Sa 10 - 12.30 Uhr und 15 - 17.30 Uhr, So 10 - 12.30 Uhr, im Juli und August tägl. 10 - 13 Uhr und 15 - 18.30 Uhr.*

Camping

Camping Les Peupliers, Allée des Pins, 14810 Merville-Franceville-Plage, Tel.: 02 31 24 05 07, E-Mail: contact@camping-peupliers.com, www.camping-peupliers.com; Apr. – Sept.; östlich von Merville-Franceville bei Le Hôme gelegen, ca. 3 ha großer Platz mit überwiegend Dauercampern, rund 300 m vom Strand entfernt. Komfortausstattung; Swimmingpool, Shop, Waschmaschine, Trockner, saubere Sanitäreinrichtungen. **V & E für Wohnmobile.**

Camping Oasis, Route de Cabourg, 14810 Merville-Franceville-Plage, Tel.: 02 31 24 22 12, Fax: 02 31 96 06 05, E-Mail: vival-cabourg@wanado.fr, Apr. – Sept.; mittelgroßer Platz zwischen Strand und Hauptstraße, Standardaustattung.

Camping Municipal Le Point du Jour, Route Cabourg, 14810 Merville-Franceville-Plage, Tel.: 02 31 24 23 34, Fax: 02 31 24 15 54, E-Mail: camp.lepointduour@wanadoo.fr, März – Nov.; direkt gegenüber vom Camping Oasis auf der anderen Straßenseite, daher kein direkter Zugang zum Strand. Rund 140 Parzellen auf Wiese, Standardausstattung.

Gonneville-en-Auge

Camping Le Clos Tranquille, 14810 Gonneville-en-Auge, Tel.: 02 31 24 21 36, Fax: 02 31 24 28 80, E-Mail: leclostranquille@wanadoo.fr, März – Sept.; ruhiger Platz in abgelegener Lage an der D95 im Weiler Hameau de Beauvais südlich von Gonneville-en-Auge, Standardausstattung; Aufenthaltsraum, kleines Restaurant, Waschmaschine.

Bavent

Camping du Prieuré, Rue du Prieuré, 14860 Bavent, Tel.: 02 31 78 20 51, April – Okt.; zu erreichen über die D513 östlich von Ranville und südlich von Merville-Franceville. Standardausstattung; Waschmaschine, Gas, Spielplatz, gepflegtes Sanitärgebäude. Überwiegend Dauercamper.

über den Caen-Kanal hinweg führt. Die bis 1944 als Bénouville-Brücke bezeichnete Brücke wurde beim D-Day zu einer wichtigen Mission der 6. Britischen Luftlandedivision. Sie landeten mit fast geräuschlosen Lastenseglern mitten in der Nacht, kurz vor der eigentlichen Invasion, nur wenige Meter neben der Brücke und konnten diese relativ schnell einnehmen. Die hierbei getöteten Soldaten auf beiden Seiten sind damit die ersten, die bei der Landung der Alliierten ums Leben kamen.

Nach der Einnahme der Brücke erhielt sie den Namen **Pegasusbrücke**.

Es dauerte nur wenige Minuten, bis nach der ersten Brücke auch die zweite Brücke, etwas weiter im Osten, die über die Orne führt, ebenfalls eingenommen werden konnte.

Camping

Ranville

Camping des Capucines, Rue du Calvaire, 14860 Ranville, Tel.: 02 31 78 69 82, Fax: 02 31 78 16 94, ganzjährig geöffnet; im Norden der Stadt Ranville, nur wenige Meter vom Kreisverkehr auf dem östlichen Orne-Ufer entfernt. Durch die Lage exakt zwischen den Straßen D514 und D37 etwas laut. Standardausstattung. **V & E für Wohnmobile.**

Die damaligen Ereignisse sind u. a. Thema des Spielfilms „Der längste Tag".

Im Jahr 1994, also exakt 50 Jahre nach der Befreiung, musste der Caen-Kanal auf Grund des erhöhten Schiffsverkehrs verbreitert werden. Dem Vorhaben stand aber die historische Pegasusbrücke im Wege. Da man sie nicht abreißen und einfach durch eine neue Brücke ersetzen wollte, verfiel man auf die Idee, die Pegasusbrücke absolut originalgetreu, aber eben in größerem Maßstab zu bauen.

Die originale Ur-Pegasusbrücke ist heute im **Memorial Pegasus Museum** von **Ranville** mit zahlreichen anderen Exponaten aus der Zeit ausgestellt *(geöffnet Mai - Sept. tägl. 9.30 - 18.30 Uhr, Febr. - April und Okt. - Mitte Dez. 10 - 13 Uhr und 14 - 17 Uhr)*. Eröffnet wurde diese Ausstellung im Jahr 2000 in Anwesenheit von Prinz Charles und dem damaligen französischen Verteidigungsminister Alain Richard.

In Ranville gibt es einen Soldatenfriedhof, auf dem überwiegend britische Soldaten begraben liegen, die bei Kämpfen in der näheren Umgebung ums Leben kamen.

Der berühmteste Soldat, der hier gleich neben der Kirche bestattet wurde, ist Leutnant Herbert Denham Brotheridge, der bei der Befreiung der Brücke durch einen Genickschuss ums Leben kam und damit als der erste alliierte Soldat gilt, der bei der Invasion fiel. Vermutlich kamen aber schon vor ihm Soldaten um, denn kurz vor dem tödlichen Schuss warf Brotheridge eine Handgranate in einen deutschen Bunker.

Route: Gleich hinter der neuen Pegasusbrücke besteht die Möglichkeit am Kreisverkehr links in die Avenue du 5 Juin 1944 abzubiegen, um das am Kanal befindliche **Château Bénouville** zu besichtigen.

Bénouville, zwischen der Großstadt Caen und der Küstenstadt Ouistreham gelegen, wäre – abgesehen von der Pegasusbrücke vielleicht – selbst kaum der Erwähnung wert, gäbe es da nicht noch das **Schloss**, welches im auslaufenden 18. Jahrhundert erbaut wurde. Die Südfassade des vierstöckigen

Camping

Bénouville

Camping Les Hautes Coutures, Route de Ouistreham, 14970 Bénouville, Tel.: 02 31 44 73 08, Fax: 02 31 95 30 80, E-Mail: camping-hautes-coutures@wanadoo.fr, Web: http://leshautescoutures.free.fr, April - Sept.; am Nordrand der Stadt, hierfür am zentralen Kreisverkehr hinter der Pegasusbrücke Richtung Hafen abbiegen, Campingplatz erscheint rechts. Swimmingpool, zwei Tennisplätze, Minigolf, Spielplätze und große Wiese für Wohnmobile direkt am Fluss Orne. Überwiegend Dauercamper. Standardausstattung. **V & E für Wohnmobile.**

Bauwerks präsentiert sich mit einem sehenswerten und wappenverzierten Tympanon, das von vier Säulen getragen wird.

Im Inneren des Schlosses ist der **Treppenaufgang** mit einem breiten Rundfenster unbedingt sehenswert. Besichtigt werden kann das Schloss von Juli bis September täglich außer dienstags.

Hinter dem Schloss erstreckt sich ein langer, aber schlichter Park.

UMWEG ÜBER OUSTREHAM

→ **Route:** Dem direkten Weg über die **D515** in die Großstadt **Caen** ist bei ausreichend zur Verfügung stehender Zeit der Umweg über den weiter nördlich gelegenen Küstenort **Ouistreham** und über die **D514** vorzuziehen.

Ouistreham, das man ähnlich wie „Westerham" ausspricht, wird oft als der Hafen von Caen bezeichnet. Immerhin sind diese beiden Städte mit dem Caen-Kanal verbunden.

Am Ende des Kanals, dessen Wasser zusammen mit der Orne in den Ärmelkanal fließt, befinden sich die Kais der Englandfähren.

Genau zwischen den beiden Fährterminals kann man direkt den **Wohnmobilstellplatz** mit Blick auf die Ornemündung ansteuern.

Auf der anderen Seite des Platzes gibt es einige Dünen, die in den breiten **Sandstrand** des Vorortes **Riva-Bella** übergehen.

Im Zentrum von Ouistreham, das rund einen Kilometer vom Strand entfernt ist, erhebt sich seit rund 900 Jahren die alte **Wehrkirche Saint Samson**, die eine alte von den Wikingern zerstörte Holzkirche ersetzte.

Außergewöhnlich sind die drei Bogenreihen oberhalb des Portals, die keine Funktion haben, sondern nur der Zierde dienen. Zwei Glasfenster der Kirche wurden nach dem Krieg mit Motiven ersetzt, die an die Befreiung der Stadt erinnern.

Am Nordrand der Kirche befindet sich die so genannte **Zehntscheune**. Sie verdankt ihren Namen den Steuern, die früher in Form eines Zehntels der Ernte abzuführen waren. In der Scheune wurde eben dieses Zehntel gelagert.

Architektonisch erinnert die Zehntscheune an Gebäude aus England, die dort im 10. und 11. Jahrhundert ebenso erbaut wurden. Das belegt den Einfluss und die Bedeutung des anglo-normannischen Handels, der zu dieser Zeit sehr rege gewesen sein muss.

Abwechslung verspricht ein Abstecher zum **Caen-Kanal** mit seinen Schleusen.

Wer höher hinaus will, erklimmt die 171 Stufen des **Leuchtturms** und wird mit einem weiten Blick auf die Stadt und die Küste belohnt.

Der 38 m hohe und äußerst schlanke Leuchtturm zwischen Kanal und Orne wurde zu seinem hundertjährigen Bestehen im Jahr 2005 renoviert und mit einer Lichtanlage versehen, die, umgekehrt als es sonst ein Leuchtturm tut, den Leuchtturm anstrahlt. Der Turm wird blau angestrahlt, wenn die Flut einsetzt und bleibt weiß, wenn gerade Ebbe ist.

Mein Tipp! Am Leuchtturm kann man weiter Richtung Osten gehen und rund einen Kilometer am fast menschenleeren Strand spazieren. Nur zu Beginn befinden sich ein paar Ferienhäuser, später geht der Strand in eine größere Wald- und Wiesenfläche über und man befindet sich genau an der Stelle, wo die Orne noch einen Bogen um diese Stelle macht bevor sie in den Fluten des Ärmelkanals verschwindet.

Am Nordrand von Ouistreham liegt der Vorort **Riva-Bella**, dessen Name erahnen lässt, dass dort Sommer, Sonne, Strand bevorzugt werden. Die Kartbahn

Der längste Tag – D-Day

Utah, Omaha, Gold, Sword und Juno waren fünf Codenamen und bezeichneten fünf Strandabschnitte zwischen Caen im Osten und St-Mère-Église auf der westlich gelegenen Halbinsel Cotentin, an denen im Zweiten Weltkrieg am 6. Juni 1944 die alliierten Truppen landeten.

Schon zwei Jahre zuvor begannen die ersten Planungen und Übungen, um Europa von Nazi-Deutschland zu befreien und seit 1943 war der Ablauf einer Invasion in Nordfrankreich bis ins kleinste Detail ausgetüftelt.

Exakt ein Jahr vor Kriegsende, am 8. Mai 1944, setzte der spätere US-Präsident Dwight D. Eisenhower die Landung der Normandie auf den 5. Juni 1944 fest. Auf Grund schlechten Wetters verschob er als Oberkommandierender der alliierten Truppen den Termin jedoch auf den 6. Juni. Damit erhielten über 6.000 Schiffe und fast 12.000 Flugzeuge, in denen sich insgesamt 170.000 Soldaten an Bord befanden, den Befehl zur *Operation Overlord*, die mit der Landung in der Normandie begann und erst mit der Befreiung von Paris am 25. August 1944 enden sollte.

Diese Operation unterteilte sich in mehrere Einsätze. Einer von ihnen war zum Beispiel die Täuschung der deutschen Truppen, die zwar mit einer Invasion rechneten, aber den Ort und das Datum nicht wussten.

In der Nacht zum 6. Juni starteten Flugzeuge auf der britischen Insel und flogen über die engste Stelle des Ärmelkanals um dort Silberfolie abzuwerfen. Durch die Folie sah es auf den Radarschirmen der Deutschen nach einer Angriffswelle aus. MIt diesem Täuschunsmanöver wurde erreicht, dass sich die Deutschen in ihren Vermutungen, ein Angriff käme über Dover und Calais, bestätigt fühlten.

Währenddessen überflogen jedoch viel weiter im Westen alliierte Flugzeuge die Küstenabschnitte, um im Hinterland Fallschirmspringer abzusetzen. Diese Operation verlief aber weit weniger glücklich als geplant, da sich durch das schlechte Wetter und das unübersichtliche Gelände zahlreiche Fallschirmspringer verirrten. Dennoch gelang es der 82. Luftlandedivision noch in derselben Nacht als erste Stadt Saint-Mère-Église zu erobern.

Gleichzeitig waren in der stürmischen See die Schiffsverbände der Alliierten vor der französischen Küste aufgezogen, um mit der Landung an den einzelnen Strandabschnitten zu beginnen. Am schlimmsten waren die darauf stattfindenden Kämpfe am so genannten Omaha Beach. Dort gab es mit über 4.000 Toten auf amerikanischer Seite mehr gefallene Soldaten als an den anderen vier Strandabschnitten zusammen.

Während die Kämpfe an den Stränden Juno, Sword, Utah und Gold teilweise schon gegen Mittag entschieden und die wenigen deutschen Stellungen besiegt waren, gab es am Omaha Beach ein wahres Desaster. Die hohen Wellen ließen Boote kentern, tief hängende Wolken sorgten dafür, dass die Luftunterstützung ihre Ziele verfehlten und der Widerstand der Wehrmacht waren verantwortlich dafür, dass die Kämpfe bis in den nächsten Tag hinein andauerten.

Utah Beach befindet sich zwischen den Ortschaften La Madeleine und Pouppeville nördlich der Douve-Mündung, Omaha-Beach liegt zwischen Viervielle-sur-Mer und Saint-Laurent-sur-Mer während Gold-Beach bei Arromanches zu finden ist und bis zur Orne-Mündung in den Juno- und Sword-Beach übergeht.

Am Ende des Tages lagen an all diesen Stränden über 9.000 Tote Soldaten aus den Vereinigten Staaten, Großbritannien, Kanada, Frankreich, Neuseeland, Australien und vielen weiteren Nationen. Die Anzahl der deutschen Gefallenen ist unklar.

Praktische Hinweise – Ouistreham

Office de Tourisme, Jardins du Casino, Esplanade Lofi, 14150 Ouistreham, Tel.: 02 31 97 18 63, Web: 02 31 96 87 33, E-Mail: office.ouistreham@wanadoo.fr, Web: www.ville-ouistreham.fr. *Öffnungszeiten: Juli und August: 10 - 13 Uhr und 14 - 19 Uhr, April - Juni und Sept. 10 - 12.30 Uhr und 14 - 18.30 Uhr, sonst 10 - 12.30 Uhr und 14.30 - 18 Uhr.*

Camping

Camping Les Pommiers, Rue de la Haie Breton, 14150 Ouistreham, Tel.: 02 31 97 12 66, E-Mail: campingpommiers.orb@wanadoo.fr, April – Sept.; großer Platz im Südosten der Stadt schräg gegenüber vom Yachthafen auf der anderen Seite eines Ausläufers des Flusses Orne. Nicht in Strandnähe. Spielplatz, Hunde erlaubt, Waschmaschine. Der Platz verfügt zwar über eine Schranke, aber auch über einen direkten Zugang zum Leinpfad, so dass er nicht komplett umzäunt und bewacht ist. Zudem patroulliert recht oft die Polizei in den Abendstunden, was auch daran liegt, dass ein überwiegender Teil der Dauercamper dort schon ihren festen Wohnsitz haben. An Wohnmobilisten sieht man eher Reisende, die auf die Fähre nach England warten. Kurz gesagt, der Platz hat schon bessere Zeiten gesehen.

Wohnmobil-Stellplatz

Wohnmobil-Stellplatz, Boulevard Maritime, Ouistreham, 20 Stellplätze direkt vor dem Fährterminal, die aber wegen der schönen Lage oft gut besucht sind. Jetons für die Sani-Station erhält man im Touristenbüro, unbegrenzte Aufenthaltsdauer, kostenlose Übernachtung.

Camping

Hermanville

Camping des Hautes Sentes, Chemin des Hautes Sentes, 14880 Hermanville, Tel.: 02 31 96 39 12, leshautessentes@yahoo.fr., www.campingdeshautessentes.fr; April – Sept.; Restaurant, Swimmingpool, nur wenige touristische Stellflächen, überwiegend Dauercamper, inmitten von Agrarfeldern ruhig gelegen, nur wenige Gehminuten zur Küste. Standardausstattung.

Lion-sur-Mer

Camping de la Ferme, Rue Galante, 14780 Lion-sur-Mer, Tel.: 02 31 96 74 37, E-Mail: patricia_rosalie.lechevalier@yahoo.fr, Juni – Mitte Sept.; kleiner Platz mit 50 Stellplätzen am Rand der Ortschaft, 400 m vom Strand entfernt. Mindestausstattung.

Wohnmobil-Stellplatz

Colleville-Montgomery

Wohnmobil-Stellplatz, direkt an der D35 am südöstlichen Ortsausgang auf der rechten Seite. Neun Stellplätze auf Gras, die mit Hecken abgetrennt sind, in der Mitte eine kostenlose **Ver- und Entsorgungsmöglichkeit**, Übernachtung kostenlos. Maximale Aufenthaltsdauer: 72 Stunden.

ist nur eine von vielen Freizeitaktivitäten, die man in Riva-Bella finden kann. Ruhe und Erholung findet man hier also weniger.

Selbst dort, wo Familien versuchen, ihre Minigolfbälle zu versenken und die Kinder am Strand ihre Drachen steigen lassen, kann man in diesem Teil der Normandie auf historische Erkundungstour gehen und sich die Ereignisse des Zweiten Weltkrieges vor Augen führen.

An der Kreuzung Avenue de la Plage und Avenue du 6 Juin erhebt sich ein großer weißer Turm mit der überdimensionalen Aufschrift „**Le Grand Bunker Musée**" *(geöffnet April - Sept. 9 - 19 Uhr, sonst 10 - 18 Uhr, im Januar komplett geschlossen)*. Dieser fünfstöckige massive Wehrturm diente der Deutschen Wehrmacht zur Koordination verschiedener Gefechtsstände und der Überwachung, wovon man sich heute noch überzeugen kann. In der obersten Etage besteht die Gelegenheit mittels Telemetrie die Umgebung bis zu einem Radius von 40 km zu erfassen. www.musee-grand-bunker.com.

Ein weiteres **Kriegsmuseum Musée de No. 4 Commando** liegt gleich an der Strandpromenade in der Nähe des Casinos *(geöffnet März - Okt. tägl. 10.30 - 18 Uhr)*. Hier geht es um die 4. britisch-französische Kommandoeinheit, die seinerzeit in der Stadt die Stellungen übernahm. Darüber hinaus wird über die Geschehnisse am Sword Beach berichtet.

Das Kommando Nr. 4 landete etwas weiter westlich im Ort Colleville-sur-Orne. Doch diesen Namen werden Sie auf einer Landkarte nicht mehr finden. Aus Dankbarkeit über die Befreiung hat man den Ortsnamen nach dem britischen Oberbefehlshaber Feldmarschall Bernard Montgomery benannt und so liegt dort nun die Ortschaft **Colleville-Montgomery**.

Etwas weiter westlich liegen die beiden Seebäder **Lion-sur-Mer** sowie **Luc-sur-Mer**. Lion-sur-Mer wartet mit einem schönen **Schloss** im Stile der Renaissance auf, während sich Luc-sur-Mer mit einem wohlduftenden **Stadtpark** schmückt.

ROUTE: Von Ouistreham über die **D514/D515** – oder, falls man auf den Umweg über Quistreham verzichtet hat, von der Pegasus Bridge über die **D515** – nach **Caen**.

Caen ist die Hauptstadt der **Basse-Normandie,** der Unteren Normandie, die wir beim Überqueren der Seine erreicht haben.

Die moderne Großstadt bezeichnet sich gerne als „Stadt von Wilhelm, dem Eroberer". Immerhin wurden die drei wichtigsten und sehenswertesten Bauwerke der Stadt in seinem Namen erbaut.

Da wäre zum einen die Burg, die das Stadtbild von Caen prägt und zum anderen die beiden Klöster, eines für Männer und eines für Frauen.

Wilhelm der Eroberer wurde nach seinem Tod selbst im Männerkloster begraben, doch seine Gebeine gingen während der Französischen Revolution verloren. Sein Grabstein aber ist geblieben.

Der Grund für den Bau der beiden Klöster lag darin, dass Wilhelm für seine Hochzeit mit Mathilde von Flandern beim Papst Sühne leisten und ihn damit wieder milde stimmen wollte. Die Ehe war nämlich zunächst wegen der verwandschaftlichen Verhältnisse der Eheleute vom Papst nicht gebilligt worden.

Am Besten beginnt man einen **Rundgang durch die Stadt** direkt an der **Burg**, da diese einem auch einen schönen Überblick über Caen bietet.

Nach ihrer Errichtung im 11. Jahrhundert erlebte die Burg von Caen eine wechselvolle Geschichte mit zahlreichen Veränderungen durch An- und Umbauten. So befand sich zum Beispiel

das St. Peters-Tor der Burg in Caen

der Eingang in die mächtige Festung einst im Norden, während im 13. Jahrhundert das so genannte **St. Peters-Tor** ausgebaut und mit einer Zugbrücke versehen wurde.

Gar nichts mehr zu sehen, bis auf ein paar kleinere Mauerreste, ist von der romanischen Kirche, die sich im Inneren der Burg befand. Das Gotteshaus, welches heute zu sehen ist, entstand erst später und wurde, genauso wie der „Schachbrettsaal" (L'Echiquier), von Wilhelms Sohn, Heinrich errichtet.

Nachdem die Burg viele Jahre lang als Wohnsitz genutzt wurde, erhielt sie ihre Bestimmung als militärische Anlage zurück. Sie überstand die Französische Revolution und wurde wenig später als Kaserne genutzt.

Ihre größten Zerstörungen erlitt die Burganlage im Jahr 1944 während der Schlacht um Caen. Nach der Landung der Alliierten am 6. Juni 1944, der als D-Day in die Geschichte einging, war es wichtig, die Stadt Caen einzunehmen, um als nächstes den Sprung nach Paris zu wagen.

Nach erbitterten Kämpfen gegen die deutsche Wehrmacht und die Waffen-SS konnte man die Stadt erst am 10. Juli erobern, allerdings nur unter großen Verlusten von alliierten Soldaten und Zivilisten, die besonders unter den Bombardements zu leiden hatten.

Von den Schäden an der Burg, die dadurch entstanden sind, ist heute nicht mehr viel zu sehen. Die Renovierungsarbeiten dauerten immerhin bis 1962 an.

Besichtigen kann man das **Museum der Schönen Künste**, **Musée des Beaux Arts,** das im Burghof eingerichtet wurde *(geöffnet Mi - Mo 9.30 - 18 Uhr, Eintritt frei).* Hauptsächlich behandelt das Museum das Thema der barocken und klassischen Malerei im 17. Jahr-

hundert. Zahlreiche Werke aus Italien, Holland sowie flämische Kunst werden präsentiert.

Ein weiteres Museum im Innenhof der Burg ist das **Normandie-Museum, Musée de Normandie** *(geöffnet Mi - Mo 9.30 - 18 Uhr, Eintritt frei)*. Es ist in der Residenz des Gerichtsvollziehers aus dem 14. Jahrhundert untergebracht und erzählt die Geschichte der Region an Hand von archäologischen und ethnologischen Ausstellungsstücken wie Waffen, Schmuck und Gebrauchsgegenstände des Alltags.

Abschließend empfiehlt sich ein **Gang auf der Burgmauer.** Vorsicht auf den steilen Treppen!

Zunächst blickt man hinab in die Stadt und sieht direkt vor sich die mittelalterliche Kirche Saint-Pierre, mit ihrem Turm im Renaissance-Stil. Etwas weiter rechts ist die Männerabtei zu sehen. Die Abtei der Damen ist von hier nicht auszumachen, befindet sich aber auf der linken Seite und ist der Burg am nächsten.

Die **Abteikirche der Damen, L'Abbaye-aux-Dames,** besteht heute aus der **Klosterkirche Sainte-Trinité** und den alten Konventsgebäuden.

Im Laufe der Jahrhunderte diente die Klosterkirche den unterschiedlichsten Zwecken. So wurde sie schon zum Krankenhaus umfunktioniert und seit 1986 wird sie vom Regionalrat genutzt.

In der Kirche sind die Krypta und selbstverständlich das Grab von Mathilde von Flandern, der Ehefrau von Wilhelm, dem Eroberer, sehenswert.

Größer und umfassender hingegen ist die **Männerabtei L'Abbaye-aux-Hommes**, zu der die doppeltürmige **Abteikirche Saint-Etienne**, an die sich die Konventsgebäude aus dem 18. Jahrhundert anschließen ebenso gehört, wie das heutige Rathaus.

die Abtei der Damen in Caen

Hinter der Abtei befindet sich noch ein schön gestalteter, aber relativ kleiner Park.

Die Burg und die beiden Abteien, sind zwar die Hauptsehenswürdigkeiten der Stadt, aber es gibt in Caen natürlich noch mehr zu sehen.

Gleich gegenüber der Burg erhebt sich unübersehbar die bereits erwähnte **Kirche St-Pierre**, deren Baubeginn auf das 13. Jahrhundert zurück geht bis zu ihrer Fertigstellung aber noch rund 300 Jahre vergingen. Entstanden ist dabei der sog. „König der normannischen Glockentürme". Allerdings wurde der Kirchturm während des Zweiten Weltkrieges komplett zerstört, konnte aber längst neu errichtet werden.

Im Chor der Kirche sind vermehrt Elemente der Renaissance zu erkennen, aber auch Elemente des Flamboyant-Stils, eine der letzten Stilstufen der Spätgotik. Sie erinnert durch eine bestimmte Formgebung an Flammen, was man besonders an den Kapitellen des Mittelschiffes stark ausgeprägt findet.

Gleich neben dem imposanten Gotteshaus liegt der **Place St-Pierre**. Er gilt als das Zentrum von Caen und ist Ausgangspunkt der Rue St-Pierre mit ihren **Fachwerkhäusern**, Geschäften, Straßencafés und Restaurants.

Eines der schöneren und sehenswerten Gebäude ist das **Haus Nummer 52**, in dem sich heute das **Post- und Telekommunikationsmuseum Musée de la Poste et des Techniques de Communication** befindet *(Mitte Juni-Mitte Sept. Di - Sa 10 - 12 Uhr und 14 - 18 Uhr, sonst 13.30 -17.30 Uhr)*. Das Museum zeigt in fünf Räumen die Telekommunikationsmöglichkeiten der letzten 150 Jahre.

Noch vor dem Postmuseum lohnt es sich, das Gebäude der heutigen Touristeninformation am Place St-Pierre etwas genauer zu betrachten. Die Fassade wirkt zwar schlicht und nicht sonderlich einladend, aber durch einen Durchgang gelangt man in den Innenhof des so genannten **Hôtel d'Escoville**. Gebaut wurde es vom wohlhabenden Kaufmann Nicolas Le Valois d'Escoville in der ersten Hälfte des 16. Jahrhunderts, musste aber nach den Bombenangriffen des Zweiten Weltkrieges neu aufgebaut werden. Der Hof ist mit detailreichen Ornamenten reich verziert.

Auf der Rue Saint-Pierre gelangt man auf der rechten Seite in eine kleine Gasse namens Rue Froide. Von ihr aus hat man Zugang zur **Kirche Saint-Sauveur**. Bemerkenswert ist der Doppelchor in zwei verschiedenen Architekturstilen. Der rechte Chor ist im Stil der Renaissance erbaut worden, während der linke Chor etwas älter und gotisch ist.

Geht man dagegen vom Place Saint-Pierre nach Osten, zwischen Kirche und Burg hindurch, und folgt der Rue Montoir Poissonnerie in östliche Richtung, zweigt an der kleinen Kreuzung (Zebrastreifen) links die schmale **Rue du Vaugueux** ab. In der kopfsteingepflasterten Fußgängerzone mit ihren Straßencafés geht es recht beschaulich und angenehm kleinstädtisch zu.

Besuchenswert ist in Caen auch das **Caen Mémorial Museum,** das etwas außerhalb des Zentrums im Nordwesten der Stadt (Esplanade Eisenhower, nördlich der Ringautobahn) liegt *(geöffnet tägl. 9 - 19 Uhr)*.

Dieses Friedensmuseum regt zum Nachdenken an und dokumentiert ohne Wertung über ein bestimmtes Land die Kriege der vergangenen Jahre, verfügt über einen Saal der Nobelpreise und präsentiert auch temporäre Ausstellungen.

Das Museum ist ein guter Einstieg für die weitere Fahrt entlang der normannischen Küste, der Eintrittspreis ist leider nicht gerade billig. Der Normandie-Pass (siehe weiter unten) ist aber auch hier gültig und verringert den Eintrittspreis um fast ein Drittel.

Praktische Hinweise – Caen

Office de Tourisme, Hôtel d'Escoville - Place Saint-Pierre, 14000 Caen, Tel.: 02 31 27 14 14, Fax: 02 31 27 14 13, E-Mail: tourisminfo@ville-caen.fr, Web: www.tourisme.caen.fr und www.tourisme-caen.fr.

Restaurants

Archidona, 9, Rue de Gémare, Tel.: 02 31 85 30 30, gediegenes Weinlokal.

Caen Grill & Le Francais, 17, Place de la République, Tel.: 02 31 85 23 64. Modern eingerichtetes Grillrestaurant mit Buffet.

Icognito, 14, Rue de Courtonne, Tel.: 02 31 28 36 60. Modern gestaltet, mit großer Fensterfront zwischen Küche und Speisesaal.

Le Bistro, 12, Rue du Vaugueux, Tel.: 02 31 93 20 30. Mit Außenterrasse in der Fußgängerzone, für den kleinen Hunger zwischendurch.

Route: Wir verlassen Caen in nördlicher Richtung und folgen ab der Ringautobahn **A13/N814**, Anschlussstelle Nr. 5, der **D7** zunächst Richtung **Langrune-sur-Mer**. Achten Sie nach rund 8 km auf den Abzweig der **D404**, der wir nach Nordwesten bis **Courseulles-sur-Mer** folgen.

An diesem Küstenstrich der Normandie liegen die **Landungsstrände der Alliierten**, an denen am D-Day (6. Juni 1944) mit der Befreiung Europas begonnen wurde.

Ob man nun möchte oder nicht, man wird hier ständig an die Schrecken des Krieges erinnert und es gibt kaum ein Dorf, in dem nicht noch ein ausgedienter Panzer steht oder sich ein Mahnmal erhebt.

Zahlreiche Soldatenfriedhöfe und Museen befinden sich in diesem Bereich der Normandie. Natürlich befasst sich jedes Museum mit den Kriegsereignisse. Aber jedes Museum hat sein eigenes, spezielles Ausstellungsthema.

In 26 der vorhandenen Museen, die zwischen Cherbourg und Caen liegen, bekommt man Ermäßigung, wenn man den speziellen **Normandiepass** vorzeigt. Diesen erhält man für 1 Euro zuzüglich vollem Eintrittspreis im ersten Museum.

An jedem Museum bzw. an jedem Monument, das mit der Landung der Alliierten zu tun hat, wird man eine **Stele mit einer zweifarbigen Möwe** sehen. Dieses Symbol markiert eine touristische Route entlang der einzelnen Sehenswürdigkeiten.

Eines der vielen Museen hier befindet sich auf dem weiteren Weg nach Courseulles-sur-Mer in **Douvres-la-Délivrande**. In dem Ort befand sich während des Zweiten Weltkrieges eine deutsche Radar-Überwachungsanlage, in der heute das **Radar-Museum Musée Radar** untergebracht ist *(geöffnet Mitte Juni-Mitt Sept. Di-So 10-17.30 Uhr; www.normandiememoire.com)*.

Die technische Entwicklung des Radarsystems wird in zwei ehemaligen Bunkern erklärt.

Courseulles-sur-Mer ist ein kleiner unscheinbarer Ort mit einem kleinen Hafen und zwei Campingplätzen.

Geprägt ist die Ortschaft durch den Strand, der sich östlich der Ortschaft erstreckt. Es handelt sich um **Juno Beach**, dem Strand, an dem die Kanadier am D-Day landeten. Sie hatten in der ersten Stunde der Invasion die Hälfte aller Soldaten als Verlust zu beklagen, schafften aber dann die Wende und konnten die 716. Infanteriedivision überwältigen.

Die Kämpfe an der Juno Beach forderten die zweithöchsten Verluste währen der Invasion. Dennoch war die Situation am späten Mittag weitgehend unter Kontrolle, während am benachbarten Strand Omaha Beach das Töten weiter ging.

Das einzige **kanadische Museum** an der normannischen Küste, das **Centre Juno Beach,** berichtet multimedial und mit persönlichen Geschichten über die damaligen Ereignisse. Es wurde in einem modernen Gebäude eingerichtet und erst im Juni 2003 eröffnet *(geöffnet April - Sept. tägl. 10 - 18 Uhr, März und Okt. 10 - 13 Uhr und 14 - 17 Uhr, sonst 9.30 - 19 Uhr, im Januar geschlossen.* Führungen im Juno Park: *Juni, Juli, Aug. um 10, 11, 12, 14, 15, 16 Uhr, Apr., Mai, Sept., Okt. um 11 und 15 Uhr; www.junobeach.org).* Eine Abteilung des Museums informiert auch über kanadische Kultur und Geschichte.

Im sog. **Juno Park** mit Resten des Atlantikwalls wird auf einstündigen Führungen Auskunft über die Geschehnisse am Invasionstag gegeben.

Praktische Hinweise – Courseulles-sur-Mer

Office de Tourisme, 5, Rue du 11 Novembre, 14470 Courseulles-sur-Mer, Tel.: 02 31 37 46 80, Fax: 02 31 37 29 25, *geöffnet von April - Juni und im Sept. 10 - 12.30 und 14.30 - 18 Uhr, Juli und August 10 - 19 Uhr.*

Restaurants

Le Courlis, 13 Quai Est, Tel.: 02 31 73 20 63. Fischspezialitäten und Austern aus der Region.

Les Alizes, 4, Quai Ouest, Tel.: 02 31 36 14 14. Meeresfrüchte und Muscheln, aber auch Gänseleber. Vom Okt. - Mai wird ein St.-Jakobsmenü (Muscheln) angeboten.

Camping

Camping Le Champ de Course, Avenue de la Libération, Tel.: 02 31 37 99 26, Fax: 02 31 37 96 37, E-Mail: camping.courseulles@wanadoo.fr, April – Sept.; großer und komfortabler Campingplatz mit fast 400 Stellplätzen und vier Sanitärgebäuden im Osten der Stadt, Komfortausstattung. **V & E für Wohnmobile.**

Camping Municipal „Canadian Scottish", Route d'Arromanches, 14470 Graye-sur-Mer, Tel.: 02 31 37 45 23, Mitte April – Mitte Sept.; auch wenn dieser Campingplatz offiziell schon zur Ortschaft Graye-sur-Mer gehört, befindet er sich dennoch näher an Courseulles-sur-Mer bzw. direkt an der Küste mit Blick auf das Centre Juno Beach. Der Platz hat mehrere abgeteilte Wiesen rund um ein Sanitärgebäude und bietet 234 Stellplätze, zum Strand über eine kleine Düne. Standardausstattung. Wohnmobile mit einer Länge über 5,90 m sind aus unverständlichen Gründen auf dem Platz nicht erlaubt.

Camping Le Havre de Bernières, 14990 Bernières-sur-Mer, Tel.: 02 31 96 67 09, Fax: 02 31 97 31 06, E-Mail: campingnormandie@aol.com, www.camping-normandie.com, April – Okt.; über die D514 rund einen Kilometer östlich von Courseulles-sur-Mer, direkt am Ortseingang von Bernières-sur-Mer. 240 Stellplätze, davon jedoch die Hälfte für Dauercamper. Auf Wiese und von Bäumen eingegrenzte Parzellen. Komfortausstattung; Bar, Live-Musik, Swimmingpool, Animationen, Tennisplätze, Fußballfeld. **V & E für Wohnmobile.**

Praktische Hinweise – Asnelles

Office de Tourisme, Cale de l'Essex, 14960 Asnelles-sur-Mer, Tel.: 02 31 21 94 02, E-Mail: contact@tourisme-asnelles.com, Web: www.tourisme-asnelles.com. *Nur im Juli und August geöffnet.*

Camping

Camping Municipal Quintefeuille, Avenue Maurice Schumann, Tel.: 02 31 22 35 50, Fax: 02 31 21 99 45, Mai – Mitte Sept.; kleiner umzäunter Platz direkt an der Hauptstraße, die durch den Ort verläuft. Standardausstattung.

Route: Von **Courseulles-sur-Mer** auf der **D514** westwärts, vorbei am Campingplatz „Scottish-Canadian" und meist in Küstennähe nach **Asnelles**.

Auf dem Weg nach Asnelles sieht man die heutige touristische Vermarktung des D-Days besonders deutlich. „Gold Beach"-Aufschriften allenthalben.

Der Strandabschnitt bei Asnelles trägt den Namen **Gold Beach** und reicht von La Rivière bis Longues-sur-Mer, kurz hinter Arromanches-les Bains.

Während der Invasion erstürmten 25.000 britische Soldaten diesen Küstenabschnitt. Dabei hatten sie Verluste von rund 400 Mann hinzunehmen. Morgens gegen halb acht begannen die Kämpfe und noch am selben Abend um 22.30 Uhr war die Stadt Arromanches eingenommen, was zur Folge hatte, dass man sogar noch vor Mitternacht die Vororte von Bayeux erreichte.

In **Ver-sur-Mer** befindet sich das **America Gold Beach-Museum**, 2 place amiral Byrd, das natürlich über den britischen Brückenkopf und die Landung der Alliierten in der Normandie berichtet. Aber es wird auch das Thema der ersten Luftpost zwischen Frankreich und der USA behandelt *(geöffnet April - Okt. Mi - Mo 10.30-17.30, im Juli und August auch Mo, sonst geschlossen; www.goldbeachmusee.org.uk)*.

Route: Weiterreise auf der **D514** Richtung Westen. Kurz bevor man nach **Arromanches-les-Bains** hinab fährt, passiert man auf der rechten Seite einen großen **Parkplatz,** von dem aus man einen guten Blick auf die ehemaligen Hafenanlagen des D-Day hat. Gerne wird dieser Parkplatz auch als inoffizieller **Wohnmobil-Stellplatz** genutzt.

Arromanches-les-Bains ist eine kleine, unbedeutende Küstenstadt, die hauptsächlich vom Tourismus lebt.

Das war nicht immer so. Am D-Day im Jahr 1944 war es für die britischen Soldaten enorm wichtig, den Ort einzunehmen, damit am Strand ein künstlicher Hafen eingerichtet werden konnte, um den Versorgungsnachschub zu gewährleisten.

Dieser **Mulberry-Hafen** bestand aus vorgefertigten Teilen und wurde vor der Küste einfach zusammengesetzt. Dabei boten die Baueelemente Schutz vor der rauhen See und waren zugleich in der Lage, mit der Flut auf- und abzusteigen, was den Vorteil brachte, dass rund um die Uhr die ankommenden Schiffe entladen werden konnten.

Über den Mulberry-Hafen in Arromanches-les-Bains wurden in den ersten fünf Monaten nach dem D-Day 40.000 Fahrzeuge und fünfmal so viele Soldaten transportiert. Noch heute sind die Überreste des Hafens gut und deutlich erkennbar.

An dem in der Routenbeschreibung weiter vorne erwähnten Parkplatz hat man nicht nur einen prächtigen Blick auf die Stadt und die Hafenreste, dort befindet sich auch ein **360°-Panorama-Kino Arromanches 360,** Chemin du Calvaire *(tägl. geöffnet. Juni, Juli und Aug. 9.40 - 18.40 Uhr, März, April, Mai, Sept., Okt. 10.10 - 17.40 Uhr, im Januar geschlossen. Die Filme beginnen immer zehn Minuten nach einer vollen und einer halben Stunde; www.arromanches360.com)*. Inmitten von neun großen Leinwänden sieht man den Film „Preis des Friedens" und hat das Gefühl, man stecke mitten im Geschehen der damaligen Tage.

Weiter unterhalb der Steilküste befindet sich auf dem Place du 6 Juin im Ort das **Museum der Anlandung, Musée du Débarquement** *(geöffnet im Sommer tägl. 9 - 19 Uhr, im Winter tägl. 10 - 12.30 Uhr und 13.30 - 17 Uhr, im Januar geschlossen; www.arromanches-museum.com)*. Das Museum berichtet in modernster multimedialer Form über den Bau des Mulberry-Hafens. Rund um das Museum sind noch zahlreiche Waffen und Kriegsfahrzeuge aufgestellt.

Übrigens gibt es neben dem Place du 6 Juin noch zahlreiche andere Straßennamen in Arromanches-les-Bains, die an den Krieg erinnern (Quai du Canada, Quai de Pologne, Quai du Général Leclerc, Avenue du Lieutenant-Colonel de Job usw.).

ABSTECHER NACH LONGUES-SUR-MER

Nur wenige Kilometer sind es auf der D514 nach Westen, um in die kleine Ortschaft **Longues-sur-Mer** zu gelangen. Hier findet man ein weiteres **Kriegsmuseum**. Genauer gesagt handelt es hier um eine **Geschützstellung,** wie man sie an der französischen Küste nicht selten sieht. Diese hier fällt allerdings etwas aus dem Rahmen, denn

Praktische Hinweise – Arromanches-les-Bains

Office de Tourisme, 2, rue Maréchal Joffre, 14117 Arromanches-les-Bains, Tel.: 02 31 22 36 45, Fax: 02 31 22 92 06, E-Mail: info@ot-arromanches.fr, Web: www.ot-arromanches.fr.

Restaurants

Le Mulberry, 6, Rue Maurice Lithare, Tel.: 02 31 22 36 05. Benannt nach dem Militärhafen, gemütliche Atomsphäre im Hotelrestaurant. Spezialität Lammkotelett.

La Marine, Quai du Canada, Tel.: 02 31 22 34 19. Hotelrestaurant mit Außenterrasse und Blick auf das Meer. Hauptsächlich maritime Speisen.

Camping

Camping Municipal, Avenue de Verdun, 14117 Arromanches-les-Bains, Tel.: 02 31 22 36 78, E-Mail: camping.arromanches@wanadoo.fr, April – Okt.; nur wenige Gehminuten vom Hafen entfernt, rund 130 Parzellen. Standardausstattung; Waschmaschine, Brötchenservice, Spielplatz und drei gepflegte Sanitärhäuschen.

Wohnmobil-Stellplatz

Wohnmobil-Stellplatz, Rue François Carpentier, nur wenige Meter vom Place du 6 Juin entfernt in westliche Richtung, neben dem Camping Municipal gelegen mit 14 Stellplätzen, die Übernachtung ist gratis. **V & E-Säule**.

Camping

Tracy-sur-Mer

Camping Les Bas Carreaux (noch an der D514), 14117 Tracy-sur-Mer, Tel.: 02 31 92 54 33, Mai – Mitte Sept.; kleiner, privater Platz mit 20 Stellplätzen auf Rasen, Mindestausstattung.

die „**Batterie de Longues**" ist die einzige noch bewaffnete Stellung *(geöffnet ganzjährig und tägl., von April bis Oktober sind Führungen möglich)*. Das Kanonenrohr zeigt noch heute auf den Ärmelkanal, wo damals die anlandenden Schiffe mit dem 150mm-Kaliber unter Beschuss genommen wurden.

HAUPTROUTE

ROUTE: Von Arromanches-les-Bains zunächst auf der **D514**, aber schon wenig später am ersten Kreisverkehr auf die **D516** und auf direktem Wege nach **Bayeux**.

Bayeux ist etwas unübersichtlich und auch nicht besonders gut beschildert.

Geprägt ist das Stadtbild von der gotischen **Kathedrale Notre-Dame**, die im 11. Jahrhundert als Nachfolgebau eines karolingischen Gebäudes errichtet wurde. Im Laufe der Jahrhunderte hatte sie allerdings einige Umbauten erleben müssen, in der sich das sakrale Werk vom frühromanischen Gebäude in ein gotisches Gotteshaus verwandelte.

So erhielt die Kirche eine Zeit lang sogar eine Kuppel, die jedoch nach einem Jahrhundert wieder abgenommen wurde, da sie stilistisch nicht in das Gesamtbild passte.

Im Umfeld der Kirche sind einige archäologische Ausgrabungen zu sehen, die von einem schmalen Gebäude aus dem 9. bis 10. Jahrhundert stammen. Die genaue Funktion des Hauses ist aber ungeklärt.

In der Kathedrale, die zugleich Bischofssitz ist, wurde im Mittelalter einmal im Jahr ein Wandteppich ausgestellt, der die Eroberung Englands unter Wilhelm darstellt.

Dieser Wandteppich gilt auch als der erste Comic der Welt, da die komplette Geschichte nur in Bildform auf dem Teppich nachvollzogen wird.

Heute wird der weltberühmte **Teppich von Bayeux** nicht mehr in der Kirche ausgestellt. Dafür wird das gute Stück, die Sehenswürdigkeit der Stadt schlechthin, heute den Besuchern in der **Tapisserie** in der Rue de Nesmond präsentiert *(geöffnet täglich von Mitte März bis Mitte November 9 - 18.30 Uhr, bis 19 Uhr von Mai bis August, übrige Zeit 9.30 - 12.30 Uhr und 14 - 18 Uhr; der Kartenverkauf endet eine Dreiviertelstunde vor Schließung; www.tapisserie-bayeux.fr)*.

Von der UNESCO erhielt der Teppich die Auszeichnung „Memory of the World" und gehört damit, ebenso wie Beethovens Neunte Sinfonie und die Gutenberg-Bibel, zum Programm des Gedächtnisses der Menschheit.

Der schmale, nur knapp 50 cm breite, aber überaus lange Teppich wurde im 11. Jahrhundert gewoben bzw. bestickt, also kurz nach der Eroberung Englands. Er erzählt auf einer Länge von 70 Metern den gesamten Ablauf der Eroberung Englands durch die Normannen inklusive der Vorgeschichte, der Schlacht bei Hastings und der Krönung Wilhelms zum König.

Die Besichtigung in der Tapisserie wird dem Besucher recht bequem gemacht. Man erhält am Eingang einen **Audioguide**, ähnlich einem Handy, der auch in deutscher Sprache die Abbildungen auf dem Teppich erläutert, während man daran entlanggeht.

die Kathedrale von Bayeux

Der Teppich selbst ist an der Wand in dem abgedunkelten Raum hinter Glas aufgehängt und darf nicht fotografiert werden.

Für eine Besichtigung sollte man früh vor Ort sein, da aus Platzgründen nur eine bestimmte Anzahl von Besuchern gleichzeitig eingelassen wird und es durchaus zu längeren Wartezeiten kommen kann!

Die Stadt Bayeux spielte aber auch in der jüngeren Vergangenheit eine wichtige Rolle. Sie gilt als die erste Stadt, die im Rahmen der Operation Overlord, der Alliierteninvasion in der Normandie, befreit wurde. Die ganze Aktion ging für Bayeux glücklicherweise ohne wesentliche Schäden ab, da es keine Bombardierungen und Kämpfe gab. Die Wehrmacht war zu dem Zeitpunkt nach Caen befehligt worden.

Sainte-Mère-Église, das wir später noch erreichen, hat keinen Stadtstatus und gilt daher „nur" als die erste befreite „Ortschaft".

Eine Woche nach der Invasion hielt der damalige General und Chef der provisorischen Regierung, **Charles de Gaulle**, eine Rede, seine erste Rede auf französischem Boden. Nur zwei Jahre später trat der spätere französische Präsident de Gaulle ein weiteres Mal in Bayeux auf und skizzierte in einer viel beachteten Rede seine Visionen vom zukünftigen Frankreich.

Von diesen Reden und weiteren Besuchen de Gaulles in Bayeux erzählt ausführlich das **de Gaulle-Museum, Musée Mémorial du Général de Gaulle** im einstigen Gouverneursgebäude in der Rue Bourbesneur Nr. 10 *(geöffnet Juni - Aug. 9.30 - 12.30 Uhr und 14 - 18.30 Uhr, März - Mai und Sept. - Nov. 10 - 12.30 und 14 - 18 Uhr; www.normandie44lamemoire.com)*.

Auf der Ringstraße um Bayeux erinnern zwei **Denkmäler**, die Generälen gewidmet sind, die sich 1944 hier aufhielten. Eines an der westlichen Ausfahrt und ist de Gaulle gewidmet, während auf dem Kreisverkehr im Osten die lebensgroße Abbildung von General Eisenhower aufgestellt ist.

Ein weiteres Museum, welches sich mit der Landung der Alliierten befasst, ist das **Musée Mémorial de la Bataille de Normandie**. Es gibt einen genauen Überblick über die Kämpfe an der Küste und im Landesinneren während der Invasion zwischen 7. Juni und 29. August 1944 *(geöffnet Mai bis Mitte Sept. 9.30 - 18.30 Uhr, sonst 10 - 12.30 Uhr und 14 - 18 Uhr; www.normandiememoire.com)*.

Beachtung verdienen schließlich die weißen Stelen eines Mahnmals, das an die ermordeten **Journalisten** erinnert, die seit 1944 bei kriegerischen Auseinandersetzungen ums Leben kamen. Über 2.000 Namen sind zu lesen.

Aber schon bei der Einweihung des Denkmals im Jahr 2006 war es sofort wieder veraltet, denn am selben Wochenende kamen die beiden Mitarbeiter der Deutschen Welle, Karen Fischer und Christian Struwe bei ihrer Arbeit in Afghanistan ums Leben. Wenige Stunden später wurde die russische Journalistin Anna Politkowskaja in ihrer Moskauer Wohnung getötet.

Ein Museum, das sich ausnahmsweise nicht mit dem Krieg beschäftigt, befindet sich in der Rue Lambert Leforestierer. Das **Baron Gérard-Museum** ist ein Kunstmuseum und präsentiert typisches Porzellan der Stadt sowie eine Gemäldesammlung *(geöffnet tägl. 10 - 12.30 Uhr und 14 - 18 Uhr, im Juli und August bis 19 Uhr; der Eintritt ist frei, wenn man zuvor in der Tapisserie war)*.

Praktische Hinweise – Bayeux

Office de Tourisme, Pont Saint Jean, 14400 Bayeux, Tel.: 02 31 51 28 28, Fax: 02 31 51 28 29, E-Mail: info@bayeux-tourism.com, Web: www.bayeux-tourism.com.

Restaurants

Le Pommier, 38-40 Rue des Cuisiniers, Tel.: 02 31 21 52 10. In einem rustikalen Gebäude aus dem 18. Jahrhundert, das sehr stimmungsvoll eingerichtet ist, gibt es typisch normannische Speisen.

Lion d'Or, 71, Rue Saint-Jean, Tel.: 02 31 92 06 90. Gehobenes Hotelrestaurant mit exklusiver Karte.

La Rapière, 53, Rue Saint-Jean, Tel.: 02 31 21 05 45. Sehr gemütliches Restaurant mit moderaten Preisen.

Camping

Camping Municipal, Rue du Camping (in anderen Karten auch Rue des Abbattoirs), 14400 Bayeux, Tel.: 02 31 92 08 43, Mai – Sept.; großer Campingplatz an der Ringstraße (D613) im Ortsteil St-Vigor genau an der Ecke zwischen Boulevard d'Eindhoven und Boulevard Winston Churchill. Wiesengelände, in der Nähe ein kleines Industriegebiet. Auf der anderen Straßenseite befindet sich der Supermarkt Champion. Standardausstattung.

Wohnmobil-Stellplatz

Wohnmobil-Stellplatz, Place Gauquelin-Despallières. Auf dem Marktplatz, deshalb nicht immer ruhig. Kleines Toilettenhäuschen, Übernachtung gratis, **V & E-Säule**.

4. BAYEUX - CHERBOURG

Länge der Tour: Rund 130 km, ohne Abstecher.

Die Route: D6 bis **Port-en-Bessin-Huppain** – D514 über **Colleville-sur-Mer** und **Point du Hoc** bis **Grandcamp-Maisy** – D199 bis zur D113 – Straße D113 bis **La Cambe** – N13 über **Isigny-sur-Mer** bis **Carentan** – D913 und N13 bis **Sainte-Mère-Eglise** – D15 bis **Ravenoville** – D14 bis **Quettehou** – D1 bis **Saint-Vaast-la-Hougue** – D216, D26, D355 und D901 bis **Cherbourg**.

Reisedauer: Mindestens ein Tag, besser zwei Tage.

Reisehöhepunkte: Besuch des **US-Soldatenfriedhofs** *** – Spaziergang am **Pointe du Hoc** ** – Besuch des **Deutschen Soldatenfriedhofs La Cambe** *** – Besichtigung der **Kirche von Sainte-Mère-Eglise** *.

ROUTE: Von Bayeux über die **D6** in nordwestlicher Richtung nach **Port-en-Bessin-Huppain,** 9km.

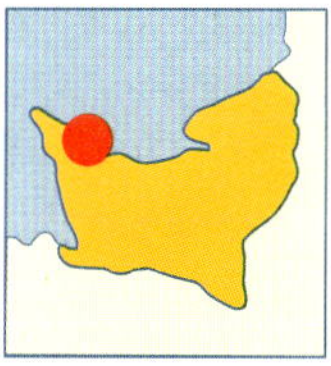

Kurz vor dem Kreisverkehr in **Port-en-Bessin-Huppain** passieren wir auf der rechten Seite erneut ein **Kriegsmuseum**, ein **Wrack-Museum** *(geöffnet im Mai nur am Wochenende, von Juni bis September tägl. 10 - 12 und 14 - 18 Uhr).* Dieses Museum nun befasst sich mit der Waffentechnik, die im Rahmen der Alliierteninvasion

zum Einsatz kam, zum Thema gemacht hat. Viele der Kriegsgeräte versanken bei den Kämpfen am 6. Juni 1944 im Ärmelkanal und lagen jahrelang auf dem Meeresgrund. Nach Kriegsende wurden sie zu einer Gefahr für die Schifffahrt und mussten geborgen werden.

Um die Millionen von Tonnen an Eisen zu entfernen benötigte man immerhin 20 Jahre. In dieser Zeit hat sich natürlich bereits die Natur mit den Überresten des Krieges befasst, was man auf dem Parkplatz des Museums sehen kann. Dort stehen mehrere angerostete Panzer, die zudem mit Muscheln übersät sind. Im Inneren des Museums befinden sich weitere Exponate vom Meeresgrund, so zum Beispiel auch Torpedos.

Ansonsten ist Port-en-Bessin-Huppain schnell besichtigt. Die kleine Ortschaft verfügt über einen Hafen, der weit in die Stadt hineinreicht sowie über zwei Campingplätze.

Lediglich auf der östlichen Seite des Hafens befindet sich ein langer Sandstrand, der bereits zum legendären **Omaha Beach** gehört.

→ ROUTE: Auf der **D514** westwärts und über **Sainte-Honorine-des-Pertes** und **Grand Hameau** nach **Colleville-sur-Mer**.

Eigentlich ist es absurd, bei einem Krieg von schlimmen oder weniger schlimmen Orten zu sprechen. Aber bei **Colleville-sur-Mer** muss man im Zusammenhang mit den Wirren des Zweiten Weltkriegs von einem tragischen Ort sprechen. Es ist das Küstenstädtchen der Normandie, in dem

Praktische Hinweise – Port-en-Bassin-Huppain

Office de Tourisme, Quai Baron Gérard, 14520 Port-en-Bassin-Huppain, Tel.: 02 31 22 45 80, Fax: 02 31 51 28 29, E-Mail: port@bayeux-tourism.com.

Camping

Camping La Prairie, 9, Route de Huppain, 14520 Port-en-Bassin, Tel.: 02 31 21 70 06, Fax: 02 31 21 76 44, April – Sept.; großer langgestreckter Campingplatz mit 200 Stellplätzen im Südwesten des Ortes. Standardausstattung, **V & E für Wohnmobile.**

Camping Port'Land, Chemin du Castel, 14520 Port-en-Bessin, Tel.: 02 31 51 07 06, Fax: 02 31 51 76 49. E-Mail: campingportland@wanadoo.fr, www.camping-portland.com, Anf. April – Anf. Nov.; im Westen des Ortes Abzweig von der D514, Wiesengelände mit ca. 180 Stellplätzen, mit Büschen, Bäumen und kleinen Teichen unterteilt, oberhalb der Steilküste. Komfortausstattung, Bar, Restaurant, Supermarkt, Schwimmbad. Weiter Weg zum Strand über den Ort, da kein Zugang über die Steilküste. **V & E für Wohnmobile.**

Wohnmobil-Stellplatz

Wohnmobil-Stellplatz, Chemin du Castel, 12520 Port-en-Bessin, zum Campingplatz Port'Land gehörend, Übernachtung vor dem Platzeingang.

Wohnmobil-Stellplatz, Rue du 11 Novembre. Lediglich zwei Straßen vom Campingplatz La Prairie entfernt in Richtung südwestlicher Ortsausgang. 20 Stellplätze ohne Ver- und Entsorgung in ruhiger Seitenstraße.

Camping

Sainte-Honorine-des-Pertes

Camping De la Hague, 60, Route d'Omaha Beach, 14520 Sainte-Honorine-des-Pertes, Tel.: 02 31 21 77 24, E-Mail: campingdelahague@wanadoo.fr, Juni – Mitte Sept.; der Campingplatz befindet sich kurz hinter der Tankstelle in Sainte-Honorine-des-Pertes auf der rechten Seite. Er hat rund 15 parzellierte Stellplätze auf Wiese und sehr einfache Sanitäranlagen; Snackbar, Spielplatz.

Wohnmobil-Stellplatz

Sainte-Honorine-des-Pertes

Wohnmobil-Stellplatz, bei der Fahrt durch Saint-Honorine-des-Pertes sieht man auf der linken Seite eine Tankstelle. Direkt davor befindet sich ein Stellplatz für etwa 20 Wohnmobile, auf Wiese. Es gibt eine **Ver- und Entsorgungsmöglichkeit**, keine Toilette.

während der Invasion die meisten Toten zu beklagen waren.

Omaha Beach war der Landeabschnitt der amerikanischen Truppen. Während im Osten und Westen die anderen Streitkräfte bereits an den Küsten ihre Lager aufschlugen, gab es rund um Colleville-sur-Mer noch erbitterte Kämpfe. Gegen 10 Uhr vormittags lagen rund 2.000 Soldaten tot am Strand und im kniehohen Wasser vor der Küste und erst am frühen Nachmittag waren

kein Ort für ein sorgloses Sonnenbad – an der Omaha Beach verloren bei der Invasion 1944 Tausende von Soldaten ihr Leben

der amerikanische Soldatenfriedhof- Omaha Beach

die letzten Widerstandsnester der Deutschen Wehrmacht ausgeschaltet.

Widerstandsnest 62 (WN 62) wurde zum berüchtigsten und zum todbringensten. Es ist heute noch gut erkennbar. Es befindet sich auf einer leichten Anhöhe und kann betreten werden.

Beim Blick von dieser Geschützstellung auf das Meer wird einem schnell klar, wie schwer es die Alliierten hatten, um an diesem Strandabschnitt erfolgreich zu sein, da man vom WN62 einen sehr guten Überblick über die östlichen und westlichen Strandgestade hat.

Gleich hinter dem sog. Widerstandsnest führt ein Fußweg hinauf zu dem Ort, der zur letzten Ruhestätte für die gefallenen amerikanischen Soldaten wurde.

Der **Cimetière Américain de Normandie**, der **amerikanische Soldatenfriedhof – Omaha Beach,** wurde 1956 eingeweiht und war der erste und der größte amerikanische Soldatenfriedhof auf europäischem Gebiet.

Die beeindruckende Anlage ist in 10 Grabfelder mit insgesamt 9.386 Gräbern eingeteilt, jedes mit einem weißen Kreuz versehen.

Hier sind nicht nur die am 6. Juni 1944 hier an der Omaha Beach gefallenen Amerikaner bestattet, sondern auch die an anderen Orten Gefallenen.

Ein weiteres Denkmal erinnert an 1.557 vermisste Soldaten.

Am Eingang des Friedhofes gibt es im erst 2007 eingeweihten **Visitor Center** ein kostenloses **Museum**, das sich unter anderem durch einen längeren Film mit Einzelschicksalen am D-Day befasst.

Der Friedhof selbst kann problemlos betreten werden, für das Museum muss man jedoch eine Prozedur über

sich ergehen lassen, als würde man in ein Flugzeug steigen. Streng wird das Gepäck kontrolliert, Rucksäcke durchleuchtet und man selbst muss durch einen Metalldetektor schreiten.

Diese – möglicherweise übertriebene – Vorsichtsmaßnahme liegt darin begründet, dass man beim Betreten des Gebäudes ganz offiziell US-amerikanischen Boden betritt. Ähnlich wie eine Botschaft ist der Friedhof exterritoriales Gebiet und wurde von Frankreich an die USA abgetreten.

Eine Pass- oder Ausweispflicht besteht jedoch nicht, dennoch sollte man sich an die amerikanischen Spielregeln im so genannten Kampf gegen den Terrorismus halten und weder durch den Hintereingang wieder in das Gebäude gehen wollen noch eine Tasche irgendwo abstellen. www.abmc.gov.

Der Friedhof wurde für den Film „Der Soldat James Ryan" von Steven Spielberg als Kulisse benutzt. In diesem Hollywoodstreifen geht es darum, dass eine amerikanische Mutter drei ihrer Söhne im Krieg verloren hat und deshalb der Befehl erteilt wurde, den letzten übrig gebliebenen Sohn in die Heimat zurück zu holen. Dieser ist jedoch in den Wirren der Invasion nicht so einfach zu finden.

Die Filmgeschichte ist zwar fiktiv, aber als Vorlage für das Drehbuch diente das Schicksal der Familie Niland. Die beiden Brüder Robert und Preston fielen bei der Invasion, während Edward im Pazifik als verschollen galt. Daraufhin wurde der vierte Bruder Frederick zurück zu seinen Eltern geschickt. Die Gräber von Robert und Preston Niland liegen in Feld F, Reihe 15.

Ein Ereignis, das nur noch selten vorkommt und in baldiger Zukunft aus biologischen Gründen der Vergangenheit angehören wird, ist das, was der Autor dieses Buches im Sommer 2008 auf dem Friedhof noch erleben konnte: Die Ankunft von amerikanischen Kriegsveteranen, die von den übrigen Friedhofsbesuchern unter Applaus empfangen werden. Ergreifende Szenen spielen sich ab, wenn unbekannte Menschen auf die – in Ausgehuniform gekleideten – Soldaten zugehen und sich bei ihnen bedanken.

Nur wenige hundert Meter hinter dem Soldatenfriedhof befindet sich ein weiteres Museum, das sich mit dem D-Day auseinandersetzt *(geöffnet Mitte Febr. - Mitte März 10 - 12.30 Uhr und 14.30 - 18 Uhr, von Mitte März bis Mitte Mai und von Mitte Sept. bis Mitte Nov. 9.30 - 18.30 Uhr, von Mitte Mai bis- Mitte Sept. 9.30 - 19 Uhr, im Juli und Aug. auch bis 19.30 Uhr; letzter Einlass ist eine Stunde vor Schließung; www.musee-memorial-omaha.com).* Das **Musée**

PRAKTISCHE HINWEISE – COLLEVILLE-SUR-MER

Office de Tourisme, 14710 Colleville-sur-Mer, Tel.: 06 16 52 66 60. www.colleville-sur-mer.fr.

Camping

Camping Le Robinson, Route d'Omaha Beach, 14710 Colleville-sur-Mer, Tel.: 02 31 22 45 19, E-Mail: dourthe.le.robinson@wanadoo.fr, Web: www.campinglerobinson.com, Apr. – Sept.; langgestrecktes Campinggelände, direkt an der Hauptstraße D 514 auf der rechten Seite gelegen, kurz bevor man die Ortschaft Colleville-sur-Mer erreicht, mit 67 Stellplätzen. Über einen schmalen Fußweg zum Strand, der nur wenige hundert Meter entfernt ist. Standardausstattung; Waschmaschine, Trockner, Bar, Spielplatz, Tischtennisplatten, Supermarkt, Brötchenservice. Hunde sind erlaubt.

Vom Atlantikwall zum Soldatenfriedhof – Mahnmale eines Krieges

Die Berliner Mauer brachte es auf 155 km Länge. Die Chinesische Mauer wird auf über 6.000 km geschätzt. Immerhin fast 2.700 km lang werden sollte der so genannte **Atlantikwall**, der von den deutschen Besatzungsmächten zur Abwehr der britischen Invasion zwischen 1942 und 1944 geplant und teilweise erbaut wurde.

Der Atlantikwall sollte sich von den norwegischen Fjorden über die schwedischen Schären und den dänischen und belgischen Sandstränden bis über die Polder in den Niederlanden erstrecken. Zahlreiche Gefechtsstände, Bunkeranlagen und Abwehranlagen wurden errichtet und sind noch heute an vielen Stellen der Atlantik- und der Nordseeküste zu sehen.

Besonders in der Normandie befinden sich sehr viele Betonbunkerbauten, die noch heute unübersehbar, z. B. auf einem Küstenspaziergang an den Zweiten Weltkrieg erinnern.

Eine ergreifende und traurige Erinnerung an die Kriegswirren rufen auch die 28 Soldatenfriedhöfe in der Normandie hervor.

Nicht weniger als ein halbes Dutzend Mal wird man bei einer Fahrt durch die Normandie Wegweiser in deutscher Sprache sehen, die zu einer deutschen Kriegsgräberstätte führen. Aufgestellt wurden diese vom Volksbund Deutsche Kriegsgräberfürsorge e.V., der deutsche Kriegsgräber in über 100 Ländern pflegt.

der deutsche Soldatenfriedhof bei La Cambe

In der Normandie werden von dem Verein nicht weniger als 75.000 Gräber deutscher Soldaten gepflegt. Alleine auf dem Soldatenfriedhof bei La Cambe sind über 20.000 deutsche Landser beerdigt.

Nicht besser lauten die Zahlen bei den deutschen Kriegsgegnern. Mehrere britische, kanadische und US-amerikanische Friedhöfe bezeugen die traurigen geschichtlichen Ereignisse in der Normandie. Eines der Grabfelder ist auch ein polnischer Soldatenfriedhof, der mit etwas über 600 Gräbern noch zu den kleineren gehört und sich zwischen Caen und Falaise befindet.

Aber nicht nur auf speziell angelegten Grabstätten findet man Gräber von gefallenen Soldaten. In der gesamten Normandie sind einzelne Gräber auch auf herkömmlichen Friedhöfen zu sehen, wie z.B. im Küstenort Étretat, wo unter anderem elf deutsche Soldaten begraben liegen.

Mémorial d'Omaha Beach bietet auf einer Fläche von über 1.200 qm eine Ausstellung über die Invasion zwischen Omaha Beach und dem Pointe du Hoc mit persönlichen Gegenständen der Soldaten, einem Landungsboot, einer Long Tom 155 mm Kanone und einem Sherman-Panzer.

Camping

Vierville-sur-Mer
Camping Omaha Beach, Rue de la Hérode, Vierville-sur-Mer, Tel.: 02 31 22 41 73, April – Mitte Sept.; knapp 300 Plätze, direkt an der Küste. Gepflegter Platz mit Snackbar und Restaurant. Standardausstattung.

ROUTE: Von **Colleville-sur-Mer** über die **D514** und über **Saint-Laurent-sur-Mer** und **Vierville-sur-Mer** zum Weiler **Saint-Pierre-du-Mont.** Am kleinen Kreisverkehr dort rechts ab zum Parkplatz vom Kap **Pointe du Hoc**.

Pointe du Hoc ist eine 30 m hohe Landspitze an der Steilküste beim Ort **St-Pierre-du-Mont**.

An der äußersten Spitze des Kaps, die heute aus Sicherheitsgründen nicht mehr betreten werden darf, erhebt sich eine Säule zum Gedenken an die Ereignisse des 6. Juni 1944, als morgens um 7.10 Uhr die Invasion begann.

Pointe du Hoc war eine massiv ausgebaute Stellung der deutschen Besatzer mit mehreren Flakgeschützen und einem großen Munitionsdepot. 225 amerikanische Soldaten hatten die Aufgabe, vom Meer kommend, die Stellungen auszuschalten. Um diesen kühnen Plan zu verwirklichen, bei dem sie immerhin mit Seilen und Ankerwürfen zunächst die steilen Klippen überwinden mussten, gab es kurz vor der Invasion eine enorme Bombardierung aus der Luft. In ihrer Verzweiflung kämpften die deutschen Soldaten sogar mit Steinen, die sie von der Klippe auf die kletternden amerikanischen Soldaten warfen.

Das Kap Pointe du Hoc hat man im Wesentlichen so belassen, wie es nach der Bombardierung aussah: Zerstörte Betonanlagen, zahlreiche Bombentrichter und Stahlbeton, der scheinbar aus der Wiese wächst, bestimmen das Bild des Kaps und man stellt sich beim Spaziergang auf den ausgetretenen Pfaden automatisch die Frage, wie viele Blindgänger wohl noch unter dem Gras liegen.

Am Zugang zum Kap befindet sich das **Informations- und Dokumentationszentrum Pointe du Hoc**, welches mit Dokumenten und Bildern den Kampf um das Kap erzählt. Der Zugang zum Kap ist kostenlos *(geöffnet Apr. - Okt. tägl. 10 - 13 Uhr und 14 - 18 Uhr; Nov. - März Fr - Mo 9 - 13 und 14 - 17 Uhr; www.wikipedia.org/wiki/operation_overlord)*.

ROUTE: Zurück zum Kreisverkehr an der **D514**. Dort rechts (westwärts) ins nahe **Grandcamp-Maisy**.

In **Grandcamp-Maisy** befindet sich an der Küste eine deutsche Geschützbatterie, aus der man während der Invasion drei Tage lang die Angriffe abzuwehren versuchte.

Camping

Grandcamp-Maisy
Camping Le Joncal, Le Petit Nice, 14450 Grandcamp-Maisy, Tel.: 02 31 22 61 44, Fax: 02 31 22 73 99, E-Mail: info@campingdujoncal.com, Web: www.campingdujoncal.com, April – Sept.; der Platz liegt unmittelbar neben dem Hafen und hat direkten Zugang zum Strand, drei gepflegte Sanitärgebäude, ein Drittel des Platzes ist für Dauercamper reserviert. Standardausstattung.

Pointe du Hoc

An der Promenade informiert das **Musée des Rangers** über die speziell ausgebildete amerikanische Eliteinheit, die speziell auf diesen Angriff vorbereitet worden war und deren Aufgabe darin bestand, das benachbarte Pointe du Hoc zu erstürmen und einzunehmen. Ein 18-minütiger Film und Ausstellungsstücke zeigen anschaulich das damalige Geschehen *(geöffnet Mitte Febr. - Mitte Mai Di - So 13 - 18 Uhr, von Mitte Mai - Okt. Di - So 9.30 - 13 Uhr und 14.30 - 18.30 Uhr, Mo nur 14.30 - 18.30 Uhr; www.normandiememoire.com)*.

ROUTE: Auf der **D199** durchqueren wir nach 1,5 km den Weiler **Poix** und biegen direkt dahinter links auf die **D113**. Am Ende der Straße abermals links. Die Straße trägt hier die zusätzliche Bezeichnung **D613**. In **La Cambe** rechts wieder auf die **D113**, über die Schnellstraße **N13** und dahinter rechts der Beschilderung zum deutschen **Soldatenfriedhof** folgen.

La Cambe liegt nördlich der D113 und ist keinen längeren Aufenthalt wert.

Nicht versäumen sollte man dagegen den Besuch des **Deutschen Soldatenfriedhof La Cambe**. Er befindet sich auf der südlichen Seite der Schnellstraße.

Zunächst sieht man ein kleines Wäldchen mit Ahornbäumen an der Zufahrtstraße. 1996 wurden hier die ersten 21 Ahornbäume von Spendern gepflanzt. Zwei Jahre später entstand der sog. Friedenspark, wo weitere 1.200 Bäume im Abstand von viereinhalb Metern auf drei Hügeln gepflanzt wurden. Sie säumen nun die 1,2 km lange Zufahrt zum Friedhof. Ein kleines Schild an jedem Baum weist auf den jeweiligen Spender hin.

Camping

La Cambe

Camping des Pommiers, Les Vignets, 14230 La Cambe, Tel.: 02 31 22 74 92, Web: http://monsite.wanadoo.fr/campingdespommiers. In La Cambe der Straße D113 nach Grandcamp folgen, nach 2.000 m rechts abbiegen. Privates Wiesengelände, sehr ruhig, Mindestausstattung.

Der Friedhof ist einer von vier Friedensparks, die vom Volksbund Deutsche Kriegsgräberfürsorge geschaffen wurde. Die anderen drei befinden sich in St. Petersburg, im ungarischen Budaörs und bei Breslau in Polen.

Gleich neben dem **Parkplatz** befindet sich ein **Informationszentrum**, das mit dem Friedenspark erst im Jahr 1996 eröffnet wurde. Die Grabsteine auf dem Friedhof wurden rund um einen Hügel angelegt und stehen jeweils für zwei gefallene Soldaten.

ROUTE: Über die **N13**, die direkt am Soldatenfriedhof entlang führt, Richtung Westen. Bevor man **Carentan** erreicht, hat man noch die Möglichkeit zu einem kleinen Aufenthalt in **Isigny-sur-Mer**.

Karamell und **Käse** sind die Spezialitäten der kleinen Stadt **Isigny-sur-Mer**, das direkt an der Schnellstraße und kurz vor der Mündung des Flusses Vire in den Ärmelkanal liegt.

Das **Office de Tourisme** liegt in der 16, Rue Emile Demagny, 14230 Isigny-sur-Mer (Tel.: 02 31 21 46 00, Fax: 02 31 22 90 21, E-Mail: isigny.tourisme @cci-gi.fr, Web: www.cc-isigny-grandcamp-intercom.fr).

Leider gibt es keine nennenswerten Sehenswürdigkeiten in der Stadt. Es besteht jedoch die Möglichkeit, zwei Großbetriebe zu besichtigen.

In der Rue du Docteur Boutrois, zum Beispiel, kann in der **Molkerei Isigny-sur-Mer** die traditionelle Herstellung des Käses besichtigt werden, der über die Grenzen der Stadt hinaus bekannt ist. Von der Milchverarbeitung bis zu Videofilmen über den Betrieb zeigt sich die Firma offen und lässt auch während der Führung den Besucher gerne mal probieren *(Führungen Juli und August Mo - Fr 10, 11, 14, 15 und 16 Uhr)*. Und natürlich kann man man sich anschließend in der benachbarten „Käse-Boutique" mit dem Molkereiprodukt eindecken.

Weniger herzhaft, dafür umso süßer geht es in einer anderen Produktionsstätte, der **Karamell-Fabrik,** zu *(geöffnet Mitte Febr. - Sept. Mo - Fr 8.30 - 18.30 Uhr, sowie Sa 9.30 - 12.30 und 14.30 - 18.30; in den Wintermonaten schließt die Fabrik eine Stunde früher)*.

Gleich hinter der McDonald's-Filiale findet man die Karamell-Fabrik **‚Normandie Caramel'**, wo verschiedene Karamelsorten in Handarbeit hergestellt und verkauft werden. Auch hier kann man bei der Herstellung zuschauen und anschließend den süßen Teil des Reiseproviants auffüllen.

Aus Isigny-sur-Mer stammt Hughes d'Isigny. Der Mann kämpfte mit seinem Sohn unter Wilhelm dem Eroberer bei der Schlacht von Hastings und ließ sich anschließend mit seiner Familie in England nieder.

Im englischen Sprachgebrauch wurde der Name d'Isigny aber nicht französisch genug ausgesprochen und verkümmerte eher zu einem „Disney". Ein Name, der 900 Jahre später weltberühmt werden sollte.

ROUTE: Weiterfahrt auf der **N13** nach **Carentan**.

Die Stadt **Carentan** ist schnell durchquert. Schön anzuschauen sind

Praktische Hinweise - Carentan

Office de Tourisme, Bd de Verdun - BP. 204, 50500 Carentan, Tel.: 02 33 71 23 50, Fax: 02 33 42 74 01, E-Mail: info@ot-carentan.fr, Web: www.ot-carentan.fr. *Öffnungszeiten Juni - Sept. Mo - Sa 9 - 12.15 Uhr und 13.30 - 18 Uhr, Juli und August Mo - Sa 9 - 12.30 und 14 - 18.30 Uhr, So 10 - 12 und 14.30 - 17.30 Uhr, sonst nur Mo - Fr 9 -12.15 und 13.15 - 17.30 Uhr.*

Restaurants

Auberge Normande, 11c Boulevard de Verdun, Tel.: 02 33 42 28 28. Gepflegtes und gediegenes Restaurant mit maritimer Speisekarte.

Crêperie La Pere Alta, 16, Rue de Caligny, Tel.: 02 33 71 26 54. Günstige und einfache Gerichte.

Camping

Camping Le Haut Dick, 30, Chemin du Grand-Bas Pays, 50500 Carentan, Tel.: 02 33 42 16 89, E-Mail: lehautdick@aol.com, Mitte Jan. – Okt.; etwas über 100 Plätze auf einer Wiese mit Bäumen. Direkt am Yachthafen und in unmittelbarer Nähe zu einem Schwimmbad. Standardausstattung; zwei Sanitärgebäude, Minigolfanlage, Grillplatz. **V & E für Wohnmobile**.

die **Arkadengänge** aus dem 14. Jahrhundert sowie die schon von Weitem sichtbare gotische **Kirche** aus dem 15. Jh. Sie steht an der Stelle, an der im Jahr 1443 durch die Engländer ein romanisches Gotteshaus zerstört wurde. Die jetzige Kirche erlitt am D-Day massive Schäden, von denen nach einer intensiven Restaurierung allerdings nichts mehr zu sehen ist.

ABSTECHER NACH ST-LÔ

Route: Östlich von Carentan zweigt von der Schnellstraße N13 die **N174** in südliche Richtung ab. Nach fast 30 Kilometern erreichen wir das Städtchen **St-Lô**.

Bei ausreichend zur Verfügung stehender Zeit sollte man den Abstecher nach **Saint-Lô** unternehmen, obwohl sich die Sehenswürdigkeiten dort in Grenzen halten.

Die Geschichte des Ortes kam leider erst im 20. Jahrhundert zu trauriger Berühmtheit. Und genau das ist der Grund für die fehlenden Sehenswürdigkeiten. Rund 95 % des Stadtgebietes waren nach der Invasion durch die Alliierten zerstört worden. Zwar sollte damals die Bevölkerung der Stadt mit Flugblättern rechtzeitig gewarnt werden, doch viele der Informationsblätter wurden vom Wind weiter ins Landesinnere geweht und erreichten leider ihre Addressaten nicht.

Nach der angekündigten, verheerenden Bombardierung, mit der natürlich die deutsche Armee vertrieben werden sollte, zählte man nicht weniger als eintausend Tote.

Bilder aus dem Sommer 1944 zeigen, wieso die Stadt zu ihrem traurigen Beinamen „Hauptstadt der Ruinen" kam und erinnern an ähnliche Bilder, die im Spätsommer 1945 in Hiroshima gemacht wurden.

Auf Grund des Protestes aus der überlebenden Bevölkerung wurde die Stadt an derselben Stelle wieder aufgebaut, was ursprünglich anders geplant war, um ein abschreckendes Andenken an den Krieg zu bewahren.

Am 12. August 1944 lebten wieder rund 180 Menschen in Saint-Lô, wenige Jahre zuvor waren es um die 10.000. Nur zögerlich kamen die geflohenen Bürger

zurück. Heute hat sich Saint-Lô zu einer modernen Stadt mit etwa 20.000 Einwohnern entwickelt.

Ein Mahnmal des Krieges ist bis heute die **Kirche Notre-Dame** in Saint-Lô geblieben, deren Westfassade nicht restauriert wurde und die Folgen der Bombardierungen deutlich zeigt. Im Inneren der Kirche kann man im nördlichen Schiff eine kleine Ausstellung mit Statuen sehen, die unter den Ruinen gefunden wurden.

Beachtung verdient auch die Ausstellung im **Museum der Schönen Künste, Musée des Beaux-Arts** der Stadt *(geöffnet Mi - Mo 10 - 12 Uhr und 14 - 18 Uhr)*. Dort werden Werke aus der Zeit vom 16. bis zum 19. Jahrhundert gezeigt, überwiegend Wandteppiche, die – ähnlich wie in Bayeux, nur wesentlich kleiner und unbedeutender – mit ihren Motiven historische Ereignisse erzählen.

Office de Tourisme, Place Général de Gaulle, 50010 Saint-Lô, Tel.: 02 33 77 60 35, Fax: 02 33 77 60 36, E-Mail: sce.tourisme@saint-lo.fr, Web: www.saint-lo.fr. *Öffnungszeiten: Juli und August Mo - Sa 10 - 12.30 Uhr und 14 - 18 Uhr, sonst Montagvormittag und Samstagnachmittag geschlossen.*

Route: Von Carentan auf der **D913** Richtung **Saint-Côme-du Mont** zur **N13**.

Außerhalb von Carentan kam es nach der Invasion zu einer mehrtägigen **Schlacht** zwischen amerikanischen und deutschen Soldaten.

Erst nach zahlreichen Gefechten, bei denen sich die gegnerischen Seiten bis auf wenige Meter näherten, konnte die Stadt Carentan eingenommen werden.

Der Kampf um Carentan wurde mehrfach in verschiedenen Fernsehserien (Band of Brothers) und sogar in Computerspielen (Brothers in Arms) thematisiert.

Die Kämpfe fanden rund um einen Bauernhof bei **Saint-Côme-du-Mont** statt, wo heute ein **Museum** mit dem Namen **Dead Man's Corner** über die Schlacht ausführlich berichtet *(geöffnet tägl. 10 - 18 Uhr, von Sept. bis Mai So geschlossen; www.paratrooper-museum.org)*. Die Informationen fallen umso beeindruckender aus, da das Schlachtfeld bis heute nahezu unverändert ist.

So gibt es beispielsweise einen beschilderten Weg, der zu den einzelnen Orten zwischen Carentan und Saint-Côme-du-Mont führt und die dortigen Schicksale erläutert.

Neben einigen privaten Personen sind auch der Computerspielehersteller Ubisoft sowie die Filmproduktionsfirma Warner Bros. großzügige Unterstützer des Museums.

Für das Jahr 2009 ist die Eröffnung eines weiteren Museums am nördlichen Kreisverkehr in Carentan angedacht. Es wird den Namen **„Purple Heart"** tragen und an die älteste militärische Auszeichnung erinnern, die auch noch heute vergeben wird. Diesen Orden erhalten amerikanische Soldaten, die im Kampf verwundet wurden. Die beiden Museen werden dann zum **Carentan Historical Center** zusammengefasst.

Route: auf der **N13** nach **Sainte-Mère-Eglise**.

Saint-Mère-Eglise liegt am Beginn der **Halbinsel Cotentin**, die sich nordwärts in den Ärmelkanal erstreckt. Die Ostseite der Halbinsel ist berühmt für weitere Strände, an denen die Alliierten landeten, während die Westseite mit zahlreichen Campingplätzen aufwarten kann und trotz so mancher Sandstrände schon eher an Küstengestade der Bretagne erinnert.

Die größte Stadt der Halbinsel Cotentin und der Region ist Cherbourg-Octeville, ganz im Norden gelegen, welche aber keine herausragenden Sehenswürdigkeiten zu bieten hat.

Der Westküste vorgelagert sind die Kanalinseln Jersey und Guernsey, die von verschiedenen normannischen Häfen erreicht werden können.

Wie nah Glück und Unglück beieinander sein können, veranschaulicht eine Geschichte, die ein amerikanischer Soldat in **Sainte-Mère-Eglise** erlebte.

Unglück ist, wenn man mit seinem Fallschirm mitten im Kriegsgebiet an einem Kirchturm hängen bleibt. Glück wiederum, wenn der bis an die Zähne bewaffnete Feind darauf hereinfällt, wenn man sich tot stellt.

Unglück wiederum ist, wenn man dennoch gefangengenommen wird, während zum Glück gehört, dass man unbeschadet aus der Gefangenschaft fliehen kann. So geschehen im Leben von John Steele, einem US-amerikanischen Fallschirmspringer am 6. Juni 1944.

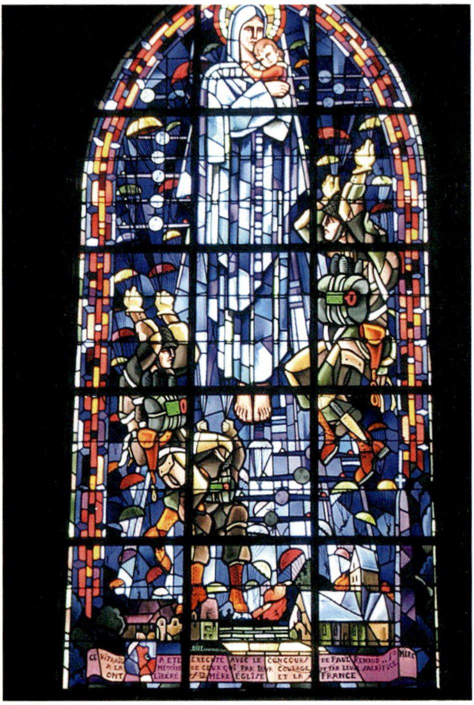

die Motive der neuen Bleiglasfenster in der Kirche von Ste-Mère-Eglise erinnern an amerikanische Fallschirmspringer

Sainte-Mère-Eglise war die erste Stadt, aus der die deutschen Besatzer durch die Truppen der Alliierten vertrieben wurden. Daran erinnert ein Gedenkstein vor dem Rathaus, der einem Kilometerstein nachempfunden wurde. Als Kilometerangabe ist auf dem Stein die Zahl 0 eingetragen, womit man zum Ausdruck bringen wollte, dass ab hier die Befreiung Europas auf dem Weg nach Berlin begann.

Schon bei der Einfahrt in den kleinen Ort wird man auf die Geschehnisse der damaligen Tage aufmerksam. Rechts und links befinden sich mehrere kleine Geschäfte, die „Souvenirs" aus dem Zweiten Weltkrieg verkaufen und an der ersten großen Kreuzung befindet man sich direkt am Kirchplatz, wo man am Turm einen Fallschirm hängen sieht. Erst bei genauerem Hinschauen erkennt man plötzlich, dass an dem Fallschirm ein amerikanischer Soldat bzw. eine Schaufensterpuppe hängt, die wie ein amerikanischer Soldat aus der Zeit der Alliiertenlandung gekleidet ist. Sie wurde zur Erinnerung an die Geschichte von John Steele dort angebracht und ist die Attraktion des Ortes.

Aber auch im Inneren des kleinen Gotteshauses wird an die Fallschirmspringer von der 82. Luftlandedivision gedacht. In den bunten Kirchenfenstern, in denen normalerweise biblische Geschichten erzählt oder sakrale Gegenstände abgebildet werden, sind Fallschirmspringer künstlerisch dargestellt, was natürlich die Dankbarkeit der französischen Bevölkerung dokumentiert.

Gegenüber der Kirche befindet sich zudem noch das **Fallschirmspringermuseum Musée Airborne** *(geöffnet Febr., März, Okt. und Nov. tägl. 9.30 - 12 Uhr und 14 - 18 Uhr. Von April bis Sept. 9 - 18.45 Uhr; www.musee-airborne.com).* Das Museum besteht aus zwei großen Hallen, wovon eine die Form eines Fallschirmes hat.

Die Hallen beherbergen zwei verschiedene Flugzeuge und zahlreiche Gegenstände, Waffen, Uniformen und Dokumente aus der Zeit des Zweiten Weltkrieges.

Auf einem Monitor läuft gleichzeitig der Spielfilm „Der längste Tag" aus dem Jahr 1962 (mit Gert Fröbe, Robert Mitchum, Sean Connery, John Wayne, Henry Fonda, Dietmar Schönherr und sogar Vicco von Bülow alias Loriot). In dem zweifach oscargekrönten Film wird die Landung in der Normandie inklusive dem Schicksal von John Steele dargestellt. Der echte Steele starb übrigens in Friedenszeiten 1969 an Krebs und wurde nach dem Krieg zum Ehrenbürger von Sainte-Mère-Eglise ernannt.

→ ROUTE: An der Kreuzung hinter der Kirche (**D67/D15**) fahren wir auf der **D15** Richtung **Ravenoville**. Die Straße mündet in unspektakulärer Landschaft in die **D14**, der wir nordwärts folgen. Auf der rechten Seite ist gelegentlich der Ärmelkanal zu erkennen und kurz vor **Quettehou** sieht man rechts die Festung von **Saint-Vaast-la-Hougue**. Um diese zu erreichen, biegen wir in Quettehou rechts auf die **D1** ab.

Auf dem Weg nach Saint-Vaast-la-Hougue fährt man entlang des Küstenabschnittes **Utah Beach**. Dieser westlichste Anlandepunkt der Alliierten hatte die besondere Aufgabe als Plan B zu funktionieren. Wäre die Invasion an den anderen Stränden gescheitert, hätte man sich darauf konzentriert, sämtliche Einheiten an den östlichen Küstenabschnitt der Halbinsel Cotentin zu bringen. Auch hier gab es enormen Widerstand der deutschen Truppen,

Praktische Hinweise – Sainte-Mère-Eglise

Office de Tourisme, 6 rue Eisenhower, 50480 Sainte-Mère-Eglise, Tel.: 02 33 21 00 33, Fax: 02 33 21 53 91, E-Mail: bienvenue@sainte-mere-eglise.info und ot.stemereeglise@wanadoo.fr, Web: www.sainte-mere-eglise.info.

Restaurants

Auberge Le John Steele, 4, Rue du Cap de Laine, Tel.: 02 33 41 41 16. Landestypische Speisen in angenehmer Atmosphäre.

Crêperie Au Feu Ardent, 31, Rue du Charles de Gaulle, Tel.: 02 33 41 36 63. Günstige Gerichte, Snackbar.

Camping

Camping Municipal, Rue du 505 Airborne, Tel.: 02 33 41 43 65, Mitte März – Mitte Nov.; kleiner Platz in Fußnähe zur Kirche. Sollte die Rezeption unbesetzt sein, ist es gestattet, sich einen freien Stellplatz auf dem Campingplatz zu suchen. 50 Parzellen auf Wiese, Standardausstattung; Spielplatz, Sportplatz. **V & E für Wohnmobile.**

Wohnmobil-Stellplatz

Wohnmobil-Stellplatz, Rue du 505 Airborne, vor dem Campingplatz darf die V & E-Säule genutzt werden, zudem ist eine Übernachtung vor der Schranke erlaubt.

wie **drei Museen** auf dem weiteren Weg berichten.

So zum Beispiel in **Saint-Marcouf-de-l'Isle** das **Musée de la Batterie de Crisbecq** *(geöffnet Jan. bis Apr. und Okt. bis Mitte Nov. 14 - 18 Uhr, Mai, Juni und Sept. 11 - 18 Uhr, Juli und August tägl. 10 - 19 Uhr; www-batterie-marcouf.com)*, das sich der größten deutsche Artilleriebatterie von Utah Beach mit über 20 Bunkern und Schützengräben auf einer Länge von einem Kilometer widmet, sowie einer weiteren **Batterie in Azeville** mit 350 m unterirdischer Gänge und mehreren Nebengebäuden *(geöffnet Jan. bis April und Okt. bis Mitte Nov. 14 - 18 Uhr, Mai, Juni und Sept. 11 - 18 Uhr, Juli und August tägl. 10 - 19.00 Uhr; www.normandiememoire.com)*.

In **Quinéville** schließlich, das nur 1,5 km von der Straße D 14 entfernt liegt, findet man das **Memorial de la Liberté retrouvée** *(geöffnet April bis Nov. tägl. 10-19 Uhr; www.memorial-quineville.com)*. In diesem Museum wandelt man durch die Kulisse einer Straße der 1940er Jahre. Zwischen 75 Schaufensterpuppen, die das damalige Leben zeigen, und mehreren Kriegsfahrzeugen wird einem das Gefühl vermittelt, mitten im Geschehen der Okkupation zu sein.

Abschließend hat man noch von einem Bunker einen guten Blick auf den Strand Utah Beach.

Saint-Vaast-la-Hougue ist ein kleines Städtchen direkt an der Küste mit der vorgelagerten **Insel Tatihou**.

Hier kam es im Jahr 1692 zur Seeschlacht von Barfleur, als die französische Seeflotte in England anlanden wollte, aber von einem doppelt so starken Verband mit englischen und niederländischen Schiffen zurückgedrängt wurde.

Wenig später errichtete man unter Anleitung von Sébastian de Vauban zwei 20 m hohe Türme, einen auf dem Festland und einen auf der Insel Tatihou, um damit den einzigen gesicherten Hafen zwischen Le Havre und Saint-Malo zu schützen. Vauban war ein erfolgreicher Festungsbaumeister des 17. Jahrhunderts und bei zahlreichen Bauwerken in Frankreich und Deutschland mitverantwortlich.

Die Bucht von Saint-Vaast-la-Hougue ist ein beliebtes Revier für Vogelkundler. Mehr als einhundert Vogelarten sind hier zu beobachten. Das Tourismusbüro organisiert Ausflüge für Ornithologen.

Die Insel Tatihou hingegen ist fast unbewohnt, kann aber besichtigt werden. Mit einem Amphibienfahrzeug verlässt man den Hafen von Saint-Vaast-la-Hougue und erreicht wenig später das kleine Eiland. Dabei durchquert man ein Austernzuchtbecken, in

Camping

Ravenoville-Plage

Camping Le Cormoran, 50480 Ravenoville-Plage, Tel.: 02 33 41 33 94, Fax: 02 33 95 16 08, E-Mail: lecormoran@wanadoo.fr, Web: www.lecormoran.com, Apr. – Mitte Sept.; großer langgestreckter Platz direkt am Strand. Komfortausstattung; Waschmaschine, Trockner, Babywickelraum, Bar, Restaurant, Shop, Spielplatz, Animation, **V & E für Wohnmobile.**

Quineville

Camping Municipal la Sinope, Route des Gougins, 50310 Quineville, Tel.: 02 33 21 07 38, Fax: 02 33 21 61 39, Mitte Juni – Mitte Sept.; kleiner kommunaler Platz, nur 100 m vom Strand entfernt. Mindestausstattung.

dem jährlich 6.500 Tonnen Austern gezüchtet werden. Ebenso fährt das Schiff bzw. das Auto, je nach Gezeitenstand, auch an der Stelle vorbei, an der bei einer Seeschlacht im Jahr 1692 zahlreiche Schiffe der französischen Flotte versenkt wurde.

Um die Gegebenheiten auf der Insel zu schützen, dürfen pro Tag nur maximal 500 Personen auf die Insel, Hunde sind gänzlich verboten. Die Fahrkarten gelten zugleich als Eintrittskarte in das Insel-Museum **Musée maritime de l'Île**, in welchem die konservierten Gegenstände aufbewahrt werden, die seit der Schlacht 1629 auf dem Meeresboden lagerten und später geborgen wurden *(geöffnet Apr. - Sept. tägl. 10 - 16*

Praktische Hinweise

Saint-Vaast-la-Hougue

Office de Tourisme, 1, place Général de Gaulle, 50550 Saint-Vaast-la-Hougue, Tel.: 02 33 23 19 32, Fax: 02 33 54 41 37, E-Mail: office-de-tourisme@saint-vaast-reville.com, Web: www.saint-vaast-reville.com.

Feste und Folklore

Regelmäßig im August findet für vier Tage das alljährliche internationale Folkfestival auf der Insel Tatihou statt.

Quettehou

Office de Tourisme, Place de la Mairie, 50630 Quettehou, Tel.: 02 33 43 63 21, Fax: 02 33 43 63 21, E-Mail: bureau@val-de-saire.com, Web: www.val-de-saire.com/quettehou.htm.

Camping

Saint-Vaast-la-Hougue

Camping La Gallouette, Chasse des Amours, 50550 Saint-Vaast-la-Hougue, Tel.: 02 33 54 20 57, Fax: 02 33 54 16 71, E-Mail: contact@camping-lagallouette.fr, www.lagallouette.com, April – Sept.; moderner Campingplatz mit 120 Stellplätzen und drei Sanitärgebäuden, Standardausstattung; Bar, Restaurant, Animation, Swimmingpool, Spielplatz. **V & E für Wohnmobile.**

Camping de Jonville, 50760 Reville, Tel.: 02 33 54 48 41, Fax: 02 33 54 12 44, E-Mail: camping-jonville@wanadoo.fr, April – Sept.; spektakulärer geht die Lage kaum. Mitten auf der Südostspitze bei Jonville liegt dieser Platz und bietet einen prächtigen Blick auf die Insel Tatihou. Zudem ist der Platz relativ günstig und ruhig. Standardausstattung.

Quettehou

Camping Le Rivage, direkt an der D14, 20630 Quettehou, Tel.: 02 33 54 13 76, Fax: 02 33 43 10 42, E-Mail: camping.lerivage@wanadoo.fr, Web: www.camping-lerivage.fr, April – Sept.; ca. 4 km südlich des Ortes gelegen, es stehen 140 Stellplätze zur Verfügung, dennoch ist der Platz von Dauercampern und Mobilheimen dominiert. Zum Strand sind es 400 m. Standardausstattung; Snackbar, Waschmaschine, Trockner, Brötchenservice, Hunde sind erlaubt. **V & E für Wohnmobile.**

Wohnmobil-Stellplatz

Saint-Vaast-la-Hougue

Wohnmobil-Stellplatz, 20 Plätze auf Schotter, direkt neben dem Camping de Jonville, kostenpflichtig, **V & E für Wohnmobile**.

Uhr, sonst nur am Wochenende zwischen 14 und 16 Uhr).

ROUTE: Zunächst zurück nach **Quettehou**. Weiterfahrt auf den Straßen **D26**, **D355** und schließlich der **D901** nach **Cherbourg**. Die 901 führt an einem **Parkplatz** beim Supermarkt direkt am Hafen von Cherbourg vorbei.

Cherbourg ist eine Hafenstadt, die nur mit wenigen Sehenswürdigkeiten aufwarten kann. Auch historisch betrachtet trat die Stadt erst zweimal in Erscheinung. Zum einen im Jahr 1912, als das Kreuzfahrtschiff Titanic auf ihrer Jungfernfahrt das erste und einzige Mal einen Hafen auf dem europäischen Festland ansteuerte und zum anderen im Jahr 1944 als es zur Schlacht von Cherbourg kam, wo die Eroberung

Camping zwischen Quettehou und Cherbourg

Barfleur

Camping La Blanche Nef, 50760 Barfleur, Tel.: 02 33 23 15 40, Fax: 02 33 23 95 14, E-Mail: infos@lablanchenef.com, Web: www.lablanchenef.com, ganzjährig geöffnet; zu erreichen über die Straße 902 ca. 10 km nördlich von Quettehou und rund 500 m nördlich des kleinen Städtchen Barfleur in direkter Lage am Meer in ruhiger Lage. Standardausstattung; Kiosk, Spielplatz, Waschmaschine, Gasflaschenverkauf, Brötchenservice. **V & E für Wohnmobile.**

Crabec/Gatteville-Phare

Camping La Ferme du Bord de Mer, Crabec, Gatteville-Phare, Tel. 02 33 54 01 77, E-Mail : fdbm@caramail.com, ganzjährig, ebene Wiesen bei einem Bauernhof ca. 3 km nördlich von Barfleur, bis zum Strand reichend, Mindestausstattung. **V + E für Wohnmobile**.

Fermanville

Camping de la Plage, 2, village de Fréval, 50840 Fermanville, Tel.: 02 33 54 38 84, E-Mail: contact@camping-fermanville.com, Web: www.camping-fermanville.com, März – Nov.; rund 300 m vom Meer entfernt, direkt an der D116, mit 64 Stellplätzen, Standardausstattung; Waschmaschine, Sportbereich, Snackbar, Kiosk, Spielplatz. **V & E für Wohnmobile.**

Maupertus-sur-Mer

Camping L'Anse du Brick, 50330 Maupertus-sur-Mer, Tel.: 02 33 54 33 57, Fax: 02 33 54 49 66, E-Mail: chateau-le-val@anse-du-brick.com, Web: www.adbcamping.com, April – Sept.; oberhalb einer kleinen Bucht mit Blick auf den Ärmelkanal und auf der anderen Seite vom Wald abgegrenzt. Großer Platz mit 140 Stellplätzen, Standardausstattung; Swimmingpool, Spielplatz, Animation, Restaurant, Bar, Geschäft. **V & E für Wohnmobile.**

Wohnmobil-Stellplatz

Saint-Pierre-Église

Wohnmobil-Stellplatz, Rue du 8 Mai 1945, Saint-Pierre-Église, die Sani-Station funktioniert mit Jetons aus dem Touristenbüro, Übernachtung bis zu 72 Stunden gratis, zehn Plätze mitten im Zentrum der kleinen Ortschaft.

durch die Alliierten erst rund drei Wochen nach der Invasion erfolgte.

Beachtung verdienen in Cherbourg die schöne **Dreifaltigkeitskirche** aus dem 14. Jahrhundert sowie einige sehenswerte Ausstellungen.

Im alten **Fischtrawler „Jacques Louise"**, der im Hafenbecken vertäut liegt, kann man beispielsweise mehrere Ausstellungen besuchen, die der maritimen Welt gewidmet sind *(geöffnet Juli und August Mo - Fr 14.30 - 17.30 Uhr)*.

Besichtigen kann man zudem das Museum **Cité de la Mer** *(geöffnet Juli und August 9.30 - 19 Uhr, Kartenverkauf nur bis 18 Uhr; www.citedelamer.com)*. Dort gibt es neben einem großen Meerwasserbecken mit über 3.500 Fischen auch ein atombetriebenes U-Boot zu bestaunen. Eine neue Abteilung beschäftigt sich mit maritimen Lebewesen, die in großen Tiefen vorkommen.

In einem alten Fort aus den 1850er Jahren oberhalb der Stadt ist das **Musée de la Libération** untergebracht *(geöffnet Mai bis Sept. tägl. 10 - 12 Uhr und 14 - 18 Uhr, sonst Mi - So 14 - 18 Uhr)*. Neben dem wunderbaren Blick über die Stadt kann man im Fort eine Ausstellung erleben, die in mehr als einem Dutzend Räumen die Kriegsgeschichte von der Besatzung durch die Deutschen bis zur Befreiung durch die Alliierten schildert.

Nach all den Kriegsmuseen ist ein Spaziergang durch den kleinen **botanische Garten** bei einem Fachwerkhaus in der Rue Montebello erholsam. Mehrere Bambuspflanzen und Kamelien prägen das Bild des Gartens, welcher schon im Jahr 1872 angelegt wurde.

Ein weiterer und wesentlich größerer Garten befindet sich am Kreisverkehr Leclerc. Verschiedene Gewächshäuser beherbergen exotische Pflanzen, überwiegend aus Südamerika.

Geschaffen wurde die Parkanlage von **Emmanuel Liais**, einem Astronom und Forschungsreisenden, der in Cherbourg geboren worden war und lange Zeit in Brasilien lebte.

Inmitten des Parks befindet sich auch ein kleines **Museum**, in dem einige archäologische und ethnographische Exponate ausgestellt werden *(geöffnet Mai - Sept. tägl. 10 - 12 Uhr 14 - 18 Uhr, Sonntag- und Montagvormittag geschlossen, sonst Mi - So 14-18 Uhr)*.

Praktische Hinweise – Cherbourg-Octeville

Office de Tourisme, 2, Quai Alexandre III, 50100 Cherbourg-Octeville, Tel.: 02 33 93 52 02, Fax: 02 33 53 66 97, E-Mail: tourisme@ot-cherbourg-cotentin.fr, Web: www.ot-cherbourg-cotentin.fr. Öffnungszeiten: Sept. - Mai Mo - Sa 9 - 12.30 und 14 - 18 Uhr, im Juni bis 18.30 Uhr, Juli und August Mo - Sa 9 - 18.30 Uhr und So 10 - 12.30 Uhr.

Camping

Camping Espace Loisirs de Colignon, 50110 Tourlaville, Tel. 02 33 20 16 188, Fax 02 33 44 81 71, www.camping-collignon, nördlich von Tourlaville von der D 116 Abzweig zum Platz, ebenes, rundes Wiesengelände hinter den Dünen, angrenzend an Wassersportzentrum, schöne Ausblicke auf Klippen, Standardausstattung, Boots- und Surfbrettverleih. **V + E für Wohnmobile.**

Wohnmobil-Stellplatz

Wohnmobil-Stellplatz, Base de Loisirs Collignon, Tourlaville nordöstlich von Cherbourg, Gratis-Übernachtung bis zu 24 Stunden für zehn Wohnmobile, nur wenige Meter vom Strand entfernt, schöne Lage.

Der nicht-künstliche Kanal

Bei einer Reise durch die Normandie stellt man sich gelegentlich die Frage, ob man sich nun am Atlantik befindet oder doch bloß am **Ärmelkanal**. Beides ist richtig, denn der Ärmelkanal gilt als ein Teil des Atlantiks und verbindet diesen durch die Meerenge zwischen Calais und Dover mit der Nordsee.

Trotz der Bezeichnung „Kanal" handelt es sich hier allerdings nicht um einen künstlich angelegten Wasserweg.

Die Wasserstraße entstand nach der Eiszeit und dem damit verbundenen Abschmelzen des Eises von ganz alleine, sozusagen im Rahmen eines Klimawandels, der bereits vor 11.000 Jahren begann.

Der Ärmelkanal bringt es an seiner breitesten Stelle auf stattliche 250 Kilometer, während er weiter im Osten, wo er die Britische Insel vom Festland trennt, lediglich noch 34 km breit ist.

Mit etwas Fantasie kann man die Form des Kanals mit einem Trichter bzw. mit einem Ärmel vergleichen, was ihm in der Welt der Geographie die Bezeichnung „Ärmelkanal" einbrachte. Und im Französischen wird er auch schlicht als „La Manche" bezeichnet, was nichts weiter bedeutet als „der Ärmel".

In Nautikerkreisen dagegen verzichtet man in diesem Falle auf jegliches Seemannsgarn und spricht nüchtern vom „Kanal/The Channel" oder vom „Englischen Kanal/The english Channel".

Auf jeden Fall zählt der Ärmelkanal zu den meist befahrenen Wasserstraßen der Welt. Täglich pendeln zahlreiche Fähren zwischen dem europäischen Festland und dem Vereinigten Königreich und in Ost-West-Richtung passieren jeden Tag bis zu 500 Schiffe die Meerenge.

am Hafen von Cherbourg

5. CHERBOURG – GRANVILLE

Länge der Tour: Rund 135 km, ohne Abstecher.

Die Route: D904/D650 bis **Les Pieux** – Nebenstraße (Route des Caps) bis **Carteret** – D902, D130e1 und D650 bis **Agon-Coutainville** – D44 bis **Coutances** – D971, D971e bis **Granville.**

Reisedauer: Mindestens ein Tag.

Reisehöhepunkte: Wanderung rund um das **Cap Carteret** ** – Besuch im Garten von **Christian Dior** *.

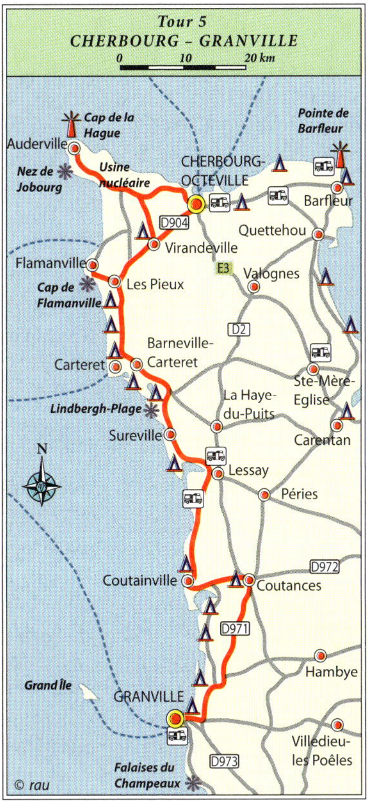

ABSTECHER ANS KAP LA HAGUE

Ab Cherbourg oder auch noch später auf dem Weg nach Les Pieux bietet sich Gelegenheit zu einem Abstecher ans **Kap La Hague** am äußersten Westende der Normandie.

Allerdings wird vor allem die Südwestseite des Kaps sehr von der hiesigen

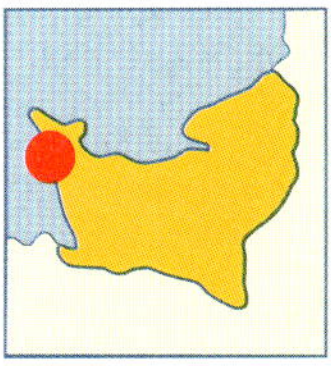

Atom-Wiederaufbereitungsanlage La Hague geprägt und ist für viele deshalb weniger anziehend als die reizvollen Kaps, die weiter südlich noch folgen werden.

Die Hauptstraße D901 führt an Feldern vorbei und endet schließlich in **Goury**, wo sich ein Leuchtturm vor der Küste im Meer befindet.

Auf dem Rückweg von Goury besteht die Möglichkeit, von der D901 zum Dorf **Vauville** abzuzweigen. Der Grund für diesen Umweg über Vauville ist der aus der Megalithzeit stammende **Dolmen Pierres Pouquelées**.

Fährt man auf der kleinen Landstraße weiter südwärts kommt man durch **Biville**, wo der schöne **Calvaire des Dunes** zu finden ist.

Interessant für Wanderer kann eine mehrtägige Tour auf dem **Wanderweg** GR223 sein. Es handelt sich zwar nicht um einen Rundweg, was die An- und Abfahrt etwas erschwert, aber der Weg verläuft streng an der Küstenlinie entlang.

Er beginnt nordwestlich von Cherbourg bei **Urville-Nacqueville** und führt fast immer an der Küste entlang bis in das südliche **Surtainville**. Der Wanderweg ist ein Teil des normannischen **Jakob-Pilgerweges**, der nach vielen Hundert Kilometern im spani-

Wiederaufbereitungsanlage La Hague – Radioaktives Recycling

Wie gewinnt man Kernbrennstoffe, Plutonium und Radioisotope aus abgebrannten Brennstäben von Atomkraftwerken zurück und vermindert gleichzeitig den radioaktiven Abfall, der in einem Kernkraftwerk entsteht? Für diese Aufgabe benötigt man eine Wiederaufbereitungsanlage, von denen es weltweit nur elf Stück gibt. Zwei davon befinden sich nordestlich von Cherbourg am nördlichsten Ende der Halbinsel Cotentin und heißen La Hague.

Bei der Wiederaufbereitung von Brennelementen geht es darum, die 96% Uran und 1% Plutonium zu trennen, um dieses wieder einsatzfähig zu machen.

Die beiden Anlagen in La Hague nennen sich UP2 für Brennelemente aus dem französischen Inland und UP3 aus dem Ausland.

In Deutschland ist La Hague bekannt geworden durch die Castor-Transporte zwischen Frankreich und dem Endlager in Deutschland. Immer wieder gab es dabei Auseinandersetzungen zwischen Anti-Atom-Aktivisten, die die Transporte verhindern bzw. zumindest erschweren wollten, und Sicherheitskräften, was oft von einer massiven Medienpräsenz begleitet wurde.

Nur ein einziges Mal in der gesamten Geschichte von La Hague hat ein Zug mit Atomabfällen sein Ziel nicht erreicht und wurde auf Grund der Demonstrationen im Jahr 1981 wieder zurück zum Kernkraftwerk Biblis geschickt.

Auch in Frankreich gab es, besonders in den 1970er und 1980er Jahren, zahlreiche Proteste gegen die Wiederaufbereitungsanlage, doch anders als im bayerischen Wackersdorf, konnten sich die Atomkraftgegner nicht durchsetzen.

Nur wenige Kilometer südlich von La Hague befindet sich das Atomkraftwerk Flamanville, nach Penly und Paluel ist dies das dritte in der Normandie.

schen Santiago de Compostela, dem Ziel des Pilgerwegs, endet.

HAUPTROUTE

Route: Von Cherbourg nach Südwesten und auf der **D650** nach **Les Pieux**.

Schon kurz hinter Cherbourg passiert man in **Martinvast** ein schönes Herrenhaus . Das gotische **Château de Martinvast** aus dem 11. Jahrhundert liegt in einer herrlichen **Parkanlage** mit zahlreichen Bäumen, Wiesen und auch einigen Wasserfällen. Gegenüber vom Schloss erhebt sich ein Obelisk aus dem 18. Jahrhundert.

Das kleine Städtchen **Les Pieux** hat keine besonderen Sehenswürdigkeiten, ist aber ein guter Ausgangspunkt für eine Fahrt entlang der westlichen Küstenlinie der Halbinsel Cotentin.

Ganz allgemein ist diese Route mehr von Natur und Campingplätzen geprägt und im Vergleich mit den vorherigen Routen eher ruhig. Es fehlen im Westen der Halbinsel gemütliche Fischerdörfer mit schönen Ortszentren. Und es gibt – anders wie an der Nordküste – auch kaum noch Museen zu besichtigen. Selten sieht man besuchenswerte Kir-

Wohnmobil-Stellplatz

Sideville

Wohnmobil-Stellplatz auf dem Bauernhof, Sideville. An der Straße D940 befindet sich kurz hinter Sideville das Hinweisschild zu einem Bauernhof auf der rechten Seite. Dort wird sechs Wohnmobilen günstig ein Platz angeboten, sonst keinerlei Ausstattung.

Praktische Hinweise – Les Pieux

Office de Tourisme, 6, rue Centrale, 50340 Les Pieux, Tel.: 02 33 52 81 60, Fax: 02 33 52 86 79, E-Mail: tourisme.lespieux@wanadoo.fr, Web: www.tourisme-lespieux.com.

Restaurants

l'Anse de Sciotot, Tel.: 02 33 94 43 01. Kleines Restaurant mit Außenterrasse , Meeresfrüchten und Blick auf das Meer.

Le Sémaphore, Chasse de la Houe, Tel.: 02 33 52 18 98, Flamanville. Südlich der Atomkraftanlage kann man traditionelle Speisen zu sich nehmen. Spektakulär ist dabei die **Terrasse** auf dem Abhang, welche ein grandioses Panorama auf das Meer bietet.

Camping

Camping Le Grand Large, 9, Route du Grand Large, Anse de Sciotot, 50340 Les Pieux, Tel.: 02 33 52 40 75, Fax: 02 33 52 58 20, E-Mail: le-grand-large@wanadoo.fr, Web: www.legrandlarge.com, Mitte April – Mitte Sept.; ca. 4 km südwestlich von Les Pieux gelegenes, ebenes Dünengelände mit Hecken in Parzellen aufgeteilt, mit breitem Sandstrand. Standardausstattung; Spielplatz, Bar, Swimmingpool. Vor der Schranke gibt es einen Stellplatz, der etwas günstiger benutzt werden darf. **V & E für Wohnmobile.**

chen, interessante Ausstellungen und Sehenswürdigkeiten allgemein. Die Orte an diesem Küstenabschnitt wurden weniger von den Kriegswirren heimgesucht und konnten sich ohne störende Geschützstellungen und ausgediente Bunkeranlagen vielfach ihren ursprünglichen, rauhen Charakter bewahren.

Von verschiedenen Hafenstädtchen bieten sich Möglichkeiten zu einer Überfahrt auf die englischen **Kanalinseln**.

Von **Diellette** aus zum Beispiel, nordwestlich von Les Pieux gelegen, kann man die **Insel Guernsey** in einer 75-minütigen Bootsfahrt erreichen oder zu der nördlicheren **Insel Aurigny** fahren (40 Minuten).

Nicht weit nordwestlich von Les Pieux entfernt, liegt der Ort **Flamanville**, der für seine Atomkraftanlage bekannt ist. Dort befindet sich unweit der Schule **La Ferme aux 5 Saisons**, der **Bauernhof der fünf Jahreszeiten**. Für Kinder gibt es einen kleinen Streichelzoo und es besteht die Möglichkeit, sein eigenes Brot in einem alten Steinofen zu backen. Zudem bietet der Bauernhof auch **Übernachtungsmöglichkeiten für Wohnmobilfahrer**.

Camping

Le Rozel

Camping La Ranch, Tel.: 02 33 52 40 09, Le Rozel, www.camping-leranch.com, April – Okt.; naturbelassenes, leicht unebenes, schattenloses Dünengelände, direkt am Strand, südwestlich von Le Rozel an der ‚Route des Caps' gelegen mit 130 Stellplätzen, von denen aber ein Großteil an Dauercamper vergeben ist. Nur wenige Gehminuten vom Pointe du Rozel entfernt, einem kleinen Kap mit Blick aufs Meer. Standardausstattung; Swimmingpool, Restaurant. **V & E für Wohnmobile.**

Britisch, normannisch oder souverän? – Die Kanalinseln.

Guernsey, Jersey, Alderney, Sark, Herm und **Jethou** sind bewohnte Inseln vor der Küste der Normandie. Hinzu kommen noch einige kleinere Eilande, die unbewohnt sind.

Bei einem ersten Blick auf die Landkarte würde man die Inseln sofort den Franzosen zusprechen, doch als man im Jahr 1204 die Normandie von den Engländern zurück eroberte, verblieben die Inseln im Ärmelkanal bei den Briten. Daher sind sie weder normannisch noch französisch – aber so richtig britisch sind sie auch nicht. Sie sind zwar direkt der britischen Krone unterstellt, gelten aber nicht als Teil des Vereinigten Königreiches.

Dies ist insofern für den Normalurlauber wichtig zu wissen, als dass die Kanalinseln, wie sie häufig nur genannt werden, zwar kein Mitglied in der Europäischen Union sind, aber zumindest zum Zollgebiet der EU gehören.

Und wenn Queen Elizabeth II. den Kanalinseln die Ehre gibt, dann wird sie dort nur als Herzogin der Normandie (Duchess of Normandy) empfangen.

Eine Reise auf die sehenswerten Inseln ist leider mit dem Wohnmobil oder Caravangespann untersagt! Lediglich Pkw sind erlaubt. Achtung, Linksverkehr!

Erreichen kann man die Inseln vom bretonischen St. Malo oder an Sommer-Wochenenden von Carteret und Granville aus.

Surtainville

Camping Municipal „Les Mielles“, 80, Route des Laguettes, 50270 Surtainville, Tel.: 02 33 04 31 04, E-Mail: camping.lesmielles@wanadoo.fr., ganzjährig geöffnet; 120 Plätze, ebenfalls mit Zugang zum Strand.

Baubigny

Camping Bel Sito, Rue l'Eglise, 50270 Baubigny, Tel.: 02 33 04 32 74, Web: www.camping-normandie-belsito.com; Mitte Apr. – Mitte Sept.; dieser sehr ruhige Campingplatz liegt nicht weit vom Strand entfernt, besteht aber hauptsächlich aus Mobilheimen. Dennoch gibt es einige wenige Stellplätze für Wohnmobiltouristen. Standardausstattung; Waschmaschine, Trockner, W-LAN, Tischtennis und ein sehr kleiner Spielplatz. Der Campingplatz richtet sich eher an Ruhe suchende Urlauber.

Hatainville

Camping Les Rond Duval (Aire Naturelle), 10, Impasse des Ronds Duval, Hatainville, Tel.: 02 33 04 48 85, April – Sept.; kleiner Wiesenplatz mit einfacher Sanitärausstattung.

ROUTE: Zwischen dem **Cap La Hague** und dem weiter südlich liegenden **Cap Carteret** verläuft die ‚Route des Caps' (D 117), der wir über **Le Rozel, Surtainville, Baubigny** und **Hatainville** folgen. Die Straße ist mit einem braunen touristischen Hinweisschild ausgeschildert.

Rund sechs Kilometer östlich von Baubigny befindet sich der Weiler **Sortosville-en-Beaumont**. Dort am Place Costrad findet man **La Maison du Biscuit,** das sog. **Biscuit-Haus**. In angenehmer Atmosphäre kann man

am Cap de Carteret sind stundenlange Spaziergänge möglich

sich im so genannten Teeraum einen 12minütigen Film über die hiesige Gebäckherstellung anschauen, die im Maison du Biscuit bereits seit über einhundert Jahren Tradition hat *(geöffnet Di - So 9 - 12 und 14 - 18.30 Uhr, Eintritt frei; www.maisondubiscuit.fr)*.

Das **Cap Carteret** ist zweifelsohne einen Besuch wert. Es liegt im Westen der gleichnamigen Stadt und ist ab dem Parkplatz über einen Fußweg zu erreichen. Dieser verläuft an einem kleinen Leuchtturm vorbei und bringt einen durch urwüchsige Landschaft hinab zum weiten und menschenleeren Strand. Auf dem Weg befinden sich in herrlichster Landschaft nur noch die Überreste einer alten Kapelle. Stundenlang kann man hier zumindest in nördliche Richtung spazieren gehen, in südliche Richtung hat man nach Umrundung des Kaps ziemlich schnell den nächsten Ort erreicht.

Carteret dient zudem als Ausgangspunkt für eine Schiffsüberfahrt auf die größte der Kanalinseln, Jersey.

Östlich von Carteret, im Weiler **Le Valdécie,** befindet sich eine eher seltene Sehenswürdigkeit.

Die so genannte **Windmühle von Cotentin** stammt aus der Mitte des 18. Jahrhunderts und ist heute in der Tat die einzige noch funktionierende Mühle in der gesamten Normandie. Da sich das hübsche Bauwerk etwas auf einer Anhöhe befindet, bietet sie einen wunderbaren Blick auf die umgebende Landschaft.

ROUTE: Von Carteret auf der **D902** ein kurzes Stück nach Osten bis zur **D650**, der wir südwärts bis **Agon-Coutainville** folgen, ca. 52 km. Auf dem Weg dorthin gibt es zahlreiche **strandnahe Parkplätze**.

Camping

Barneville-Carteret

Camping La Gerfleur, Rue Guillaume le Conquérant, 50270 Barneville-Carteret, Tel.: 02 33 04 38 41, www.lagerfleur.fr, Apr. – Okt.; rund 90 Stellplätze in Parzellen rund um einen kleinen See, Swimmingpool, Bar, Standardausstattung.

Camping Les Vikings, St-Jean-de-la-Riviére, 50270 Barneville-Carteret, Tel. 02 33 53 84 13, www.campingviking.com; Mitte März – Mitte Nov.; im Südwesten des Ortes,; Komfortausstattung. **V + E für Wohnmobile.**

Camping Les Bosquets, 50270 Barneville-Carteret, Tel.: 02 33 04 73 62, Fax: 02 33 04 35 82, Apr. – Mitte Sept.; großer Platz südlich des Hafengebietes in direkter Nachbarschaft mit den Campingplätzen L'Ermitage und Les Vikings. Komfortausstattung; Swimmingpool, Spielplatz, Waschmaschine, Trockner, in der Hauptsaison mit Animation, Fernsehraum, kleiner Shop, Bar, Restaurant. **V & E für Wohnmobile.**

Carteret

Camping Le Bocage, Rue du Bocage, 50270 Carteret, Tel.: 02 33 53 86 91, Apr. – Sept.; der Platz ist durch die Straße in zwei Bereiche geteilt, einer für Touristen, einer für Dauercamper. Am großen Parkplatz im Zentrum rechts in die D201 einbiegen und dort kurz darauf rechts in die Rue du Bocage. Standardausstattung.

Die zahlreichen kleinen Weiler und Ortschaften auf dem Weg bis Agon-Coutainville bzw. bis Coutances besitzen keine nennenswerten Sehenswürdigkeiten, selbst ein einfaches Heimat- oder Fischermuseum sucht man vergeblich.

Vielmehr handelt es sich bei Ortschaften wie St-Jean-de-la-Rivière, Portbail oder Denneville, die sich an der Westküste der Halbinsel Cotentin reihen, um nichtssagende Ferienorte, oder um reine Ferienhaussiedlungen. Von Seebädern wie an der Côte Fleurie kann hier keine Rede sein, was aber keineswegs negativ zu sehen ist. Viele der eher nach Urlaubsruhe suchenden Urlauber finden gerade an diesem Küstenstreifen, dem es keineswegs an langen Stränden magelt, sehr gut Erholung.

Das südliche **Agon-Coutainville** mit seinem feinen und langen **Sandstrand** hat schon eher das Zeug zum Seebad.

Camping

St-Jean-de-la-Rivière

Camping Ermitage, 50270 St-Jean-de-la-Rivière, Tel.: 02 33 04 78 90, Fax: 02 33 04 06 62, E-Mail: campingermitage@aol.com, Apr. – Okt.; gepflegter Platz in unmittelbarer Nähe der Campingplätze Les Vikings und Les Boquets. Standardausstattung; Spielplatz, Shop, Snackbar, Waschmaschine, Trockner, Hunde erlaubt. **V & E für Wohnmobile.**

Camping Les Vikings, 4, Rue Vikings, 50270 Saint-Jean-de-la-Rivière, Tel.: 02 3353 84 13, Fax: 02 33 53 08 19, E-Mail: campingviking@aol.com, Web: www.campingviking.com, Mitte März – Mitte Nov.; Zufahrt über die D650, Wiesengelände mit ca. 150 Stellplätze Touristen.

Komfortausstattung; mit Animation und Swimmingpool, Freizeit- und Fernsehraum, Spielplatz, Bar, Shop, Restaurant, Waschmaschine, Grillplatz. **V & E für Wohnmobile.**

Portbail

Camping Les Carolins, 2, Rue de la Mer, 50580 Portbail, Tel.: 02 33 04 84 85, Fax: 02 33 94 03 57, E-Mail: camping.les.carolins@wanadoo.fr, Web: http://camping.carolins.free.fr, Mitte März – Sept.; Der Platz mit 75 Stellplätzen liegt schön in einer bewaldeten Dünenlandschaft südlich der Stadt Carteret. Standardausstattung. Swimmingpool und kleine Bar.

Denneville Plage

Camping l'Espérance, Rue de la Gamburie, 50580 Denneville Plage, Tel.: 02 33 07 12 71, Fax: 02 33 07 58 32, E-Mail: camping.esperance@wanadoo.fr, Web: camping-esperance.fr, Apr. – Sept.; dieser Platz liegt in einer kleinen Nebenstraße und nicht direkt am Strand. Er verfügt überwiegend über Mobilheime, die wenigen Stellplätze für Touristen sind parzelliert. Standardausstattung; Minigolfanlage, Tischtennis, Tennis, Animation, Spielplatz, kleiner Supermarkt, Swimmingpool, Fernsehraum, Waschmaschine. **V & E für Wohnmobile.**

Saint-Germain-sur-Ay

Camping Aux Grands Espaces, 6, Rue Camping, 50430 Saint-Germain-sur-Ay, Tel.: 02 33 07 10 14, Fax: 02 33 07 22 59., Mai – Sept.; großer Campingplatz mit fast 600 Stellplätzen, der überwiegende Teil davon ist jedoch mit Mobilheimen und Dauercampern belegt. Der Strand liegt rund 500 m entfernt und ist über eine Dünenlandschaft zu Fuß schön zu erreichen. Standardausstattung; Swimmingpool, Spielplatz, Animation, Bar, kleines Restaurant. **V & E für Wohnmobile.**

Creances-Plage

Camping des Dunes, Boulevard de la Mer, 50710 Creances-Plage, Tel.: 02 33 46 31 86, Fax: 02 33 07 40 42, nur Juli und August; direkt am Strand gelegen, südlich der Mündung des Flusses Ay. Zu erreichen sind die 120 Stellplätze über die D394. Standardausstattung.

Pirou-Plage

Camping Le Clos Marin, 43, Rue des Bergeronnettes, 50770 Pirou-Plage, Tel.: 02 33 46 30 36, Fax: 02 33 46 35 20, Apr. – Sept.; am südlichen Ende des Ortes in Strandnähe liegt der Platz und bietet 50 parzellierte Stellplätze und einen Swimmingpool. Standardausstattung.

Geffosses

Camping Municipal la Vallee, 50560 Geffosses, Tel.: 02 33 47 87 66, nur Juli und Aug.; kleiner Platz, etwas im Landesinneren, aber besonders in der Hauptsaison eine gute Alternative zu den großen Plätzen direkt an der Küste, Mindestausstattung.

Anneville-sur-Mer

Camping Le Grand Large, Rue du Soleil Couchant, 50560 Anneville-sur-Mer, Tel.: 02 33 47 87 14, Fax: 02 33 47 24 90, E-Mail: campinglegrandlarge@wanadoo.fr, Apr. – Sept.; nicht zu verwechseln mit dem gleichnamigen Campingplatz in Les Pieux. Dieser Platz ist in zwei Platzteile aufgeteilt, die rund 200 m auseinander liegen. Die

strandnähere Seite ist ausschließlich für Mobilheime und Dauercamper gedacht und auf der anderen Seite der Straße befinden sich nur 13 Plätze für Wohnmobiltouristen. Ansonsten ist der Platz ruhig, bietet einen kleinen Spielplatz, ist hundefreundlich, Waschmaschine und Tischtennisplatten vorhanden, Standardausstattung.

Gouville-sur-Mer

Camping Municipal le Senequet, 50560 Gouville-sur-Mer, Tel.: 02 33 47 84 37, Fax: 02 33 47 93 20, E-Mail: mairie-de-gouville@wanadoo.fr, Apr. – Okt.; nordwestlich des Ortes, direkt an der Küste mit Zugang zum Strand. Großer Platz mit über 200 Stellflächen, Standardausstattung.

Blainville-sur-Mer

Camping Municipal la Melette, 50560 Blainville-sur-Mer, Tel.: 02 33 47 14 84, Fax: 02 33 45 68 76, Mai – Mitte Sept.; in ruhiger Lage an der D651 mitten im Mündungsgebiet zweier kleinerer Flüsse. Standardausstattung.

Agon-Coutainville

Camping Le Martinet et Le Marais, Boulevard Lebel-Jehenne, 50230 Agon-Coutainville, Tel.: 02 33 47 05 20, E-Mail: martineetmarais@wanadoo.fr, nur Juli und Aug.; 100 Stellplätze mit Standardausstattung im Nordosten der Stadt an der Hauptstraße zwischen Hafenbucht und Mündung des Flusses Sienne. Standardausstattung.

Camping Les Mouettes, Rue du Dr Viaud, 50230 Agon-Coutainville, Tel.: 02 33 45 38 63, E-Mail: les-mouettes@tiscali.fr, Web: www.camping-les-mouettes.com, Apr. – Sept.; Volleyballfläche, Kanu- und Fahrradverleih, Kiosk, Gasflaschenverkauf, Waschmaschine, TV-Raum, nur wenige Meter vom Strand entfernt. Auf der D44 Richtung Meer und hinter der Tankstelle links abbiegen. Standardausstattung.

Camping Le Ronquet, 57, Charrière du Commerce, Tel.: 02 33 47 05 29, Mai – Sept.; kleiner Platz mit rund 60 Stellplätzen, von denen ein Großteil für Dauercamper reserviert ist. Hunde erlaubt, Standardausstattung. Auf der D44 am Kreisverkehr nach Süden abbiegen. Platz erscheint auf der linken Seite. Mindestausstattung.

Wohnmobil-Stellplätze

Lessay

Wohnmobil-Stellplatz, Place Saint-Cloud (D72), Lessay, Platz mit nicht ganz ebenem Asphaltboden. Kostenlose Übernachtung bis zu 48 Stunden. Für die **Ver- und Entsorgungsstelle** erhält man im Rathaus einen Schlüssel gegen eine Kaution von 20 Euro.

Pirou Plage

Wohnmobil-Stellplatz Pirou Plage, kurz vor dem Campingplatz Le Clos Marin auf der rechten Seite. Er liegt zwar direkt an der Hauptstraße (D650), ist aber über diese nicht zu erreichbar. Man muss zuvor am Kreisverkehr rechts in die Ortschaft abbiegen, an der nächsten Möglichkeit (Avenue d'Annoville) links und erneut links in die Rue des Hublots. Dort am Ende befinden sich fünf kostenlose Plätze. Die **Sanistation** wird mit Münzen betrieben, die entweder am Campingplatz oder in dem kleinen Lokal „La Marée" erworben werden können.

Wohnmobil-Stellplatz

Stellplatz auf dem Bauernhof – an der D44 existiert auf der linken Seite ein Bauernhof, der die Übernachtung auf seinem Grundstück anbietet. Mindestausstattung. **V & E für Wohnmobile** (Gebühr auf Spendenbasis).

ROUTE: Von Agon-Coutainville ostwärts und auf der **D44** nach **Coutances.**

Die erste größere Stadt auf dieser Route ist **Coutances**. Schon bei der Anfahrt sehen wir von weitem die beiden Türme der **Kathedrale**, die das Stadtbild prägt.

Schon zu Zeiten der Römer gab es eine Siedlung auf dem heutigen Stadtgebiet, die jedoch im 9. Jahrhundert zerstört und erst 200 Jahre später wieder aufgebaut wurde.

Der damalige Bischof von Coutances, Geoffroy de Montbray, ließ die Kathedrale erbauen, um die Stadtentwicklung rund um das Gotteshaus anzukurbeln.

Geoffroy war ein Weggefährte von Wilhelm dem Eroberer und begleitete ihn nicht nur in die Schlacht von Hastings, sondern war später auch bei seiner Krönung zum König von England dabei. An den Eroberungskämpfen nahm er laut Geschichtsschreiber allerdings nur als Kirchenmann betend teil.

Die Kathedrale von Coutances war zunächst ein romanischer Bau, wurde aber schon früh mit gotischen Elementen versehen. Das hohe Kirchenschiff ist nicht reich geschmückt, wirkt aber durch seine großen Fenster sehr hell.

Nicht weniger interessant als die Kathedrale ist die nur wenige Meter entfernte **Kirche Saint-Pierre**, deren Bau ebenfalls im 11. Jahrhundert begann. Sie verfügte über schöne Glasfenster im Stil der Renaissance, von denen heute leider nichts mehr zu sehen ist. Die unter Denkmalschutz stehende Kirche wird aber seit einiger Zeit restauriert und kann daher auch nur von außen besichtigt werden.

ROUTE: Weiterreise von Coutances nach Südwesten und auf der **D971/D971E** über **Hyenville** und **Bréhal** nach Granville, ca. 30 km.

Granville ist zwar die größte Stadt an der Westküste der Halbinsel Cotentin, doch auch hier geht es sehr ruhig und

Praktische Hinweise – Coutances

Office de Tourisme, Place Georges Leclerc, 50200 Coutances, Tel.: 02 33 19 08 10, Fax: 02 33 19 08 19, E-Mail: tourisme-coutances@wanadoo.fr, Web: www.ville-coutances.fr und www.paysdecoutances.fr. *Öffnungszeiten Sept. - Juni Mo - Fr 9.30 - 12.30 Uhr und 14 - 18 Uhr, Sa 10 - 12.30 Uhr und 14 - 17 Uhr, im Juli und August Mo - Fr 9.30 - 18.30 Uhr, Sa 10 - 12.30 Uhr und 14 - 18 Uhr, So 10 - 13 Uhr.*

Camping

Camping Municipal „Les Vignettes“, Rue de Saint-Malô, 50200 Coutances, Tel.: 02 33 45 43 13, Fax: 02 33 45 74 98, ganzjährig geöffnet; terrassenförmiger Platz mit Parzellen am westlichen Ortseingang. Er befindet sich auf der rechten Seite und man erreicht ihn genau dann, wenn die Kathedrale von Coutances vor einem sichtbar wird. Standardausstattung.

Camping

Montmartin-sur-Mer

Camping Les Graveletes, 3, Rue du Rey, 50590 Montmartin-sur-Mer, Tel.: 02 33 47 70 20, E-Mail: campgrav@chez.com, Apr. – Okt.; terrassenförmiger Platz mit Parzellen unter Bäumen auf Wiese, liegt am Stadtrand und nicht in Strandnähe. In der Nähe gibt es Felskletter-möglichkeiten, der Besitzer gibt gerne darüber Auskunft. Standard-ausstattung.

Regnéville-sur-Mer

Camping Le Ruet, 8, Rue du Port, 50590 Regnéville-sur-Mer, Tel.: 02 33 45 88 71, Mai – Sept.; kleiner, angenehmer und abseits gelegener Platz gleich neben der Mündung der Sienne. Standardausstattung.

Bréhal

Camping La Vanlée, 50290 Bréhal, Tel.: 02 33 61 63 80, Fax: 02 33 61 87 18, E-Mail: camping.vanlee@wanadoo.fr, Web: www.camping-vanlee.com, Mai – Sept.; ab Bréhal der Beschilderung zum Golfplatz folgen. Direkt zwischen Meer und Mündungsgebiet des Flusses Vanlée. 11 Hektar großer Platz mit fast 500 Stellplätzen auf Wiese. Komfortaus-stattung; zwei Swimmingpools, Spielplatz, Animation, Bingo-Abende, Fernsehraum, Tischtennis. **V & E für Wohnmobile.**

Coudeville-sur-Mer

Camping Municipal les Dunes, 50290 Coudeville-sur-Mer, Tel.: 02 33 51 76 07, Fax: 02 33 51 03 81, Apr. – Okt.; großer Campingplatz mit 300 Stellplätzen auf Wiese neben dem Sportflughafen. Direkter Zugang zum Strand. Gleichzeitig befindet sich vor dem Campingplatz ein großer Parkplatz, daher viele Tagesausflügler und ein überfüllter Strandabschnitt. Standardausstattung.

Breville-sur-Mer

Camping La Route Blanche, 50290 Breville-sur-Mer, Tel.: 02 33 50 23 31, Fax: 02 33 50 26 47, E-Mail: larouteblanche@camping-breville.com, Web: www.camping-breville.com, Apr. – Okt.; südlich eines kleinen Sportflughafens, parzellierte Plätze auf Wiese,nicht direkt am Meer. Direkt neben einem weiteren Golfplatz, Swimmingpool. Standardausstattung. **V & E für Wohnmobile.**

beschaulich zu, denn es leben gerade einmal 13.000 Menschen in der Stadt.

Einer dieser Bürger war **Christian Dior**. Der berühmte Modeschöpfer wurde im Jahr 1905 in der **Villa ‚Les Rhumbs'** in der Rue Estouteville geboren und wuchs in diesem hübschen rosafarbenen Haus oberhalb der Steilküste auf.

Im Inneren des Gebäudes ist das **Musée Christian Dior** eingerichtet, das über sein Leben und seine Werke berichtet *(geöffnet Mai - Mitte Sept. tägl. 10 - 18.30 Uhr; www.musee-dior-granville.com)*. Im Museum wird jedes Jahr zwischen Mai und September eine Ausstellung gezeigt, die jedesmal einem anderen Modeschöpfer des 20. Jahrhunderts gewidmet ist.

Die nicht sehr große Villa ist von einem schönen **Garten** umgeben, der auch ohne Eintrittskarte besichtigt werden kann. Auf einem Spaziergang durch den Garten trifft man auf mehrere Metallkästen, die den Duft verschiedener von Dior geschaffener Parfumkreationen abgeben.

Kunst im Detail, Türklopfer in Granville

Von einem Teil des Gartens hat man zudem einen schönen Blick auf das Meer und bei gutem Wetter auf die Inselgruppe **Îles Chausey**, die zu Frankreich gehört und aus 22 kleineren Eilanden besteht. Die größte von ihnen ist die Grande Île, sie kann in der Sommerzeit von Granville aus per Schiff erreicht werden.

Granville ist in zwei Stadtkerne aufgeteilt. Der weniger sehenswerte, moderne Teil befindet sich etwas unterhalb der Altstadt.

Die **Altstadt** wiederum liegt auf einer schmalen Halbinsel, die auf einer Seite von einem verhältnismäßig großen Hafen begrenzt wird. Neben dem Schiffsanleger zu den Kanalinseln befindet sich dort auch ein Yachthafen mit rund 1.000 Liegeplätzen.

Die Altstadt ist teilweise von einer schönen, alten Mauer umgeben und beherbergt die **Kirche Notre-Dame** aus dem 15. Jahrhundert. Von der Altstadt hat man einen schönen Blick auf den Hafen und auf das modernere Viertel über dem sich die Kirche Saint-Paul mit ihrer Kuppel erhebt.

Praktische Hinweise – Granville

Office de Tourisme, 4, Cours Jonville - BP 621, 50406 Granville, Tel.: 02 33 91 30 03, Fax: 02 33 91 30 19, E-Mail: office-tourisme@ville-granville.fr. *Öffnungszeiten 9-12 Uhr und 14-18 Uhr, im Juli und August 9-13 und 14-19 Uhr.*

Camping

Camping l'Ermitage, Rue de l'Hermitage, Donville-les-Bains, Tel.: 02 33 50 09 01, Mitte Apr. – Mitte Okt.; der Platz befindet sich nicht direkt in Granville, sondern in Donville-les-Bains, einem Vorort nördlich der Altstadt. Er ist über die Beschilderung ab der Route de Coutances (Zufahrtsstraße) gut zu errreichen und liegt am Strand; 350 Stellplätze auf Wiese; Komfortausstattung; Bäckerei, Waschmaschine, Pizzeria, Bar. **V & E für Wohnmobile.**

Camping l'Oasis de la Plage, Rue de Champ de Cours, Donville-les-Bains, Tel.: 02 33 50 52 01, Apr. – Okt.; ebenfalls nicht in Granville. Dieser Platz liegt nur 300 m nördlich vom Camping l'Ermitage zwischen Strand und Pferderennbahn. Nur 25 Stellplätze, überwiegend Mobilheime. Mindestausstattung.

Wohnmobil-Stellplatz

Wohnmobil-Stellplatz, Rue du Roc, Granville, auf der Halbinsel unterhalb der Altstadt hinter dem Aquarium, max. 24 Stunden, Ver- und Entsorgung sowie Übernachtung inkl. Strom sind kostenpflichtig.

6. GRANVILLE – LE MONT-ST-MICHEL

Länge der Tour: Rund 60 km, ohne Abstecher.

Die Route: Straße D911 bis **Avranches** – D7 bis zur Ausfahrt zur D43 – D43 bis **Le Mont-St-Michel**.

Reisedauer: Mindestens ein Tag.

Reisehöhepunkte: Aussicht von **Falaises du Champeaux** ** – Besuch des **deutschen Soldatenfriedhofs** ** **Mont d'Huisnes** – Rundgang in der **Benediktinerabtei Le Mont-St-Michel** ***.

Südlich von Granville beginnt die **Route de la Baie,** die **Buchtenstraße** (D911), die immer in Küstennähe der Baie Mont Saint Michel nach Süden führt.

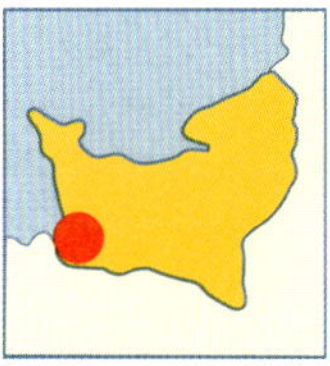

Abgesehen von Avranches gibt es jedoch keine nennenswerte Stadt auf dem Weg. Die wenigen Küstenorte, durch die die Straße führt, haben – anders als im Osten der Normandie – keine bedeutenden Baudenkmäler oder spektakuläre Steilküsten zu bieten.

Dafür sind in fast jedem Ort Camping- oder Wohnmobilstellplätze zu finden.

Für die Weiterreise empfiehlt es sich, die Küstenstraße D911 der allerdings schnelleren D973 Richtung Avranches vorzuziehen.

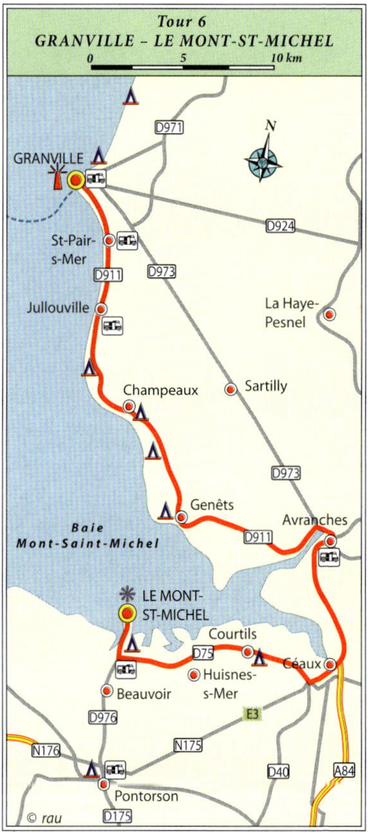

ROUTE: Von **Granville** auf der **D911** über **Saint-Pair-sur-Mer, Kairon Plage, Jullouville** und **Carolles** südwärts.

Abgesehen von der ***Kirche Saint-Vigor*** aus dem 12. Jahrhundert hat die kleine Ortschaft **Champeaux** nicht viel zu bieten. Daher hält man auch eher außerhalb der Stadt auf einem schmalen Parkplatz am Rande eines Restaurants an. Von dort oben kann man zum ersten Mal in der Ferne die Benediktinerabtei Mont-Saint-Michel erkennen. Etwas im Dunst scheint der rund 20 km entfernte

Praktische Hinweise - Saint-Pair-sur-Mer

Office de Tourisme, BP 28, 50380 Saint-Pair-sur-Mer, Tel.: 02 33 50 52 77, E-Mail: offitour.st.pair.s.mer@wanadoo.fr, Web: www.saint-pairsurmer.com.

Camping

Camping l'Ecutot, 50380 Saint-Pair-sur-Mer, Tel.: 02 33 50 26 29, Fax: 02 33 50 64 94, E-Mail: camping.ecutot@wanadoo.fr, Mai – Mitte Sept.; großer Campingplatz im Ortsbereich mit rund 170 parzellierten Stellplätzen, zum Strand ca. 1,2 km. Das Besondere dieses Platzes ist der Luxus, an einem von sechs Stellplätzen über eine eigene Sanitäranlage zu verfügen, die speziell für diesen Stellplatz gedacht ist. Allerdings muss dieser vorab reserviert werden. Komfortausstattung; Bar, Swimmingpool, Spielplatz. **V & E für Wohnmobile.**

Camping Chateau de Lez-Eaux, Saint-Aubin des Préaux, 50380 Saint-Pair-sur-Mer, Tel.: 02 33 51 66 09, Fax: 02 33 51 92 02, E-Mail: bonjour@lez-eaux.com, Web: http://willkommen.lez-eaux.com, Apr. – Sept.; nicht direkt an der Küste, sondern etwas landeinwärts befindet sich dieser eher ungewöhnliche Campingplatz, der zum privaten Schloss gehört und sich im Schlosspark befindet. Komfortausstattung; der Name des Platzes verspricht nicht zu wenig und es gibt zahlreiche Angebote wie Swimmingpool, Schwimmhalle, mehrere Spielplätze, Snackbar, Shop, W-LAN, drei gepflegte Sanitäranlagen, Angelteich, mehrere Seen, Tennisplatz und komfortable Stellplätze mit eigener Ver- und Entsorgung. Die Kehrseite der Medaille ist allerdings eine hohe Gebühr. **V & E für Wohnmobile.**

Camping Le Drakkar, 309, Route de la Bruyère, 50380 Saint-Pair-Sur-Mer (Kairon-Plage), Tel.: 02 33 59 96 26, E-Mail: camping-le-drakkar@wanadoo.fr, Apr. – Sept.; einfacher Platz im Norden von Kairon Plage ohne Zugang zum Strand, überwiegend Mobilheime und Dauercamper. Mindestausstattung.

Camping du Pont Bleu, 43 Rue de la Folliotte, 50380 Saint-Pair-sur-Mer, Tel.: 02 33 50 33 25, Mai – Sept.; auf der linken Seite der Hauptstraße befindet sich der Platz gleich an der Ecke. Es zeigt auch ein Campingplatzschild nach rechts, doch dort ist keiner. Wenn der Platzbesitzer nicht vor Ort ist, dann befindet er sich gegenüber in der Bar, aber in der Regel kommt er sofort, wenn er ein Wohnmobil vor der Rezeption parken sieht. Mindestaustattung.

Wohnmobil-Stellplätze

Wohnmobil-Stellplatz, Avenue L. Jozeau-Marigne, Saint-Pair-sur-Mer, 30 Stellplätze direkt am Tennisplatz, maximale Standzeit 48 Stunden, Ent- und Versorgung gegen Gebühr.

Praktische Hinweise – Jullouville

Office de Tourisme, Place de la Gare - BP 14, 50610 Jullouville, Tel.: 02 33 61 82 48, Fax: 02 33 61 52 99, E-Mail: otjullou@club-internet.fr, Web: www.jullouville.com. *Öffnungszeiten Juli - Aug. Mo-Sa 10 - 13 und 14.30 - 19 Uhr, So 10 - 12.30 Uhr, April - Juni und Sept. – Mitte Okt. Di-Sa 9 - 12 und 14 - 18 Uhr, sonst Di-Fr 9 - 12 und 13.30 - 17.30, Sa 9 – 12.30.*

Camping

Camping Domaine du Hamel, 197, Route de Carolles, 50610 Jullouville, Tel.: 02 33 61 84 48, Apr. – Mitte Sept.; größerer Platz mit 265 parzellierten Stellplätzen, überwiegend mit Mobilhomes belegt, zum Sandstrand über die Straße D911. Standardausstattung. Swimmingpool. **V & E für Wohnmobile.**

Camping la Chaussée, 1, avenue de la Libération, 50610 Jullouville, Tel. 02 33 61 80 18, www.camping-lachausee.com; Anf. Apr. – Mitte Sept., am Nordrand des Ortes an der D911, über die Straße zum Sandstrand; ebenes Wiesengelände teils mit Pappeln und anderen Bäumen, Standardausstattung, Schwimmbad. **V + E für Wohnmobile.**

Wohnmobil-Stellplatz – Jullouville

Wohnmobil-Stellplatz, Avenue du Docteur Lemonnier. Direkt an einem Parkplatz, der jedoch mit Höhenbegrenzungen versehen ist. Daher gibt es nur zwei Stellplätze rund um die kostenpflichtige Sanitärstation.

Praktische Hinweise – Carolles

Office de Tourisme, 12, rue de la Poste, 50740 Carolles, Tel.: 02 33 61 92 88, Fax: 02 33 90 11 37, E-Mail: carolles.tourisme@wanadoo.fr, Web: www.ville-carolles.fr. *Öffnungszeiten Di, Do und Sa 9.30 - 12.30 Uhr, von Mitte Juni – Mitte Sept. Mo-Sa 9.30-12.30 Uhr und 14 - 18 Uhr.*

Camping

Camping la Guérinière, Rue des Jaunets, 50740 Carolles, Tel.: 02 33 61 93 75, Apr. – Okt.; mitten im Ort direkt am Rathaus mit eigenem Wohnmobilstellplatz vor der Schranke. 79 Parzellen, Spielplatz, Standardausstattung. **V & E für Wohnmobile.**

Camping bei Champeaux

Camping Municipal, 50530 **Saint-Jean-Le-Thomas**, Tel.: 02 33 48 84 02, März – Mitte Nov.; einfacher, kommunaler Platz, der sich über 200 m an der Küste entlang zieht, mit eigenem Strand. Am Kreisverkehr Richtung „La Plage" abbiegen, Standardausstattung.

Camping Les Cognets, Le Bourg, 50530 **Dragey-Ronthon**, Tel.: 02 33 48 86 98, E-Mail: info@camping-lescognets.fr, www.camping-lescognets.fr, Apr. – Okt.; 177 Stellplätze direkt an der Hauptstraße D911, meist belegt mit Dauercamper und Mobilhomes. Standardausstattung; Waschmaschine, Snackbar, Brötchenservice, Spielplatz, Tischtennis, hundefreundlich. **V & E für Wohnmobile.**

Camping Les Coques d'Or, 14, Route du Bec d'Andaine, 50530 **Genêts**, Tel.: 02 33 70 82 57, Fax: 02 33 70 86 83, E-Mail: contact@campinglescoquesdor.com, www.campinglescoquesdor.com, Apr. – Sept.; am nördlichen Rand der Bucht von Saint-Michel. Der Platz mit 200 Parzellen befindet sich zwar nicht direkt an der Küste, aber diese ist in wenigen Minuten zu Fuß erreichbar und bietet besonders in den Abendstunden einen schönen Blick auf die Abtei. Überwiegend von Bäumen umgeben; Standardausstattung; Waschmaschine, Trockner, Snackbar, Kiosk, Restaurant und W-LAN. Gepflegtes Sanitärgebäude. **V & E für Wohnmobile.**

schon von weitem sieht man schemenhaft die unverwechselbare Landmarke des gigantischen Mont-St-Michel in der weiten Bucht aufragen

Berg wie eine Pyramide am Horizont zu stehen. Vom Parkplatz aus gibt es bei den Klippen **Falais de Champeaux** einen kleinen Wanderweg hinab zum Meer bzw. zum Watt der Bucht, je nach Gezeitenstand.

ROUTE: Auf der **D911** weiter nach Südosten in das 20 Kilometer entfernte **Avranches**.

Die bewegte Vergangenheit von **Avranches** begann schon während der Zeit der Kelten, als der Ort eine galloromanische Hauptstadt war.

Nach der Eroberung durch die Sachsen und anschließend der Franken, die sich hier auch niederließen, wurde die Stadt zum Bischofssitz. Einer der Bischöfe gründete im Jahr 708 den Mont-Saint-Michel.

Bevor man zu einem Spaziergang durch die Stadt aufbricht, lohnt sich die Fahrt ein Stück hinauf auf den Hügel an der Westseite der Stadt.

Gewöhnlich findet man dort auf dem Place Carnot zwischen der Kirche Notre Dame des Champs und dem Jardin des Plantes eine Parkmöglichkeit.

Vom **Jardin des Plantes**, dem **Botanischen Garten** von Avranches, hat man einen tollen **Panoramablick** über die Bucht auf den Mont-Saint-Michel.

Im Botanischen Garten kann sich der Besucher an einer reichen Artenvielfalt von Bäumen, die vom Riesenmammutbaum bis zur tibetischen Zeder reicht, erfreuen. Der Park ist in den sommerlichen Abendstunden schön illuminiert und lädt bereits ab morgens 8.30 Uhr zum kostenlosen Besuch ein.

Auf dem Weg zum Jardin des Plantes , ganz in der Nähe des Wohnmobil-Stellplatzes (Rue Chanoine Bérenger), kann man die **Abtei Sainte Anne de Moutons** sehen. Es ist ein kleines, recht unscheinbares Haus im typischen normannischen Stil, welches zwei schöne Bogengänge aufweist. Gebaut wurde die Abtei bereits im 13. Jahrhundert und wurde in ihrer langen Geschichte

als Kaserne, Schule, Hospital, Theater und sogar als Kino genutzt.

Beginnt man einen **Stadtrundgang** am oberen Parkplatz vor dem Botanischen Garten am Place Carnot, sieht man vor sich die Kirche **Notre Dame des Champs**. Der neogotische Bau prägt zwar den Platz, ist aber keine architektonische Rarität. Kirchen dieser Art sind in Variationen in vielen anderen französischen Städten zu sehen.

Eine andere, ebenfalls neogotische Kirche ist die dahinter gelegene **Saint-Saturnin-Kirche**. Sie beherbergt ein **Flachrelief** aus Kalkstein, welches schon im 8. Jahrhundert angefertigt wurde.

Von dort geht unser Weg leicht abwärts zum **Place Valhubert**, wo man nicht nur das **Touristenbüro** findet, sondern auch die Statue des Generals Jean-Marie Roger sieht, der auch Valhubert genannt wird.

Die Denkmalsfigur wurde von Napoleon Bonaparte höchstpersönlich in Auftrag gegeben zum Gedenken an seinen General, der im Jahr 1805 bei der Schlacht von Austerlitz gefallen ist. Allerdings sollte die Statue eigentlich in Paris aufgestellt werden. König Ludwig XVIII. war von diesem Gedanken aber überhaupt nicht angetan und schenkte der Stadt Avranches kurzerhand die Figur, um sie loszuwerden.

Im Nordosten des Platzes schließt sich die **Burg** aus dem 10. Jahrhundert an, die auf den Resten einer früheren römischen Befestigung erbaut wurde. Von den Zinnen aus hat man einen schönen **Blick auf die Stadt** und die Umgebung.

Vor der Burg erhebt sich der so genannte **Saint-Louis-Turm**, der im 13. Jahrhundert der besseren Verteidigung dienen sollte. Von einem weiteren Turm in direkter Nachbarschaft ist bis auf die Grundmauern nicht mehr viel zu sehen.

Oberhalb der Burg befindet sich der **Place d'Estouteville** auf dem man gut die Linie der Stadtmauer erkennen kann. Gleichzeitig befindet sich dort das **Scriptorial,** 15 rue de Céole, das **Musée des Manuscripts du Mont-Saint-**

das gotische Kirchenschiff der Kathedrale von Avranches

Michel *(geöffnet Mai, Juni und Sept. tägl. a. Mo. 10 - 18 Uhr, Juli und August tägl. 10 - 17 Uhr, übrige Zeit tgl. a. Mo. 10 - 12.30 Uhr und 14 - 17 Uhr, Sa + So bis 18 Uhr; www.scriptorial.fr)*. Dieses Museum beherbergt die kostbare Klosterbibliothek des Mont-Saint-Michel, in der seit der Französischen Revolution **Manuskripte** und **Prunkschriften** aufbewahrt werden. Die Ausstellung wird zu den schönsten mittelalterlichen Schriftensammlungen Europas gezählt!

Weiter kann man vom Place d'Estouteville über die **Rue de Lille** gehen und ein wenig mittelalterliche Atmosphäre schnuppern, die von der schmalen Gasse ausgeht. Die dortigen Häuser wechseln sich mit Fassaden aus Granit und Fachwerk ab und wurden früher von hohen Geistlichen bewohnt. Die Straße endet auf einem kleinen Platz oberhalb eines Parks und bietet abermals einen Ausblick auf den Mont-Saint-Michel.

→ **ROUTE:** Avranches verlassen wir über die **D7 (Rue Patton)** nach Süden und gelangen auf die Schnellstraße **N175**. An der Ausfahrt zum **Mont-St-Michel** westwärts auf die **D43/D75/D275.** Etwa 5 km bevor man auf die Zufahrtstraße zum Mont-St-Michel trifft, kann man im kleinen Weiler **Le Rivage** nach links abbiegen und der Beschilderung zum deutschen **Soldatenfriedhof** von **Mont-d'Huisnes** folgen.

Bei Avranches gelangte den amerikanischen Soldaten am 30. Juli 1944 ein entscheidender Durchbruch, der allerdings eine hohe Zahl an Verlusten mit sich brachte.

Etwa 1 km vom Ort **Huisnes-sur-Mer** wurde auf einem ca. 30 Meter hohen Hügel vom Bund Deutsche Kriegsgräberfürsorge im Jahr 1961 eine **Kriegsgräberanlage** in Form eines Mausoleums angelegt, dem einzigen Gruftbau in Frankreich. 11.956 deutsche Soldaten, die hier und in anderen französischen Regionen gefallen sind, haben hier ihre letzte Ruhestätte gefunden (www.denkmalprojekt.org).

Die Ereignisse von 1944 wurden in den 1970er Jahren in dem Film „Steiner – Das Eiserne Kreuz, Teil 2" mit Robert Mitchum und Curd Jürgens verfilmt.

Anders als im Soldatenfriedhof La Cambe oder gar in Colleville-sur-Mer sind die Toten jedoch in Gruften bestattet, was den Friedhof trotz der hohen Anzahl an Verstorbenen flächenmäßig sehr klein erscheinen lässt.

Auf zwei Etagen befinden sich jeweils 34 Grufträume, die im Kreis angeordnet sind und nur einen Durchmesser von weniger als 50 Meter ausmachen. In jedem dieser Grufträume befinden

PRAKTISCHE HINWEISE – AVRANCHES

Office de Tourisme, 2, rue du Général de Gaulle, Point-Info Tourisme de Pont-Gilbert (am Bahnhof), 50300 Avranches, Tel.: 02 33 58 00 22, Fax: 02 33 68 13 29, E-Mail: tourisme@avranches.fr, Web: www.ot-avranches.com und www.ville-avranches.fr.

Restaurant

Le Tripot, 11, Rue du Tripot, Tel.: 02 33 60 59 25. Traditionelle Küche.

Wohnmobil-Stellplatz

Wohnmobil-Stellplatz, Rue Chanoine Bérenger, 25 Plätze in zwei Reihen etwas unterhalb der Stadt, mit schönem Blick auf das Meer, Ver- und Entsorgungsmöglichkeit, kostenlose Übernachtung.

Camping

Ducey

Camping Municipal de la Sélune, Rue de Boishue, 50220 Ducey, Tel.: 02 33 48 46 49, Fax: 02 33 48 87 59, Apr. – Sept.; der Platz liegt nicht direkt auf dem vorgeschlagenen Weg, ist aber eine günstige und schöne Alternative. Zu erreichen ist er ab der Ausfahrt in Richtung Osten auf der D976. Nach Überquerung des Flusses am Ortseingang von Ducey und noch vor dem Touristenbüro rechts abbiegen. Etwas über 30 Parzellen auf Wiese, Standardausstattung. **V & E für Wohnmobile.**

Pontaubault

Camping Vallée de la Sélune, 7, Rue Marechal Leclerc, 50220 Pontaubault, Tel.: 02 33 60 39 00, E-Mail: campselune@wanadoo.fr, Apr. – Mitte Okt.; der Platz liegt kurz vor der Mündung des Flusses Sélune in die Bucht Mont-Saint-Michel. Standardausstattung; kleine Anlage mit Shop, Spielplatz, Tennisplatz, Hunde sind erlaubt. **V & E für Wohnmobile.**

Courtils

Camping Saint-Michel, 50220 Courtils, Tel.: 02 33 70 96 90, Fax: 02 33 70 99 09, E-Mail: infos@campingsaintmichel.com, Web: www.campingsaintmichel.com Febr. – Anfang Nov.; der Campingplatz befindet sich auf dem Weg zur Abtei auf der linken Seite. Komfortable und sehr gepflegte Sanitärausstattung, Komfortaustattung; Swimmingpool, Animation, Restaurant (von Mitte Juni-Mitte Sept.), Shop, Spielplatz, Tischtennis, Streichelzoo, Fahrradverleih, Aufenthaltsraum. **V & E für Wohnmobile.**

sich 180 Gräber. Eingeweiht wurde der Friedhof erst im Jahr 1963, als zahlreiche Soldaten aus anderen Départements umgebettet wurden.

Manche der hier Bestattenen starben auch auf den Kanalinseln und wurden von dort hierher gebracht.

Über die Treppe gelangt man nicht nur in die obere Etage, sondern auch zu einer kleinen Aussichtsplattform, von wo aus man schon den berühmten Mont-Saint-Michel sehr gut erkennen kann.

→ ROUTE: Vom Soldatenfriedhof zurück zur Hauptstraße hier links (westwärts) zur D976, die nordwärts zum 2 km entfernten Parkplatz am **Mont-St-Michel** führt.

Le Mont-Saint-Michel, **„La Merveille de Occident"**, das „Wunder des Abendlandes", wie er von den Franzosen gerne auch genannt wird, liegt am Ende der Mündung des Flüsschens Couesnon und ist ein imposantes Monument, das als bedeutendste Sehenswürdigkeit in ganz Frankreich gilt und das von der UNESCO zum schützenswerten Kulturgut ernannt wurde.

Bei Ebbe können Sie – barfuss oder in Sandalen oder Schuhen, denen Nässe nichts anhaben kann – an der Basis des Felsens um den Mont-Saint-Michel herum wandern, ca. 1 km.

Interessant ist, dass der Unterschied zwischen dem tiefsten Wasserstand bei Ebbe und dem höchsten Wasserstand bei Flut hier sage und schreibe 12 m beträgt. Da die Bucht sehr flach ist, weicht das Meer bei Ebbe extrem weit zurück, wie Sie an den Klippen von Champeaux bereits sehen konnten. Dafür läuft das Wasser bei einsetzender Flut mit frappierender Schnelligkeit wieder auf.

Erzengel Michael oder „Wer ist wie Gott?"

Als Erzengel hat man es nicht leicht. Ständig erscheint man in Visionen oder errettet ganze Städte wie es der Erzengel Michael mit Konstantinopel tat. Drei weitere Erzengel kennt das Christentum: Gabriel, Raphael und Uriel.

Der Erzengel Michael besiegte, der biblischen Überlieferung nach, den Teufel in Gestalt eines Drachen, warf ihn vom Himmel auf die Erde und wurde daraufhin zum Erzengel erhoben. Michaels Attribut ist ein flammendes Schwert. Sein Name stammt aus dem Hebräischen und bedeutet so viel wie „Wer ist wie Gott?". Zudem ist Michael auch im Judentum und im Islam als Fürbitter bzw. als Engel bekannt.

Im europäischen Raum gibt es mehrere Heiligtümer, die nach ihm benannt sind oder auf Grund seines Erscheinens erbaut wurden. Der Mont-St-Michel an der Grenze der Normandie zur Bretagne ist zum Beispiel eines davon.

Im Gegenzug dazu wurde auf der anderen Seite des Ärmelkanals, genauer gesagt vor dem britischen Marazion, das sehr ähnliche St. Michael's Mount errichtet, welches zwar wesentlich kleiner als das französische Pendant ist, dafür aber auch weniger Touristen anlockt.

Die Ortschaft Marazion findet man in der britischen Grafschaft Cornwall, für die der Erzengel Michael als Schutzpatron dient, übrigens genauso wie für Deutschland.

Erkundigen Sie sich also vor einem Spaziergang um den Mont-Saint-Michel vorher genau nach dem Zeitpunkt des Wiedereinsetzens der Flut! Und die Flut kommt, wie gesagt, sehr schnell, fast schneller als sie laufen können. Und längere Wattwanderungen in der Bucht sollten Sie keinesfalls ohne ortskundige Führung unternehmen! Sand und Schlick sind äußerst tückisch, ein Umstand übrigens, dem die Abtei auf dem Mont-Saint-Michel sein Jahrhunderte langes, nahezu unversehrtes Überdauern verdankt. Lange kannten nur die Mönche die sicheren Wege, während die Angreifer im Watt versanken.

Mein Tipp! Wenn Sie den Mont-Saint-Michel ohne allzu großen Besuchertrubel erleben wollen, sollten Sie sich – besonders in den Ferienmonaten Juli und August – die Mühe machen und schon sehr früh morgens hinauf zum Kloster steigen. Die ersten Führungen beginnen dort im Sommer um 9 Uhr, sonst um 9.30 Uhr. Oder sie kommen erst am späten Nachmittag hierher, wenn die größten Besuchermassen schon wieder „abfließen". Die letzten Führungen im Kloster finden im Sommer um 17 Uhr, im Winterhalbjahr um 16 Uhr statt.

Einen großen, **gebührenpflichtigen Parkplatz** findet man (noch) am Ende des 2 km langen Zufahrtsdammes zum Mont-Saint-Michel.

Der Damm wurde im Jahr 1879 angelegt, birgt aber seitdem den Nachteil, dass die Flussmündung zu versanden droht. Daher hat man den Plan beschlossen, den Damm wieder zu entfernen und durch eine Brücke zu ersetzen, damit das Wasser des Flüsschens wie in früheren Zeiten die Sedimente wegspülen kann und der Mont-Saint-Michel nicht eines Tages zum Festland gehört.

Demnach werden allerdings auch die Parkplätze direkt unterhalb des Klosters wegfallen, die aber ohnehin nur bei Ebbe genutzt werden können.

Sollten Sie dort parken, dann achten Sie unbedingt auf die Beschilderung, wann die Flut wieder einsetzen wird.

der Mont-St-Michel, das „Wunder des Abendlandes"

Über die Planungen der Brücke durch die Bucht zum Mont-Saint-Michel gibt es vor dem Damm auf dem Festland ein Informationszentrum, das das Vorhaben anschaulich darstellt.

Auf dem exponierten Felsstock, der rund 80 m hoch auf der Insel vor der Küste aus dem Meer ragt, erhebt sich ein einmaliges Bauwerk des Abendlandes, eine mächtige **Abtei**. Den krönenden Abschluss bildet die himmelragende **Kathedrale Saint-Michel**. Auf deren hohen Turmspitze balanciert eine weithin sichtbare, vergoldete Figur des Erzengels Michael.

Die weite Bucht, der mittelalterliche Kern der kleinen Stadt unter der Abtei mit ihren engen, von Fachwerkfassaden (und einer endlos erscheinenden Reihe von Souvenirläden, Imbissständen und Gaststätten) gesäumten Gassen und die alles überragende Abteikirche bilden ein einzigartiges Ensemble.

Öffnungszeiten Le Mont-Saint-Michel: *Mai - Aug. tägl. 9 - 19 Uhr, ansonsten 9.30 - 18 Uhr, letzter Einlass eine Stunde vor Schließung, Führungen auch in Deutsch. www.lemontsaintmichel.info, www.ot-saintmichel.com.*

Der Legende zufolge soll es der hl. Michael höchstselbst gewesen sein, der um die Wende zum 8. Jahrhundert den Auftrag zum Bau einer Kirche auf der markanten Insel gegeben haben soll.

Angeblich erschien der Erzengel im Jahre 708 dem heiligen Aubert, dem damaligen Bischof von Avranches, in drei Träumen und ermunterte ihn zum Bau des **Klosters auf dem Felsen** im Meer.

Anlässlich dieses Ereignisses gab es im Jahr 2008, also genau 1300 Jahre später, mehrere Festlichkeiten auf dem Hügel.

Schon eher verbürgt ist, dass auf dem Felsen bereits sehr viel früher ein

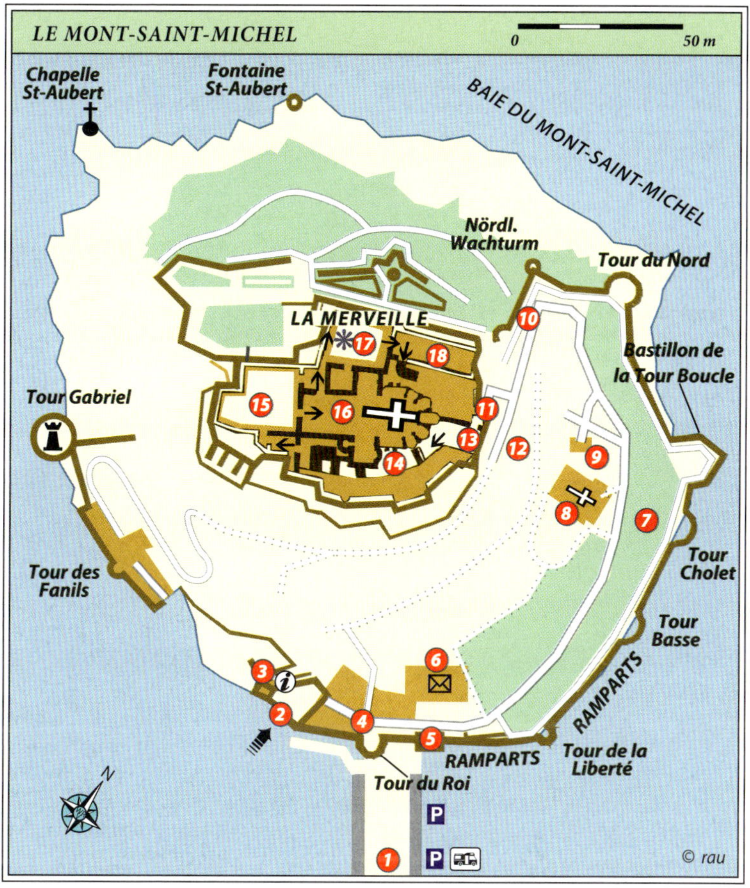

*LE MONT-SAINT-MICHEL – **1** Fahrdamm – **2** Eingang, Porte de l'Avancée – **3** Information, Raum der Wachen – **4** Porte du Roi, Rathaus, Hotel-Restaurant „La Mère Poulard" – **5** Maison de l'Arcade – **6** Postamt – **7** Archéoscope – **8** Pfarrkirche – **9** Logis Tiphaine – **10** Grand Degré, Treppenaufgang – **11** Eingang in die Abteianlage „La Merveille" – **12** historisches Haus „La Truiequifile" – **13** Torhaus, Saal der Wachen – **14** Treppenweg – **15** Westterrasse – **16** Abteikirche – **17** Kreuzgang, darunter Salle des Chevaliers (Rittersaal) – **18** Refektorium, darunter Gästesaal*

keltisches Heiligtum vorhanden war, das Mönche etwa im 10. Jahrhundert für das Christentum in Beschlag nahmen, es ausbauten und im Laufe des 11. Jahrhunderts mit dem Bau der romanischen Abteikirche begannen.

Damals wurde auch der Grundstein zu den ersten Klostergebäuden an der Nordseite gelegt. Die Bauarbeiten gingen fort bis ins 18. Jahrhundert. Immer wieder wurde erweitert und angebaut.

Im 12. Jahrhundert mussten die Klostergebäude vergrößert werden. Der Mont-Saint-Michel war zu einem überaus angesehenen und hoch verehrten Wallfahrtsort geworden. Tausende von Gläubigen aus allen Teilen Frankreichs und aus allen Bevölkerungsschichten, vom Adeligen bis zum armen Landpächter, pilgerten jährlich zum Michaelisberg. Und schon damals wussten Händler und Herbergswirte ihren Nutzen daraus zu ziehen.

der Kreuzgang der Abtei Saint-Michel, Foto: Werner Rau

Neuer Schwung kam in die teuren und kühnen Bauvorhaben im 13. Jahrhundert. Nach der Eroberung der Normandie bedachte Philipp Auguste, König von Frankreich, das Kloster mit einer stattlichen Schenkung. Die Mittel machten den Bau des gotischen Kloster- und Kirchenkomplexes möglich, der später wegen seiner architektonischen Harmonie und Schönheit, die noch heute beeindruckt, den Beinamen **„La Merveille"** (das Wunder) erhielt. Damals entstanden auch das **Refektorium**, der **Rittersaal** und der herrliche **Kreuzgang** mit 227 Säulen und schönem Blick zum Meer.

Während der Wirren des Hundertjährigen Krieges im 14. Jahrhundert wurden Befestigungsanlagen und Militärbauten errichtet. Das Kloster konnte einer 30 Jahre währenden Belagerung durch die Engländer trotzen.

Im 15. Jahrhundert schließlich wurde der romanische Chor der Abteikirche durch einen herrlichen **spätgotischen Chor** mit filigranem Maßwerk ersetzt.

Der Niedergang des Klosters begann im 17. Jahrhundert, als die Abtswürde auch von weltlichen Herren erworben werden konnte.

Düstere Zeiten für die Abtei kamen während der Revolution und der folgenden Zeit der Kaiserreiche, als die Klostermauern als Kerker und Gefängnis herhalten mussten. Seit 1874 ist das imposante Anwesen in Händen des Amtes für Denkmalschutz. Und seit 1969 führt eine kleine Gruppe von Mönchen die lange Tradition klösterlichen Lebens auf dem Mont-Saint-Michel fort.

Es empfiehlt sich, sich zur **Besichtigung der Abtei** einer Führung anzuschließen, die auch in deutscher Sprache durchgeführt werden. Bitte erfragen Sie im Touristenbüro die neuesten Zeiten für Führungen in deutscher Sprache.

Man betritt den Mont-Saint-Michel durch das relativ kleine **Tor Porte de l'Avancée** und befindet sich zunächst im ersten Vorhof. Links, im ehemaligen Haus der Bürgerwache „Corps de Garde des Burgeois" aus dem 15. Jahrhundert, ist heute das **Touristen-Informationsbüro** untergebracht. Rechts sieht man englische Bombarden, große, Steine schleudernde Belagerungsgeschütze, die 1434 beschlagnahmt wurden.

Durch das **Tor Porte du Boulevard** rechts gelangt man in den nächsten Vorhof. Und erst durch das mächtige Stadttor **Porte du Roi** mit Fallgitter, in dessen Obergeschoss früher eine königliche Wache untergebracht war, das heute als Rathaus des Mont-Saint-Michel dient und das rechts nach außen hin durch den halbrunden Festungsturm **Tour du Roi** geschützt wird, betritt man die Hauptstraße und den eigentlichen Ortsbereich des Mont-Saint-Michel.

Machen Sie sich vor allem im Sommer in der schmalen, steilen Gasse, die hinauf zur Abtei führt und etwas überschwänglich als **Grande Rue** bezeichnet wird, auf einen gewaltigen Touristenrummel mit dichtem Gedränge und Geschiebe gefasst. Und die zahllosen Souvenir-, Mode- und Postkartenständer vor den Geschäften erleichtern das Vorankommen auch nicht gerade.

Unmittelbar nach dem Königstor sieht man rechterhand das **Maison de l'Arcade**, ein Fachwerkhaus, das mit Holzschindeln verkleidet ist.

Etwas weiter überspannt das so genannte „**Artischockenhaus**" die ganze Grande Rue.

Es empfiehlt sich auf dem Wege hinauf zur Abtei und wieder zurück einen Weg über die Zinnen der Wehrmauern, Bastionen und Festungstürme zu nehmen. Man kann z.B. über die Wehrmauern bis zum Tour du Nord hinauf und nach der Klosterbesichtigung über die Grande Rue wieder zurückgehen.

An der Grande Rue liegt z.B. die **Gemeindekirche Saint Pierre**, deren Ursprünge ins 11. Jahrhundert zurück reichen, die aber in späteren Jahrhunderten, vor allem im 16. und 17. Jahrhundert, völlig umgestaltet wurde. Neben alten, traditionellen Pilgerfahnen gibt es ein Taufbecken aus dem 13. Jahrhundert und in einer Kapelle rechts im Schiff eine schöne silberne Saint-Michael-Statue zu sehen.

Etwas weiter kommt man am **Logis Tiphaine** vorbei, dem Haus, in dem Tiphaine de Raguenel, die Gattin Bertrand Du Guesclins, dem legendären Konnetable Frankreichs im 14. Jahrhundert lebte, während ihr Gemahl für Frankreich Kriege führte.

Kurz darauf geht die Grande Rue in eine breite Freitreppe über, die hinauf zur Abteikirche führt.

Am Ende des Treppenweges findet man unterhalb des Torbaus, der in die Abteianlage führt, das **historische Museum Musée Grévin** *(geöffnet tgl. 9 – 18 Uhr)*. Es dokumentiert die über tausendjährige Geschichte des Klosterfelsens und es befasst sich mit den kühnen Erbauern der Abtei, den Bauwerken selbst und ihren unterschiedlichen Verwendungszwecken.

von der Flut umschlossen, die Mauern des Mont-Saint-Michel

Außerdem gibt es an der Grande Rue zwei weitere Museen zu besichtigen:

Im **Archéoscope** erfährt man in einer multimedialen Präsentation mit spektakulären Licht- und Toneffekten von 20-minütiger Dauer etwas über die Legenden und wundersamen Geschichten, die man sich über dem Mont-Saint-Michel erzählt *(geöffnet Juli und August tägl. 9 - 18.30 Uhr, Feb. - Juni und Sept - Nov. tägl. 9 - 17.30 Uhr; das Kombiticket gilt auch für das Maritimmuseum und das Musée Grévin).*

Das **Musée Maritim** *(geöffnet tgl. 9 – 18 Uhr)* gibt Einblicke in die Entstehung des Felsens, es befasst sich mit den Gefahren in der Bucht und mit den Gezeiten und ihrem gewaltigen Unterschied zwischen Ebbe und Flut, dem größten Tidenhube auf unserem Globus. Schöne Sammlung mit über 250 alten Schiffsmodellen.

Text *Mont-Saint-Michel*: Werner Rau

Praktische Hinweise – Le Mont-Saint-Michel

Office de Tourisme, Corps de Garde des Bourgeois, 50170 Le Mont-Saint-Michel, Tel.: 02 33 60 14 30, Fax: 02 33 60 06 75, E-Mail: ot.mont.saint.michel@wanadoo.fr, Web: www.lemontsaintmichel.info.

Restaurants

Chez Mado, Grande Rue, Tel.: 02 33 60 14 00. Mit großer Außenterrasse und Blick auf die Bucht kann man Meeresspezialitäten genießen.

Le Moutan Blanc, Grande Rue, Tel.: 02 33 60 14 08. In gemütlich-rustikaler Atmosphäre wird entweder Fisch oder Gegrilltes serviert.

Les Terrasses Poulard, Grande Rue, Tel.: 02 33 89 02 02. Ebenfalls mit Außenterrasse, Lamm und traditionelles Omelett sind die Spezialitäten des Hauses.

La Confiance, Grande Rue, Tel.: 02 33 89 02 02. Gehört zum Restaurant Les Terrasses Poulard, ebenfalls traditionelle Küche.

Camping

Camping Les Portes du Mont-Saint-Michel, Route du Mont-Saint-Michel, 50170 Le Mont-Saint-Michel, Tel.: 02 33 60 22 10, Fax: 02 33 60 20 02, E-Mail: stmichel@le-mont-saint-michel.com, Web: www.camping-montsaintmichel.com, Mitte Febr. – Mitte Nov.; die Einfahrt befindet sich an der D275, von Avranches kommend auf der rechten Seite. Der Campingplatz gehört zum Hôtel Vert, in dem sich auch die Rezeption befindet. Schattiger Platz unter Bäumen, parzellierte Plätze auf Wiese, großes Sanitärgebäude, das nicht nach Geschlechtern getrennt ist und sich nur mit Chipkarte öffnen lässt, Standardausstattung.

Wohnmobil-Stellplatz

Wohnmobil-Stellplatz, genau gegenüber vom Campingplatz, beide gehören zum Hotel Vert. Sieht auf den ersten Blick aus wie ein Campingplatz (parzellierte Stellplätze auf Wiese, Rezeption), hat jedoch keine Sanitäranlagen, sondern nur Ver- und Entsorgungsmöglichkeiten. Daher ist die Übernachtung hier günstiger als auf dem Campingplatz. Der Aufenthalt ist auf 24 Stunden begrenzt, ab spätestens 18 Uhr muss eine erneute Gebühr entrichtet werden.

7. LE MONT-ST-MICHEL – BAGNOLES-DE-L'ORNE

Länge der Tour: Rund 10 km, ohne Abstecher.

Die Route: D976 bis **Pontorson** – D30 bis **Saint-Hilaire-du-Harcouët** – D977 bis **Mortain** – D907 bis **Domfront** – D908 und D335 bis **Bagnoles-de-l'Orne**

Reisedauer: Mindestens ein Tag.

Reisehöhepunkte: Spaziergang durch das mittelalterliche **Domfront** ** – Besuch des Kurortes **Bagnoles-de-l'Orne** *.

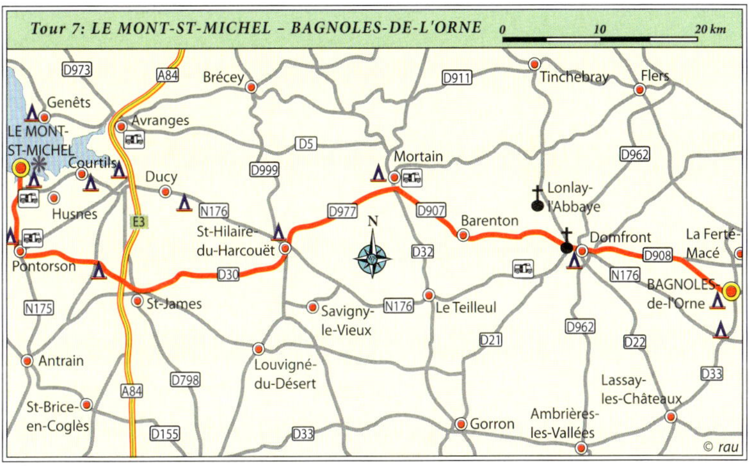

In der näheren Umgebung des Mont-Saint-Michel sieht man nicht selten Werbung für die so genannte „**Alligator-Bay".** Dabei handelt es sich um ein **Reptilarium**, das ca. zwei Kilometer südlich des Mont-Saint-Michel in **Beauvoir** auf dem Weg nach Pontorson liegt *(geöffnet April-Sept. tägl. 10-19 Uhr; www.alligator-bay.com)*. Es ist ein Reptilienzoo. Hier werden ausschließlich Landschildkröten, Schlangen, Geckos und hauptsächlich Krokodile gezeigt.

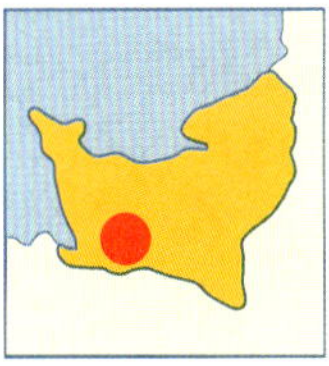

ROUTE: Zunächst auf der **D976** nach **Pontorson**. Im Ort links auf die **D175** und nach nur 200 Metern wieder rechts auf die **D30**. Diese führt uns

Camping

Beauvoir

Camping aux Pommiers, 50170 Beauvoir, Tel.: 02 33 60 11 36, E-Mail: pommiers@aol.com, Web: www.camping-auxpommiers.com, Ende März – Anf. Nov.; Zufahrt von der Straße D 976 ca. 4 km südlich des Mont-Saint-Michel, ebenes Wiesengelände mit etwas über 100 parzellierte Stellplätzen. Standardausstattung; Swimmingpool; Shop, Brötchenservice, Waschmaschine. Hunde erlaubt.

Camping

Pontorson

Camping Haliotis, Chemin des Soupirs, 50170 Pontorson, Tel.: 02 33 68 11 59, Fax: 02 33 58 95 36, E-Mail: info@camping-haliotis-mont-saint-michel.com, Web: www.camping-haliotis-mont-saint-michel.com, Ende März – Anf. Nov.; der am nördlichen Ortsrand gelegene Platz wurde im Jahr 2005 durch die Zeitschrift Camping-Caravaning mit dem Titel Campingplatz des Jahres ausgezeichnet. Komfortausstattung; Swimmingpool, W-LAN, Fernseh- und Videoraum, kleine Bibliothek, Spielplatz, Animation, rund 140 Stellplätze zuzüglich zahlreicher Mobilhomes. **V & E für Wohnmobile**.

La Croix-Avranchin

Camping Municipal Le Clos Ruault, 50240 La Croix-Avranchin, Tel.: 02 33 48 33 17, Mai – Okt.; kleiner und einfacher Campingplatz, der nur bei einer kurzen Übernachtung während der Durchreise dienen kann. Mindestausstattung.

Wohnmobil-Stellplatz

Pontorson

Wohnmobil-Stellplatz, Route du Mont Saint Michel in Pontorson, auf dem großen Parkplatz vom Supermarkt Champion sind 20 Stellplätze für Wohnmobile abgeteilt, die Übernachtung ist gratis.

über **Saint-James** bis **Saint-Hilaire-du-Harcouët**.

Saint James, eine alte Gründung von Wilhelm dem Eroberer, liegt nahe der Departementsgrenze zur Bretagne.

Rund 2,5 km südöstlich von Saint James findet man den Soldatenfriedhof **Brittany American Cemetery and Memorial**. Genau 4.410 amerikanische Gefallene wurden hier bestattet, die während der Invasion der Alliierten 1944 ums Leben kamen. Da es hier kein Museum wie in Colleville-sur-Mer gibt, sind die Sicherheitsvorkehrungen nicht so streng. Der Friedhof kann täglich zwischen 9 und 17 Uhr besucht werden; www.abmc.gov/cemeteries.

In **Saint-Hilaire-du-Harcouët** geht es jeden Mercredi, also Mittwoch, besonders lebhaft zu. Dann ist dort nämlich **Markttag** und Saint-Hilaire-du-Harcouët in befindet sich zwischen 9 Uhr und 12.30 Uhr in einer Art Ausnahmezustand. Da werden nicht nur ein paar Käse- und Obstständen aufgebaut, sondern auch zahlreiche andere Händler bieten in buntem Treiben ihre Waren an und veranstalten so den größten Wochenmarkt der ganzen Umgebung.

Ein kleiner Abstecher von Saint-Hilaire-du-Harcouët über die D977/D134 lohnt sich zur nahen „Grenze" der Normandie zur Bretagne.

In **Savigny-le-Vieux**, rund neun Kilometer südöstlich von Saint-Hilaire-du-Harcouët gelegen, kann man die Ruinen einer ehemaligen **Benediktinerabtei** sehen. Gut zu erkennen ist noch die Kanzel der Abteikirche, die mit Tierornamenten reich verziert ist.

Über diese Abtei gibt es im Centre d'Art Sacré in Saint-Hilaire-du-Harcouët eine aufschlussreiche Ausstellung. Sie beinhaltet mehrere sakrale Kunstgegenstände und erklärt, wie die Abtei von Savigny von den Benediktinern zu den Zisterziensern wechselte.

→ ROUTE: Von **Saint-Hilaire-du-Harcouët** auf der **D977** nach Nordosten bis **Mortain**, ca. 14 km.

Normannen sind nicht gleich Normannen

„Wir befinden uns im Jahre 50 v. Chr. Ganz Gallien ist von den Römern besetzt... Ganz Gallien? Nein! Ein von unbeugsamen Galliern bevölkertes Dorf hört nicht auf, dem Eindringling Widerstand zu leisten." Wer kennt sie nicht, die Einleitung zu den berühmten Comic-Heften des kleinen Galliers Asterix?

Von den Erfindern des gezeichneten Helden, René Goscinny und Albert Uderzo, wurde für dieses gallische Dorf absichtlich ein fiktiver Ort gewählt, der sich irgendwo in Aremorica befindet.

Bei Aremorica wiederum handelt es sich um die historische Landschaft zwischen der Seine und der Loire, also der Bretagne und Teilen der Normandie. So kann man sich also nun die Frage stellen, warum Asterix im Band „Asterix und die Normannen" gegen seine eigenen Landsleute kämpft. Doch zu Zeiten von Asterix, oder besser gesagt zu Zeiten des Römischen Reiches bis in das späte 8. Jahrhundert verstand man unter dem Volk der Normannen nicht die Bewohner Nordfrankreichs, sondern die Eroberer aus dem skandinavischen Norden.

Die Wikinger wurden ursprünglich als Normannen bezeichnet, waren aber auch zugleich die Vorfahren der romanischen Normannen, da sie ab der zweiten Hälfte des 8. Jahrhunderts in die Normandie eindrangen.

Am 11. Juli 911 wurde zwischen dem französischen König Karl III. und dem Normannen Rollo der Friedensvertrag von Saint-Clair-sur-Epte geschlossen. Dieser Vertrag gilt als Geburtsurkunde der Normandie. Doch Rollo hielt sich nicht an die Abmachung und eroberte weitere Ländereien der Region. Man entwickelte im Laufe der Jahre eine eigene Identität und erschuf einen Lehnsstaat in der Normandie.

Später eroberten Normannen England und waren sogar im Mittelmeerraum aktiv. Wer also heute von den Normannen spricht, meint entweder die Bewohner der Normandie oder eben die Wikinger, die im besagten Asterix-Band gemeint sind.

Mit Mortain berühren wir zum ersten Mal Boden in der so genannten „Normannischen Schweiz", mehr darüber später. Doch an Hand der Felsformationen erkennt man bereits, dass sich die Landschaftsform im Gegensatz zur Küstenregion entscheidend verändert.

Durch **Mortain** fließt der kleine Fluss Cance, der hier ein hübsches Tal bildet, in dem die Ortschaft liegt. Umgeben von den erwähnten Felsformationen erheben sich die Türme der Abteikirche, die zur sogenannten **Weißen Abtei (Abbaye Blanche)** gehört. Die Abtei stammt aus dem 12. Jahrhundert und

Praktische Hinweise – Saint-Hilaire-du-Harcouët

Office de Tourisme, Place du Bassin, 50600 Saint-Hilaire-du-Harcouët, Tel.: 02 33 79 38 88, E-Mail: office.tourisme@st-hilaire.fr, Web: www.st-hilaire.fr.

Camping

Camping Municipal de la Selune, Rue de Marly, 50600 Saint-Hilaire-du-Harcouët, Tel.: 02 33 49 43 74, Apr. – Mitte Sept.; kleiner kommunaler Platz mit parzellierten Stellplätzen auf Wiese. Direkt an den Flussauen des Flusses Sélune, Mindestausstattung; Tischtennisplatte, Fernsehraum, Hunde erlaubt.

beherbergt einen schlichten **Kreuzgang** unterhalb eines Holzgewölbes.

In der Abteikirche findet man die typische Baukunst des Zisterzienserordens wieder, der vor allem im Querhaus und den dazugehörigen Nebenkapellen präsent ist.

Doch auch Elemente der Gotik sind zu erkennen, überwiegend in Form der Kreuzrippen des Gewölbes.

Unterhalb des Klosters findet sich eine weitere Sehenswürdigkeit von Mortain, die **Grande Cascade**. Der sehr schöne Wasserfall plätschert zwischen Bäumen und felsigem Gestein langsam vor sich hin und ist ein beliebtes Ausflugsziel. Vom Zentrum aus ist der Weg zur Cascade gut beschildert.

Ein weiterer Wasserfall, die so genannte **Petite Cascade** ist nicht weit davon entfernt und nicht minder sehenswert.

Klein ist auch die **Petite Chapelle**, doch großartig die Aussicht von ihr. Sie befindet sich etwas oberhalb von Mortain. Die Orientierungstafel am Aussichtspunkt Belvédère gibt Auskunft darüber, was man bei schönem Wetter alles sehen kann. So ist bei guter Sicht die Küste der Bretagne erkennbar und noch ein letztmaliger Blick auf die Abtei Mont-Saint-Michel möglich.

In Mortain selbst ist aber noch ein weiteres Gotteshaus sehenswert. Die gotische **Église Saint-Évroult** stammt aus dem 13. Jahrhundert und ist mit zahlreichen Elementen der normannischen Romanik verziert.

Doch das interessanteste und möglicherweise auch wertvollste an der Kirche ist ein **Reliquienschrein** aus dem 7. Jahrhundert, der mit zahlreichen Motiven, unter anderem mit Abbildungen des Erzengels Michael, versehen ist. Der als „Le Christmale" bezeichnete Schrein ist in der Schatzkammer des Gotteshauses ausgestellt.

→ **ROUTE:** Am Südrand von **Mortain** auf die landschaftlich schöne und schnurgerade Straße **D907** und über **Barenton** (ca. 10 km) nach **Domfront**, 24 km.

Auf dem Weg nach Domfront lohnt es sich, einen kurzen Stop in **Barenton** einzulegen.

Wer sich bisher noch nicht mit der Cidreherstellung und der Apfelernte in der Normandie befasst hat, kann dies hier im **Maison de la Pomme et de la Poire (Haus de Apfels und der Birne)** nachholen *(geöffnet Juli und August 10 - 12.30 Uhr und 14 - 18 Uhr, April - Juni und*

PRAKTISCHE HINWEISE – MORTAIN

Office de Tourisme, Rue du Bourglopin, 50140 Mortain, Tel.: 02 33 59 19 74, E-Mail: mortain.tourisme@wanadoo.fr, Web: www.ville-mortain.fr. *Öffnungszeiten: Juli und August tägl. 9.30 - 12.30 Uhr und 14 - 18.30 Uhr (So nur bis 17 Uhr), April -J uni und Sept. - Okt. Mo - Sa 9.30 - 12.30 und 14 - 18 Uhr, So geschlossen, im Okt. auch Mo geschlossen, sonst Di - Sa 10 - 12.30 Uhr und 14 - 17.30 Uhr*

Camping

Camping Municipal Les Cascades, Place du Château, Mortain, Tel. 02 33 79 30 30, Fax 02 33 59 75 70; kleiner Platz der Gemeinde am westlichen Stadtrand. Mindestausstattung.

Wohnmobil-Stellplatz

Wohnmobil-Stellplatz Aire de Camping-car, Place du Chateau, Tel. 02 33 79 30 30, Fax 02 33 59 75 70, am Westrand des Ortes nahe des Camping Municipal, ebene Asphaltfläche für 10 Wohnmobile. Gebührenfrei. Max. 48 Stunden., WC und **V + E für Wohnmobile.**

Sept - Mitte Okt. 10 - 12 Uhr und 14 - 18 Uhr; www.musees-basse-normandie.fr).

Neben der Erläuterung der Ernte- und Weiterverarbeitungsmethoden von Äpfeln und Birnen zu Cidre und Calvados kann man zudem auch Kostproben erhalten.

Ab dem Mont-Saint-Michel hat unser Reiseweg durch die Normandie die normannische Küste verlassen und führt nun Richtung Osten hinein in eine hügeligere und bewaldetere Region.

Domfront liegt mitten in dieser anmutigen Landschaft auf einem der zahlreichen Hügel. Das Städtchen hat sich sein **schönes mittelalterliches Zentrum** bewahrt.

Auf dem Weg hinauf in die Stadt passiert man unten am Ufer des Flusses Varenne die **Kirche Notre-Dame-sur-l'Eau**. Das Gebäude stammt aus dem 11. Jahrhundert und beherbergt eine schöne **Madonnenfigur**, die im 15. Jahrhundert gefertigt wurde. Zudem sind mehrere **romanische Fresken** zu sehen, die kurz nach der Fertigstellung des Gotteshauses angebracht wurden.

Im Laufe der Jahrhunderte wurde die Kirche von mehreren Berühmtheiten besucht. Richard Löwenherz zum Beispiel, seines Zeichens König von England, kam hierher und der Erzbischof von Canterbury, Thomas Becket, hielt im Jahr 1166 eine Weihnachtsmesse in Notre-Dame-sur-l'Eau.

Wie in vielen Kirchen Frankreichs wurde auch diese während der Französischen Revolution zweckentfremdet. Und während des Zweiten Weltkrieges litt sie unter den Bombardierungen der Alliierten. Nach einer aufwändigen Restaurierung ist hiervon aber längst nichts mehr zu sehen.

Die Hauptsehenswürdigkeit der Stadt ist aber die **Ruine der Burg von Domfront** oberhalb der Kirche am Rande der Altstadt.

Gleich neben dem Rathaus und hinter der Touristeninformation erheben sich mächtige Mauerreste einer der wehrhaftesten Anlagen des Landes. Durch die gute Lage auf dem Hügel von Domfront konnte man von der Burg die gesamte nähere Umgebung und das Tal der Varenne überblicken sowie die wichtigen Handelsrouten zwischen Caen und Mayenne und zwischen Mont-Saint-Michel und Alençon kontrollieren.

Das erste Bauwerk an dieser Stelle war ein Holzgebäude, das zu Beginn des 11. Jahrhunderts errichtet wurde. Dieses wurde aber durch ein steinernes Bauwerk auf Anordnung von Henri I., dem Sohn von Wilhelm dem Eroberer, ersetzt.

Einen weiteren Ausbau und damit eine Verstärkung erlangte die Burg von Domfront Ende des 13. Jahrhunderts durch Robert II.

Zweimal wurde die Festung durch fremde Mächte okkupiert als die Engländer während des Hundertjährigen Krieges auch in Domfront die Macht kurzzeitig erlangten.

Zerstört wurde die Anlage zu Beginn des 17. Jahrhunderts. Rund 150 Jahre später erhielt sie die Auszeichnung „Historisches Monuments" und wurde als Parklandschaft der Öffentlichkeit zugänglich gemacht.

Verbunden ist das Burggelände mit der Altstadt über eine kleine Fußgängerbrücke, die über die D962 führt. Bis in die Mitte des 19. Jahrhunderts verlief unter der damaligen Zugbrücke der Wassergraben der Burg.

Von der Terrasse aus kann man gut die Aussicht auf das **Tal der Varenne** genießen, sowie die Dächer der unten liegenden Häuser und natürlich die Kirche Notre-Dame sehen.

Das Gelände innerhalb der Burgmauern umfasst rund eineinhalb Hektar, auf dem sich im Mittelalter weitere Gebäude befanden. Gut zu erkennen sind die bis zu drei Meter dicken Mauern, von denen die letzten Überreste bis zu 25 m hoch sind.

Blick von der Burgruine auf Domfront im Tal der Varenne mit der Kirche Notre-Dame-sur-l'Eau

An der Nordseite sind noch die Grundmauern zu sehen, die einst zur stattlichen 48 m langen **Kapelle Saint-Symphorien** gehörten. Ihre Überreste wurden erst im letzten Jahrhundert bei Ausgrabungen wieder entdeckt und restauriert.

Machen Sie nach einem Besuch in den alten Burgmauern einen gemütlichen Bummel durch die mittelalterliche Stadt, die von einer wallartigen **Mauer mit 24 Türmen** umgeben ist.

Das **Rathaus**, schräg gegenüber der **Touristeninformation**, wurde auf den Mauern eines ehemaligen Klosters errichtet, welches im Jahr 1867 zerstört wurde.

Über die dahinterliegende Straße Rue C. Bigot gelangen Sie zu einem Parkplatz, wo bis zum Zweiten Weltkrieg hübsche Bürgerhäuser standen. Nach den Bombardierungen sind sie nicht wieder aufgebaut worden und so hat man von dem Platz aus einen schönen Panoramablick auf die nördliche Umgebung von Domfront.

Weiter der Rue C. Bigot entlang erkennt man die schöne **Kirche Saint-Julien** aus den 1920er Jahren. Die säulenlose Kirche, ein Nachfolgebauwerk der früheren, im 18. Jahrhundert. zerstörten, Saint-Julien-Kirche, kann innen leider nicht besichtigt werden.

Auf dem ganz in der Nähe gelegenen Place Saint-Julien, der über die gleichnamige Straße erreichbar ist, findet regelmäßig ein kleiner Wochenmarkt statt.

Direkt hinter dem Platz verläuft die Rue du Docteur Barrabé. Sie war in mittelalterlichen Zeiten die Hauptstraße von Domfront und präsentiert noch heute einige hübsche Fachwerkhäuser. Interessant ist zum Beispiel Haus Nummer 38, bei dem der Grundriss

versprechen gemütliche Einkehr, Bistros in der Normandie

des Erdgeschosses kleiner ausfällt als die erste Etage.

9 km nordwestlich von Domfront und über die D22 zu erreichen, liegt **Lonlay-l'Abbaye** Die Abtei war von

Praktische Hinweise – Domfront

Office de Tourisme, 12, Place de la Roirie, 61700 Domfront, Tel.: 02 33 38 53 97, Fax: 02 33 37 40 27, E-Mail: ot.bocagedomfrontais@wanadoo.fr, Web: www.domfront.com. *Öffnungszeiten Mo - Sa 10 - 12.30 Uhr und 14 - 18 Uhr.*

Restaurants

L'Echauguette, 12, Grande Rue, Tel.: 02 33 37 71 71. Pizzeria mit Außenterrasse mit Panoramablick in die Landschaft südlich der Stadt.

Le Bistrot, 2, Place Saint-Julien, Tel.: 02 33 37 14 60. Traditionelle Speisen im schönen Fachwerkhaus und angenehmer Atmosphäre.

Camping

Camping Municipal du Champ Passais, 4, Rue du Champ Passais, Tel.: 02 33 30 60 60, Fax: 02 33 30 60 67, E-Mail: mairie@domfront.com, Apr. – Sept.; kleiner, ruhiger und schön gelegener Platz mit 35 Stellmöglichkeiten auf Wiese. Der Platz bietet keine besonderen Attraktionen bis auf einen kleinen Spielplatz, ist aber sehr freundlich und ein guter Ausgangspunkt für eine Stadtbesichtigung. Standardausstattung.

Wohnmobil-Stellplatz

Saint-Mars-d'Egrenne

Wohnmobil-Stellplatz, Saint-Mars-d'Egrenne, wenige Kilometer westlich von Domfront findet man den kleinen unscheinbaren Ort an der N176. Auf der linken Seite befindet sich die Dorfkirche, gleich gegenüber rechts abzweigen zum Stellplatz, wo sich für sechs Fahrzeuge ein kostenloser Stellplatz befindet. **V & E für Wohnmobile**.

Wilhelm dem Schönen im 11. Jahrhundert gegründet worden. Mehrere Baustile sind erkennbar. Der Chor ist gotisch gehalten, während die Säulen der Romanik zuzuordnen sind.

Aber auch für diejenigen, die sich nicht so sehr für Klosteranlagen erwärmen können, ist der Weg hierher nicht ganz umsonst. Sie können der **Biscuiterie de l'Abbaye** einen Besuch abstatten. Dort werden leckere und über die Stadtgrenzen hinaus bekannte Sandkekse hergestellt. Man kann sich im dortigen Geschäft nicht nur mit den leckeren und leichten Keksen versorgen *(geöffnet Mo - Fr 8.30 - 12 Uhr und 13.30 - 17 Uhr; www.biscuiterie-abbaye.com)*, sondern auch – allerdings nur nach Voranmeldung, Tel. 02 33 30 64 64 – an einer Führung durch die Herstellungsanlagen teilnehmen.

ROUTE: Weiterreise von **Domfront** auf der schnurgeraden **D908** ostwärts. Nach 12 km taucht mitten im Wald rechts der Abzweig der **D335** auf, der wir ins 7 km entfernte **Bagnoles-de-l'Orne** folgen.

Mitten in den Wäldern des ausgedehnten **Forêt des Andaines** liegt **Bagnoles-de-l'Orne**. Der Kurort strahlt eine angenehme, entspannte Ruhe aus.

Berühmt ist Bagnoles-de-l'Orne für seine Thermalbäder und sein Kurhaus mit einer Heilquelle, um die sich mehrere Legenden ranken. Das Heilwasser ist nur leicht mineralisch und dient der Behandlung rheumatischer Erkrankungen sowie der Vorbeugung von Krampfadern und hilft bei Kreislaufstörungen.

Sehenswert ist das **Viertel „Belle Epoque"**. Es entstand um die Wende zum 20. Jahrhundert und gilt als anschauliches Beispiel für die Wohnkultur wohlhabender Bevölkerungsschichten der damaligen Zeit. Herrliche Villen in verschiedenen Farbtönen, Bogenfenster und interessante Dachkonstruktionen beherrschen das Bild des Viertels. Es liegt im Süden der Stadt, grenzt an das Kurhaus und ist durch die Bewaldung vom Rest der Stadt ein wenig abgetrennt.

Geprägt wird das Stadtbild auch vom **Casino**, das im **Art Deco-Stil** errichtet wurde und heute zahlreiche Gäste anlockt.

Traurige Berühmtheit erlangte der Ort im Jahr 1937, als auf Befehl des italienischen Diktators Mussolini der Journalist, politische Führer und Antifaschist Carlo Rosselli ermordet wurde, als er sich gerade in Bagnoles-de-l'Orne aufhielt.

Oberhalb des kleinen Flüsschens Vée, das sich durch die Ortschaft schlängelt, befindet sich ein schöner Aussichtspunkt namens **Roc au Chien**, auf Deutsch Hundefelsen. Von dort kann man fast die gesamte Ortschaft überblicken und den See direkt am Casino sehen.

Weniger aufregend ist die Fahrt mit der Touristenbahn, die jede halbe Stunde von der Kirche abfährt und in wenigen Minuten den Aussichtspunkt erreicht.

Schöner ist die Wanderung hinauf zum Hundefelsen, die zunächst durch den Stadtpark verläuft und am Arboretum vorbei führt, wo mehr als 150 verschiedene Baumarten wachsen. Die reine Gehzeit beträgt ungefähr 45 Minuten und ist nicht besonders anstrengend.

Im Süden von Bagnoles-de-l'Orne kann man – zumindest von außen – das **Château de Couterne** besichtigen. Es stammt aus dem 16. Jahrhundert, ist aber bei Weitem nicht so spektakulär wie andere Schlösser in der Normandie.

Praktische Hinweise siehe nächste Seite!

Praktische Hinweise – Bagnoles-de-l'Orne

Office de Tourisme, Place du Marché - B.P. 32, 61140 Bagnoles-de-l'Orne, Tel.: 02 33 37 85 66, Fax: 02 33 30 06 75, E-Mail: bagnolesdelorne.tourisme@wanadoo.fr, Web: www.bagnolesdelorne.com. *Öffnungszeiten Mai - Sept. Mo - Sa 9.30 - 13 Uhr und 14 - 18.30 Uhr, So 10 - 12.30 Uhr und 14.30 - 18.30 Uhr, von Mitte März bis Ende April und im Okt. Mo - Sa 9.30 - 13 Uhr und 14 - 18.30 Uhr, sonst Mo - Sa 9.30 - 12.30 Uhr und 14 - 18 Uhr.*

Restaurants

Chez Marraine, 6, Rue du Square, Tel.: 02 33 37 82 91; gute Küche mit Spezialitäten aus dem Umland.

Ô Gayot, 2, Avenue de la Ferté Macé, Tel.: 02 33 38 44 01. Gerichte der Region zu moderaten Preisen.

Camping

Camping Municipal de la Vée, 5, rue du Président Coty, 61140 Bagnoles-de-l'Orne, Tel.: 02 33 37 87 45, Fax: 02 33 30 14 32. E-Mail: camping-de-la-vee@wanadoo.fr, Apr. – Okt.; großer Campingplatz am Rande der Stadt mit ca. 250 Stellplätzen auf drei Hektar. Komfortausstattung; Spielplatz, zwei gepflegte Sanitärgebäude, Bar, Waschmaschine, Trockner, Brötchenservice. **V & E für Wohnmobile.**

Camping Le Clos Normand, Route de Bagnoles-de-l'Orne, 61410 Couterne, Tel.: 02 33 37 92 43, Web: www.camping-clos-normand.fr., Mai – Sept.; südlich von Bagnoles-de-l'Orne liegt Couterne und ist über die D916 in wenigen Minuten erreichbar. Kurz vor der Ortseinfahrt befindet sich auf der rechten Seite der Campingplatz mit 65 Stellplätzen auf Wiese und von Bäumen umgeben; Standardausstattung; Bar, Spielplatz, Tischtennis. **V & E für Wohnmobile.**

das Kurhaus in Bagnoles-de-l'Orne

8. BAGNOLES-DE-L'ORNE – ARGENTAN

Länge der Tour: Rund 115 km, ohne Abstecher.

Die Route: D916 bis **la Ferté-Macé** – D18 bis **Flers** – D962/562 bis **Thury-Harcourt** – D6 bis **Falaise** – D658 bis **Argentan.**

Reisedauer: Mindestens ein Tag.

Reisehöhepunkte: Wanderung durch die „**Normannische Schweiz**" ** – Besichtigung von **Argentan** *.

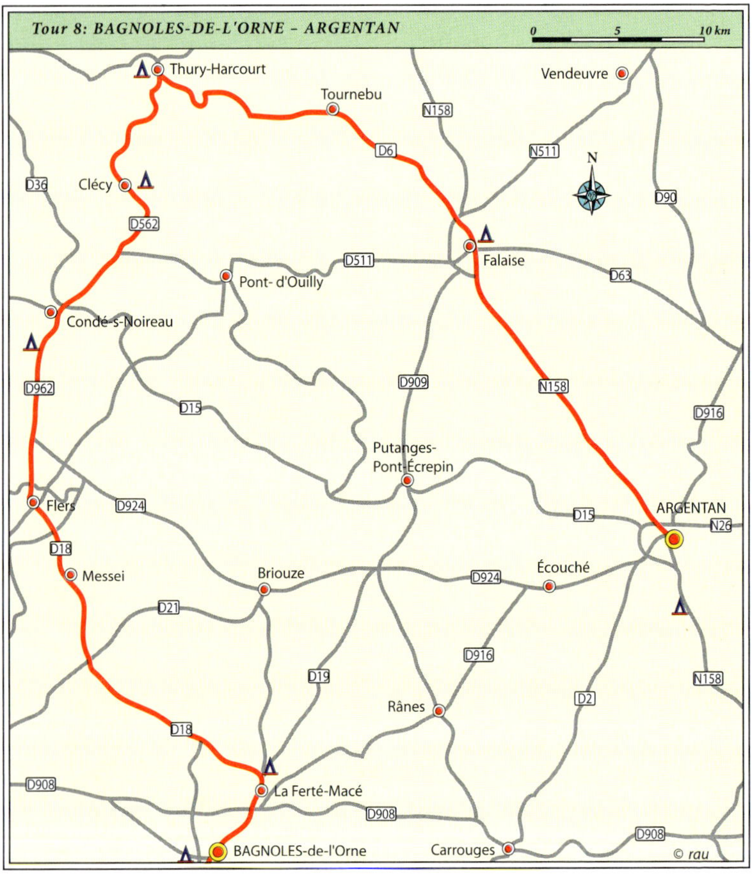

ROUTE: Über die **D916** nordostwärts ins nahe **la Ferté-Macé.**

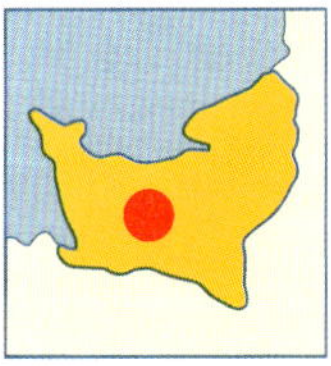

Die Stadt **La Ferté-Macé** ist ein Industrie- und Handelszentrum und kann deshalb kaum mit besonderen Sehenswürdigkeiten aufwarten. Selbst die Kirche im Zentrum ist Mitte des 19. Jahrhunderts aus Platzgründen abgerissen worden. Nur der Turm blieb stehen und

Praktische Hinweise – La Ferté Macé

Office de Tourisme, 11, Rue de la Victoire, 61600 La Ferté Macé, Tel.: 02 33 37 10 97, E-Mail: otsi.la-ferte-mace@wanadoo.fr, Web: www.tourisme-lafertemace.fr. *Öffnungszeiten Di - Fr 9 - 12.30 Uhr und 13.30 - 18 Uhr, Mo und Sa 9.30 - 12 Uhr und 14 - 17.30 Uhr.*

Camping

Camping Municipal, Boulevard Harmonic, 61600 La Ferté Macé, Tel.: 02 33 37 44 15, Mitte Apr. – Sept.; kleiner Campingplatz mit 30 Rasenstellflächen im Norden der Stadt. Der D916 zum Sportkomplex folgen. Wohnmobile mit Doppelachse sind auf diesem Platz nicht erlaubt! Mindestausstattung.

erhebt sich neben dem neueren, modernen Gotteshaus.

Nicht uninteressant ist allerdings das **Musée du Jouet,** das **Spielzeugmuseum** in der Rue de la Victoire Nr. 32, das im einstigen Badehaus untergebracht ist und in verschiedenen Themenbereichen die Entwicklung des Spielzeuges der letzten drei Jahrhunderte präsentiert *(geöffnet Juli und August tägl. 15 - 18 Uhr, April - Juni und Sept. nur am Wochenende, sonst geschlossen; www.lafertemcae.fr/tourisme/musee-jouet.php).*

Route: Von La Ferté Macé nordwestwärts auf **D18** nach **Flers,** ca. 26 km.

Das kleine Städtchen **Flers,** inmitten einer landwirtschaftlich geprägten Region gelegen, hat keine besondere touristische Bedeutung.

Beachtung verdient höchstens die am Westrand der Innenstadt an einem See gelegene ansehnliche **Burg**. Bereits im 12. Jahrhundert stand hier eine kleinere Holzburg, die später durch das jetzige Schloss ersetzt wurde.

Flers war nie ein bedeutsamer oder strategisch wichtiger Ort, so dass eine stärkere Befestigung nicht notwendig war.

Nachdem das Schloss Jahrhunderte lang im Besitz verschiedener Familien war, wurde es im Jahr 1901 von der Stadtverwaltung aufgekauft, die in dem zweistöckigen Gebäude das **Musée du Château de Beaux-Arts** einrichtete *(geöffnet Apr. - Okt. Mo - Fr 10 - 12 und 14 - 18 Uhr, Sa und So nur 10 - 12 Uhr).* Das Museum präsentiert Gemälde und Skulpturen des 19. Jahrhunderts, vermittelt Einblicke in die Geschichte der Region und zeigt Beispiele des Kunsthandwerks in Form von Möbeln und Dekorationen.

Neben dem Schloss erstreckt sich entlang des Sees der sehenswerte **Schlosspark** auf einer Fläche von rund 7 Hektar.

In Flers selbst können eine überdachte **Markthalle** aus der Mitte des 19. Jahrhunderts sowie zwei kleinere Kirchen besichtigt werden.

Route: **Flers** verlassen wir nordwärts auf der **D962/562** Richtung **Condé-s-Noireau**. Ca. 9 km weiter, ab **Clécy,** nähern wir uns der sogenannten „**Normannischen Schweiz**“.

Mit **Clécy** erreichen wir ein kleines Dorf, das als „Tor“ zur **Normannischen Schweiz** gilt.

Cléry liegt direkt an der Orne, die im Laufe der Zeit aus dem amorikanischen Massiv eine faszinierende Landschaft geformt hat.

Die Orne und ihre Nebenflüsse fließen durch eine waldreiche und felsendurchsetzte Gegend, welche sich als

Praktische Hinweise – Flers

Office de Tourisme, Place du Docteur Vayssières, 61100 Flers, Tel.: 02 33 65 06 75, Fax: 02 33 65 09 84, E-Mail: otsi.flers@wanadoo.fr; info@agglo-paysdeflers.fr, Web: www.flers-tourisme.com.

Camping

Camping du Pays de Flers, La Fouqerie, 61100 Flers, Tel.: 02 33 65 35 00, Fax: 02 33 98 44 59, E-Mail: camping.paysdeflers@wanadoo.fr, Apr. – Mitte Okt.; der Platz befindet sich im Südosten der Stadt in der Nähe der D18 und ist dort ausgeschildert. Standardausstattung. Spielplatz, Hunde erlaubt.

Cerisy-Belle-Étoile

Camping Municipal du Mont, 61100 Cerisy-Belle-Étoile, Tel.: 02 33 96 02 43, Fax: 02 33 98 44 59, Apr. – Aug.; nordwestlich von Flers liegt das Dorf **Cerisy-Belle-Étoile**, dort findet man an der D18 in einer S-Kurve den kleinen Campingplatz mit 12 Rasenplätzen. Mindestausstattung.

Condé-sur-Noireau

Camping Municipal, 14100 Condé-sur-Noireau, Tel.: 02 31 69 45 24, Fax: 02 31 59 15 51, Mai – Sept.; im Ort am Kreisverkehr links und der Beschilderung folgen, in unmittelbarer Nähe zum Sportkomplex. Kleiner, ruhiger Platz mit etwas über 30 Stellplätzen, von Bäumen umgeben. Mindestausstattung.

beliebtes Terrain für Sportler etabliert hat. Paraglider, Kajak-Wanderer und Felskletterer sind in der Region zwischen dem südlichen Clécy und dem weiter nördlichen Thury-Harcourt allenthalben anzutreffen.

Besonders schön an der Normannischen Schweiz ist, dass sie zwar ein Paradies für Naturliebhaber ist, aber keine augenfälligen Sehenswürdigkeiten oder touristische Einrichtungen bietet, die große Touristenströme anziehen könnten. Überlaufen ist die Normannische Schweiz eigentlich nie.

Vielmehr besticht die Region durch ihre Bescheidenheit. Würde man nicht wissen, dass es hier einige hübsche **Felsformationen mit Aussichtspunkten** und ruhige, bewaldete Täler gibt, man würde die Normannische Schweiz unbeachtet links liegen lassen, was natürlich schade wäre.

In der Region gibt es sage und schreibe **27 ausgeschilderte Wanderwege** mit einer Gesamtlänge von stattlichen 180 km. Die Touren sind zwischen einem und bis zu 16 Kilometer lang und bieten unterschiedliche Schwierigkeitsstufen.

Wer sein Mountainbike dabei hat, wird ebenfalls auf seine Kosten kommen, denn hier werden **38 verschiedene Mountainbikestrecken** mit unterschiedlichem Profil angeboten, die zusammen eine Länge von über 800 km ergeben.

Startorte bzw. **Ausgangspunkte für Touren** sind in der Regel **Clécy, Thury-Haucourt** oder auch **Saint-Omer** und **Pont-d'Ouilly**. Die beiden Touristeninformationen in Clécy und Thury-Haucourt geben gerne Informationen zu Wanderwegen und Sportmöglichkeiten heraus.

Für Kinder und erwachsene Modelleisenbahnliebhaber gibt es in **Clécy** in einem alten Bergfried auf über 300 m² die schönsten Landschaften Europas im Miniaturformat. Der Gründer des **Chemin fer Miniature**, Yves Crué, kommt

ursprünglich aus Le Havre und war dort schon fasziniert von den zahlreichen Lokomotiven der Stadt.

Nachdem er kurzzeitig und widerwillig den elterlichen Betrieb einer Cidrerie übernahm, entschloss er sich nach kurzer Zeit, lieber Modelleisenbahnen zu bauen und zu präsentieren.

Schon in den 1970er Jahren war er damit erfolgreich. Einen Besuch in Deutschland bei einer größeren Modelleisenbahnanlage kommentierte er mit den Worten: „Wir müssen mehr tun." Und 1986 konnte in Clécy „Chemin fer Miniature", eine der größten Eisenbahnminiaturanlagen Europas, in Betrieb genommen werden *(geöffnet Juli und August tägl. 10 - 12 und 14 - 18.30 Uhr, April, Mai, Juni und Sept. Di - So 10 - 12 und 14 -18 Uhr).*

ROUTE: Weiterreise von Clécy auf der **D562** an der Orne entlang und über **Saint-Rémy** nach **Thury-Harcourt** ca. 11 km. In Thury-Harcourt treffen wir auf die **D6** die rechts (ostwärts) abzweigt und der wir folgen und nach 25 km **Falaise** erreichen.

In **Falaise** erblickte in den 20er Jahren des 11. Jahrhunderts ein großer Normanne das Licht der Welt, auf dessen Spuren man auf einer Reise durch die Normandie immer wieder stößt. Wilhelm hieß der Knabe, der später nicht nur Herzog der Normandie, sondern auch – nun mit dem Beinamen „der Eroberer" bedacht – König von England werden sollte.

Bei dieser Vorgeschichte verwunderte es nicht, dass Falaise über eine standesgemäße **Festung** verfügt, die das Stadtbild prägt. Die Burg liegt erhöht auf einem Felsen im Westen der Stadt und ist vom Campingplatz aus gut erkennbar.

PRAKTISCHE HINWEISE

Clécy

Office de Tourisme, Place du Tripot, 14570 Clécy, Tel.: 02 31 69 79 95, Fax: 02 31 79 15 42, E-Mail: otsi.clecy@wanadoo.fr, Web: www.ot-suisse-normande.com. *Geöffnet Mai, Juni, Sept. Di-Sa 10-12.30 Uhr und 14.30-18.30 Uhr, So 10-12.30 Uhr. Im Juli und August auch Mo geöffnet.*

Thury-Haucourt

Office de Tourisme, Place Saint Sauveur, 14330 Thury-Haucourt, Tel.: 02 31 79 70 45, Fax: 02 31 79 15 42, E-Mail: otsi.thury@wanadoo.fr, Web: www.ot-suisse-normande.com. *Öffnungszeiten wie in Clécy.*

Camping

Clécy

Camping des Rochers des Parc, 14570 Clécy, Tel.: 02 31 69 70 36, Fax: 02 31 66 96 08, E-Mail: campingclecy@ocampings.com, Apr. – Mitte Okt.; direkt am Ufer des Flusses Orne, hinter der Brücke zum Weiler Le Vley sofort rechts. Ca. 90 Stellplätze auf Wiese, einfacher aber freundlicher und ruhiger Campingplatz. Standardausstattung.

Thury-Harcourt

Camping de la Vallée du Traspy, Rue du Pont Benoît, 14220 Thury-Harcourt, Tel.: 02 31 79 61 80, E-Mail: info@campingtraspy.com, Web: www.campingtraspy.com, Apr. – Sept.; östlich des Ortes von der D562 abzweigen, Wiesen mit wenigen Bäumen, parzelliert, teils mit Mobilheimen belegt, direkt an einem kleinen See gelegen, Standardausstattung. **V & E für Wohnmobile.**

historisch – die Burg in Falaise

Zu Zeiten, als noch die normannischen Könige ihren Sitz in der Burg hatten (bis 1066, dem Jahr als Wilhelm zum König von England gekrönt wurde) war die Burg aber weitaus kleiner und bestand nur aus einem der drei Türme.

Die anderen beiden Türme wurden erst nacheinander im Laufe der Zeit bis zum 13. Jahrhundert errichtet und dienten der besseren Verteidigung und dem größeren Wohnraum innerhalb der Burgmauern.

Ab dem 17. Jahrhundert hat die Festung aber ihre Bedeutung verloren und wurde als solche nicht mehr genutzt.

Mitte des 19. Jahrhunderts stellte man sie dann unter Denkmalschutz und begann damit, den eingetretenen Verfall aufzuhalten.

Im Jahr 1944 erlitt die Burganlage nur wenige Schäden und das obwohl es in der Stadt zu einer Kesselschlacht, dem berüchtigten „**Kessel von Falaise**", kam.

Die siebte deutsche Armee blieb zunächst auf Befehl Hitlers in der Stadt und wurde in wenigen Tagen im August 1944 von französischen und amerikanischen Panzerdivisionen eingekesselt. Es kam zu heftigen Kämpfen, als sich die deutschen Soldaten nach Osten absetzen wollten. Der Korridor, der noch übrig blieb, hatte lediglich eine Breite von maximal acht Kilometern und lag ständig unter Beschuss und starken Bombardements.

In den zwei Wochen der Kämpfe verlor die deutsche Wehrmacht rund 50.000 Soldaten und einen großen Anteil an Waffen.

Vier Tage nach der Eroberung von Falaise konnten die Alliierten ihren nächsten wichtigen Schritt machen und die französische Hauptstadt Paris einnehmen.

An den Kämpfen rund um Falaise war auch die 1. Polnische Panzerdivision beteiligt, die ebenfalls Verluste hinnehmen musste. Ihnen zu Ehren befindet sich auf halber Strecke zwischen Caen und Falaise direkt an der N158 bei **Grainville-Langannerie** ein Soldatenfriedhof mit über 600 Gräbern.

Praktische Hinweise – Falaise

Office de Tourisme, BP 54 Boulevard de la Libération, 14700 Falaise, Tel.: 02 31 90 17 26, Fax: 02 31 90 98 70, E-Mail: info@otsifalaise.com, Web: www.otsifalaise.com.

Camping

Camping Municipal, Rue du Val d'Ante, Tel.: 02 31 90 16 55, Fax: 02 31 90 53 38, E-Mail: camping@falaise.fr, Mai – Sept.; kommunaler Platz mit parzellierten Stellplätze auf Wiese, teilweise unter Bäumen mit hervorragendem Blick zur Burg von Falaise, in Nachbarschaft zu einem Tennisplatz. Standardausstattung. **V & E für Wohnmobile**.

An die Schlacht rund um Falaise erinnert das **Musée Août 1944,** das **August-Museum** im Chemin des Roches. Auf sehr engem Raum zeigt es Reste von Waffen beider Seiten und erklärt ausführlich die damaligen Truppenbewegungen in der Region *(geöffnet Apr. - Okt. tägl. 10 - 12 Uhr und 14 - 18 Uhr; www.normandie-museeaout44.com)*.

In Falaise gibt es aber auch erfreulichere Ausstellungen, zum Beispiel im **Musée des Automates**, einem Animationsmuseum, in dem bewegliche Puppen gezeigt werden. Diese Püppchen werden in verschiedenen Szenerien wie zum Beispiel der Tour de France dargestellt *(geöffnet Apr. - Okt. tägl. 10 - 18 Uhr, sonst nur am Wochenende und Feiertagen 14 - 18 Uhr; www.museeautomates.com)*.

→ **Route:** Auf der **N158** von Falaise nach Südosten und geradewegs nach **Argentan**, 22 km.

Argentan liegt im Herzen einer Kalksteinebene und ist von großen Waldgebieten umgeben.

In früheren Zeiten war die Stadt ein wichtiger Knotenpunkt für den Eisenbahnverkehr und wurde dadurch stark industrialisiert. Besonders die Metall- und die Nahrungsmittelindustrie hat sich in Argentan etabliert.

Heute gehen die Anstrengungen der Stadtoberen allerdings mehr in Richtung Tourismusförderung. Das auch nicht zu Unrecht, denn die eigentlich unscheinbare Stadt hat doch die eine oder andere Sehenswürdigkeit zu bieten, die die großen Zerstörungen im August 1944 überstanden haben.

An erster Stelle sei hier die **Kathedrale Saint-Germain** erwähnt, die sich in der gleichnamigen Straße befindet und deren Bau im 15. Jahrhundert begann. Fertiggestellt wurde das ansehnliche Gotteshaus aber erst 300 Jahre später.

Durch das prachtvolle Portal auf der Nordseite betritt man ein gotisches Kirchenschiff, das über eine Apsis im Renaissance-Stil und einen sehenswerten Mittelturm verfügt.

Der Glockenturm an der Seite ist eines der zuletzt fertiggestellten Teile der Kathedrale.

Besonders schön anzuschauen ist die Kirche in den Abendstunden ab 22.30 Uhr, wenn sie sehr schön illuminiert ist.

Von der Kathedrale kann man über die Rue de la Vicomte zum **Tour Marguerite**, dem **Margeritenturm**, gehen. Der Turm, der heute an der rechten Seite einer großen Kreuzung liegt, ist eines der letzten Überbleibsel der ehemals imposanten Stadtmauer, die von nicht weniger als 16 Türmen bewacht wurde.

Einer davon war der Margeritenturm, der sich über vier Etagen erhebt, einen Durchmesser von zehn Metern hat und stolze 30 m hoch ist. Der Turm bzw. der Wehrgang des Turmes kann

nicht nur Historisches, auch Leckeres kommt aus der Normandie, Calvados zum Beispiel

bestiegen werden und bietet von oben einen schönen Ausblick auf die Stadt *(geöffnet Juni - Sept. 10 - 18 Uhr)*.

Über die nur wenige Meter entfernte Rue Saint-Martin gelangen wir in nördlicher Richtung zu einer weiteren sehenswerten Kirche.

Die **Saint-Martinkirche** stammt ebenfalls aus dem 15. und 16. Jahrhundert und hat im Untergeschoss noch einige sehenswerte **Glasfenster** aus der Bauzeit erhalten können. Schön ist auch der achteckige Turm des Gotteshauses.

Auf dem Weg zur Kirche passieren wir auf der Rue Saint-Martin das **Haus Nummer 33**. Die dortige Wohnung ist an die ehemalige Kirche Notre-Dame angeschlossen, von der allerdings nicht mehr viel zu erkennen ist. In dem Haus befand sich die Wohnung zweier Abtissinnen. Leider ist das Bauwerk zurzeit wegen Baufälligkeit geschlossen. Vielleicht ändert sich das in naher Zukunft, denn im Inneren befinden sich sehr schöne Deckenmalereien, die unter Denkmalschutz stehen.

Gehen wir auf der Rue Saint-Martin wieder zurück und weiter in die Rue du Griffon, so gelangen wir automatisch zum **Place du Marché** auf dem im Mittelalter der Galgen stand. Auf dem Weg zum Platz spaziert man an schönen Hausfassaden aus dem 16. und dem 17. Jahrhundert vorbei.

Der Place du Marché erstreckt sich an der Rückseite der Kirche Saint-Germain. Rund um den Platz findet man mehrere interessante Bauwerke der Stadt.

Der **Donjon** zum Beispiel, ein Bergfried aus dem 12. Jahrhundert, ist wie der Margeritenturm ein Überbleibsel der ehemaligen Stadtbefestigung. Erbaut wurde er auf Befehl von Henri I., König von England. Der Eingang in den Turm liegt in der südlichen Seitenstraße *(geöffnet Juni - Sept. tägl. 10 - 18 Uhr)*.

Gleich neben dem mittelalterlichen **Donjon** erhebt sich das einstige **Schloss** von Argentan. Hof wird hier aber schon seit fast 200 Jahren nicht mehr gehalten, als die Stadt das repräsentative Gebäude mitten in der Stadt zu seinem Justizpalast machte. Eine „freiwillige" Besichtigung ist nicht möglich.

Dagegen kann die kleine **Kapelle** besichtigt werden, die wie das Schloss im 14. Jahrhundert entstand. In der ehemaligen Kapelle ist heute die **Touristeninformation** untergebracht.

Zwei weitere sehenswerte Gebäude liegen ganz in der Nähe des Campingplatzes im Süden der Stadt.

Direkt neben dem Campingplatz liegt das **Maison des Dentelles,** das **Haus des Spitzenhandwerks** *(geöffnet April - Mitte Okt. Di - Sa 9 - 11.30 und 14 - 17.30 Uhr und So 15 - 17.30 Uhr).* Das ehemalige Herrenhaus stammt aus dem 19. Jahrhunderts und liebt bezaubernd am kleinen Noë-See.

Ausgestellt werden feinste Spitzen in sämtlichen Formen, ob Klöppelspitze, Nadelspitze oder mit Maschinen gefertigte Spitzen. Die ältesten der ausgestellten Werke stammen aus dem 16. Jahrhundert und zeigen die Bedeutung der Stadt als Zentrum der Spitzenproduktion.

Etwas weiter die Rue de la Noë hinab erreichen Sie die **Benedikinerabtei,** in der die dort lebenden Nonnen auch heute noch die Kunst der Spitzenherstellung praktizieren.

Spitzen aus Argentan sind eine seltene, sehr beliebte Spitzenart, die nur hier in dieser Perfektion hergestellt wird.

Nach einer kurzen Filmvorführung kann man den Nonnen in der Benediktinerabtei bei ihrem Kunsthandwerk zuschauen und sich natürlich anschließend ein Andenken aus dem Klosterladen mit nach Hause nehmen *(geöffnet Mo - Sa 14.30 - 16 Uhr).*

Mein Tipp! In den Sommermonaten bietet die Stadt Argentan **Kutschfahrten** durch die Stadt und in die Umgebung an. Informationen im Touristenbüro.

Bedingt durch die nahe Lage zum Pferdegestüt Haras du Pin (siehe nächste Etappe) ist die Region rund um Argentan bei Pferdefreunden sehr beliebt.

Praktische Hinweise – Argentan

Office de Tourisme, Chapelle St Nicolas - BP 205, 61201 Argentan, Tel.: 02 33 67 12 48, Fax: 02 33 39 96 61, E-Mail: tourisme@argentan.fr, Web: www.argentan.fr. *Öffnungszeiten Mo - Fr 9.30 - 12.30 Uhr und 14 - 18 Uhr, Sa 9.30 - 12.30 Uhr und 13.30 - 17.30 Uhr, im Juli und August Di - Fr 9 - 18.30, Sa und Mo 9 - 13 Uhr und 14 - 18.30 Uhr.*

Restaurant

Bistro de l'Abbaye, 25, Rue Saint-Martin, Tel.: 02 33 39 37 42. Produkte aus der Region werden hier zu leckeren Gerichten verarbeitet.

Camping

Camping Municipal, 34, Rue de la Noé, 61200 Argentan, Tel.: 02 33 36 05 69, Fax: 02 33 39 96 61, E-Mail: tourisme@argentan.fr. Apr. – Okt.; zentral gelegen, dennoch an einem ruhigen See, kleiner Platz mit 23 Stellplätzen; Standardausstattung; Waschmaschine, Trockner.

Mauvaisville

Camping du Val de Baize, 18, Rue de Mauvaisville, 61200, Tel.: 02 33 67 27 11, Fax: 02 33 35 39 16, Apr. – Sept.; fällt unter die Rubrik Naturelle Camping. Ca. 4 km südlich von Argentan im kleinen Dorf Mauvaisville, zu erreichen über die D958/N158, hinter dem kleinen Sportflugplatz rechts abbiegen. Mindestausstattung.

9. ARGENTAN – MORTAGNE-AU-PERCHE

Länge der Tour: Rund 100 km, ohne Abstecher.

Die Route: N26/D926 über **Le Haras du Pin** bis **Nonant-le-Pin** – N138/ D438 über **Sées** bis **Alençon** – D438 bis zur Kreuzung N12 – N12 und D912 bis **Mortagne-au-Perche**.

Reisedauer: Mindestens ein Tag.

Reisehöhepunkte: Besuch des Pferdegestüts **Le Haras du Pin** * – kleiner Rundgang durch **Alençon** *.

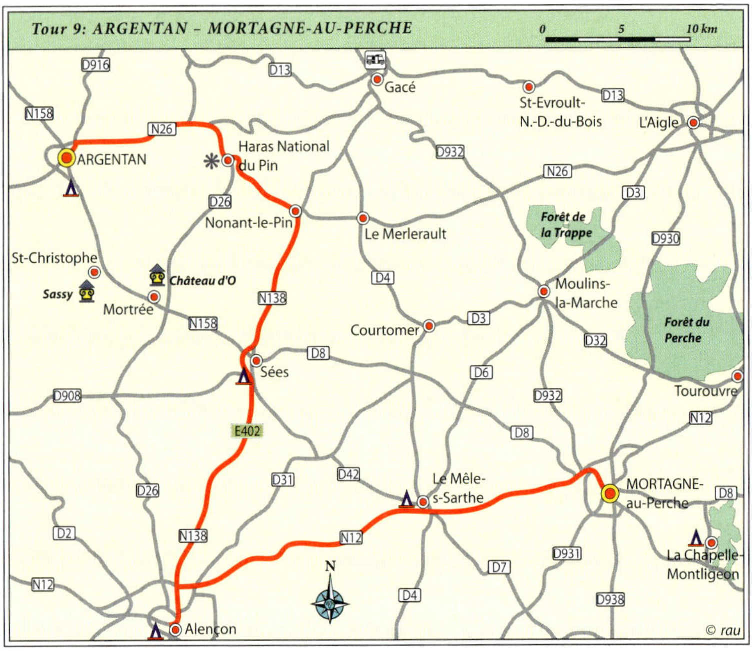

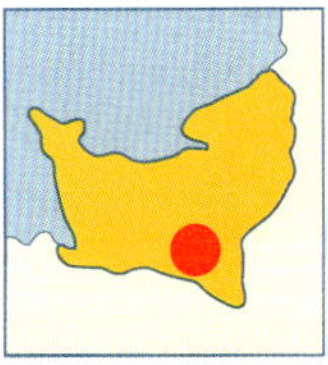

Route: Auf der **N26 (D916)** verlassen wir **Argentan** in östlicher Richtung und erreichen nach knapp 15 km das Pferdegestüt **Le Haras National du Pin**.

Die Region rund um Argentan gilt schon lange als Zuchtgebiet anerkannter Pferderassen und als Hochburg des Pferdesports.

Man findet mehrere Privatgestüte, auf denen man Pferde beobachten oder den Reitern zuschauen kann. Mehrere Reitsportzentren in der Umgebung geben auch Reitstunden oder bieten Ausritte an, wie zum Beispiel das **Gestüt La Cravache d'Argentan**, rund 5 km nördlich von Argentan, in **Sévigny** (Tel.: 02 33 67 58 92, E-Mail: yves.legout@wanadoo.fr) oder 10 km nordöstlich von Argentan das **Zentrum Haras de Sainte Eugénie** in **Aubry en Exmes** (Tel.: 02 33 36 80 80, E-Mail: coignard.jack@wanadoo.fr) sowie **Les Ecuries de la Cour du Bois** (Tel.: 02 33 36

das Pferdegestüt Haras National du Pin

50 77, E-Mail: ecb.direction@wanadoo.fr) in **Vrigny**, südlich von Argentan.

Auf jeden Fall einen Besuch wert ist das berühmte Pferdegestüt **Le Haras National du Pin**. Es wurde im Jahr 1715 von Jean-Baptiste Colbert gegründet mit der Absicht, die königlichen Gestüte in der Normandie zusammenzulegen.

Gerne wird für diese Anlage der Beiname „**Versailles der Pferde**" benutzt. Und in der Tat schaut die Anlage des Pferdegestüts herrschaftlich und elegant aus.

Neben dem **Parkplatz** und dem **Souvenirladen** geht es durch ein schmiedeeisernes Tor, welches mit einem vergoldeten Pferdekopf verziert ist, auf das Gelände des Gestüts *(geöffnet April - Sept. 10 - 18 Uhr, sonst 14 - 17 Uhr; Haras du Pin Tourisme, 61310 Le Pin du Haras, Tel.: 02 33 36 68 68, Fax: 02 33 35 57 70, E-Mail: contact@haras-dupin.com, Web: www.haras-national-du-pin.com)*.

Geradeaus befindet sich das **Haupthaus**, das auch als Schloss bezeichnet wird und innen besichtigt werden kann. Hinter dem Schloss erstreckt sich ein großer Park sowie ein Freigelände auf dem die Pferde regelmäßig trainiert und vorgeführt werden.

An den Flanken stehen mehrere Nebengebäude mit den Stallungen. Zudem gibt es Waschplätze, Ausstellungsräume und eben jede Menge Pferde. Kaum ein Moment, in dem man nicht ein Wiehern hört oder ein Pferd an einem vorbei geführt wird.

Jedes Jahr werden im Gestüt Wettbewerbe mit Vielseitigkeitsprüfungen, Dressur und Zucht veranstaltet und Konzerte und Ausstellungen organisiert, während im Herbst alljährlich eine Kutschenparade stattfindet.

➤ ROUTE: Ein kurzes Stück geht es hinter dem Pferdegestüt weiter auf der **N26** bis nach **Nonant-le-Pi**, wo es mehr Pferdebahnen als Straßen zu geben scheint. Dort zweigen wir auf die **N138/E402** ab und fahren auf direktem Wege in das südlich gelegene **Sées**.

Sées ist eine kleine Stadt mit einer imposante Kathedrale und mehreren historischen Bauwerken.

Das Touristenbüro im Rathaus, direkt neben der Kathedrale, stellt dem Besucher gegen Gebühr einen Audio-Guide zur Verfügung, der ähnlich wie ein Handy funktioniert und einem die bedeutendsten Gebäude der Stadt erläutert. Für eine Gemeinde dieser Größe ist dieser Service beachtlich.

Sées kann eine lange Geschichte vorweisen, die bereits im 4. Jahrhundert begann, als der Ort noch eine römische Festung namens *Sagium* war.

Wesentlich jünger ist das Hôtel de Ville, das Rathaus von Sées, das aus dem Jahr 1848 stammt.

Gleich daneben sieht man die **Chapelle Canoniale**, die **Kanonische Kapelle**, die heute als Ausstellungsort und als Festsaal dient. In der zweiten Hälfte des vorletzten Jahrhunderts nutzte man die Kapelle als überdachten Marktplatz. Noch gut zu erkennen sind die gotischen Fensterbilder.

Auf der anderen Seite vom Place du Géneral de Gaulle erhebt sich die prächtige **Kathedrale**, die bereits der fünfte Bau an dieser Stelle ist.

Das erste Gotteshaus wurde im 5. Jahrhundert durch die Normannen zerstört und erst vier Jahrhunderte später errichtete man das Bauwerk neu. Aber auch seine Existenz war nur von kurzer Dauer. Die dritte Kirche wurde in der Wende zum 11. Jahrhundert erbaut.

Neben dem Gotteshaus befanden sich damals Holzhäuser, in denen sich Plünderer eingenistet hatten. Um die zu vertreiben zündete der damalige Bischof Yves de Bellême die Häuser an, um wieder Herr über die Lage in Sées zu werden.

Das Ergebnis waren aber nicht nur vertriebene Plünderer, sondern auch eine abgebrannte Kirche, weil das Feuer übergegriffen hat. Archäologen konnten in den 1990er Jahren in drei Meter Tiefe Spuren der verbrannten Häuser finden.

Papst Leo IX. hielt dem Bischof nach der Feuersbrunst vor, das Feuer selbst verursacht zu haben. Daraufhin versprach der Gottesmann, eine neue Kirche errichten zu lassen. Mit einem Kreuzzug pilgerte er sogar nach Konstantinopel, um reiche normannische Geldgeber für sein Vorhaben zu finden und zu gewinnen.

Tatsächlich wurde in Sées im Jahr 1126 eine neue Kathedrale fertiggestellt und von Bischof Jean de Neuville eingeweiht.

Leider war auch diesem Gotteshaus eine Existenz von nicht einmal einem halben Jahrhundert beschieden, dann wurde es von Truppen des englischen Königs Heinrich II. schon wieder zerstört.

König Heinrich war übrigens auch verantwortlich für den Tod von Thomas Becket, dem Erzbischof von Canterbury, der normannischer Abstammung war und in Domfront mitten in einer Messe gemeuchelt wurde.

Der Bau der heutigen Kathedrale von Sées begann im Jahr 1210 und dauerte rund einhundert Jahre.

In der zweitürmigen Kathedrale sieht man im Chor vier wertvolle **Reliefs**, die Szenen aus dem Leben von Maria präsentieren.

Gegenüber vom Tourismusbüro beginnt die Rue Charles Forget. Sie führt am Lyzeum vorbei bis zum Place de la 2é D.B., wo alljährlich im Dezember ein traditioneller Putenmarkt stattfindet. Die Abkürzung D.B. (division blindée) steht übrigens für das französische Wort

Panzerdivision, was einmal mehr auf die Ereignisse im Jahr 1944 hinweist.

Gut zu sehen sind am Platz ein Turmbau aus dem 12. Jahrhundert, der Rest eines Stadttores der alten Stadtmauer, sowie die **Basilika zur Unbefleckten Empfängnis**. Die Basilika stammt aus der zweiten Hälfte des 19. Jahrhunderts.

Hinter der kleinen Basilika gelangt man links in die Rue Conté. Dort sehen Sie die Büste von Nicolas-Jacques Conté.

Conté war 1755 im Nachbardorf geboren worden und gilt als Miterfinder der Bleistiftmine und weiterer kleinerer Novitäten. Aber die Kreativität Contés endete abrupt, als im Jahr 1804 seine Frau starb. Und böse Zungen behaupteten lange, Herrn Contés Einfallsreichtum sei versiegt, weil er nun keinen Grund mehr sah seiner Frau gefallen zu müssen.

Über die Rue Conté gelangen wir zurück zur Kathedrale, wenden uns dort rechts in die Rue du Vivier und gehen zum Fluss Orne. Auf der sehr schönen Promenade du Vivier findet man Spitzbögen in gotischem Stil sowie Strebepfeiler aus dem 15. Jahrhundert, die auf den genauen Standort der ersten Kirche hindeuten, der **Notre Dame du Vivier**. Der Überlieferung nach hat hier der erste Bischof der Diözese sein Bethaus errichtet, um neun gewonnene Kirchenmitglieder in der Orne taufen zu können.

Auf der Allée Saint Benoît erreichen wir auf der linken Seite die **Abtei Saint-Martin** auf dem gleichnamigen Platz. Ein erstes Gebäude wurde bereits im 7. Jahrhundert errichtet, hielt aber nur 200 Jahre bis es von den Normannen zerstört wurde. Das jetzige Gebäude wurde unter dem Bischof erbaut, der an anderer Stelle der Stadt für das besagte Großfeuer verantwortlich war, Yves de Bellêmes.

Von der Abtei geht es über die Rue Saint-Martin zur Hauptstraße Rue de la République, die durch die ganze Stadt Sées verläuft.

An der Hauptstraße erheben sich die restaurierten Überreste der einstigen **St-Pierre-Kirche**.

Auf der anderen Straßenseite sieht man das **Hôtel Dieu**, ein Krankenhaus, welches bereits Ende des 13. Jahrhunderts gegründet wurde und im Innenhof eine kleine Kapelle beherbergt. Diese ist mit einigen Malereien des oben erwähnten Erfinders Conté verziert.

Wer Lust hat, der kann im Touristenbüro einen Prospekt über einen **Wanderweg** außerhalb der Stadt erhalten. Dieser führt durch die schöne Landschaft rund um den Fluss Orne zu seiner Quelle, die sich nicht weit von Sées entfernt befindet.

Nordwestllich von Sées, ca. 6 km auf der N158 in Richtung Argentan, kann man beim Dorf **Mortree** das schöne Renaissanceschloss **Château d'O** besichtigen.

Das Schloss wurde im 11. Jahrhundert als Festung errichtet, erhielt sein heutiges Aussehen aber erst rund 400 Jahre später. Das dreiflügelige Schloss ist mit gotischen Spitztürmen geschmückt und von einem Wassergraben umgeben. Da es in Privatbesitz ist, ist eine Besichtigung nicht möglich. Ein Spaziergang im kleinen Schlosspark ist aber gestattet und sehr lohnend.

Auf der N158 noch weitere 4 km nordwestwärts findet man beim Ort St-Christophe-le-Jajolet das hübsche **Château de Sassy** *(geöffnet Mitte Juni bis Mitte Sept. tägl. 10.30 - 12.30 Uhr und 14 - 18 Uhr)*. Seine kunstvoll in geometrischer Form angelegten **Terrassengärten à la Francaise** und sein **Rosengarten** sind einen Besuch wert.

→ **ROUTE:** Auf **D438** südwärts nach **Alençon**. Die parallel verlaufende Autobahn ist teilweise

Praktische Hinweise – Sées

Office de Tourisme, Place Général De Gaulle, 61500 Sées, Tel.: 02 33 28 74 79, Fax: 02 33 28 18 13, E-Mail: sees.tourisme@wanadoo.fr. *Öffnungszeiten von Juni - Sept. Mo - Sa 9 - 12.30 Uhr und 14 - 18 Uhr, sonst Mo 14 - 18 Uhr, Di - Fr 9 - 12.30 Uhr und 14 - 18 Uhr, Sa 9 - 12.30 Uhr.*

Camping

Camping Le Clos Normand, Route d'Alençon, Tel.: 02 33 28 87 37, Fax: 02 33 28 74 79, Mai – Sept.; angenehmer, kleiner Campingplatz mit 50 Stellplätzen im Süden der Stadt, nur 500 m von der Kathedrale entfernt. 50 Stellplätze auf Wiese und in Parzellen; Standardausstattung; Waschmaschine, Trockner.

kostenpflichtig und verringert die Fahrzeit auf dem kurzen Stück nur geringfügig.

Mit **Alençon** erreichen wir den südlichsten Punkt auf unserer Normandiereise.

Berühmt geworden ist Alençon durch die Spitzenmanufakturen, die im 17. Jahrhundert entstanden und mehr als 8.000 Menschen Arbeit gab. Zum Vergleich: Das wäre nach heutigem (!) Maßstab jeder vierte Einwohner, Kinder mit einbezogen. Damals lebten allerdings weniger Menschen in der Stadt.

Spitzen aus Alençon sind weit über die Grenzen der Stadt hinaus bekannt. Es handelt sich um Nadelspitzen, die leichte, elegante **Rokokospitzen** mit zarten Mustern auf sechseckigem Grund darstellen. Die Musterkontu-

das Rathaus der Stadt Alençon

ren sind fest umrahmt und die Muster selbst sind in Form von Blättern und Blüten mit eingebracht.

In der Cour Carrée de la Dentelle informiert das **Museum der Schönen Künste und des Spitzenhandwerks Musée des Beaux Arts et de la Dentelle** ausführlich über die Zeit der Spitzenindustrie sowie über die Geschichte der Spitze im Allgemeinen und natürlich über Spitze von Alençon. Zudem gibt es noch eine Gemäldesammlung französischer, italienischer und nordischer Maler der letzten 500 Jahre zu sehen *(geöffnet Di - So 10 - 12 Uhr und 14 - 18 Uhr, im Juli und August auch Mo)*.

Am 2. Januar 1873 wurde in Alençon in der Rue Saint Blaise Nr. 50 Therese Martin, die spätere Karmeliterin **Therese von Lisieux** geboren. Sie starb im Alter von nur 24 Jahren an Tuberkulose in Lisieux (s. Tour 10). Die „Botin der Barmherzigkeit", wie die Nonne auch genannt wurde, ist1925 von Papst Pius XI. heiliggesprochen worden.

Das hübsche Geburtshaus der Heiligen Therese kann heute besichtigt werden *(geöffnet Juni - Sept. 9 - 12 und 14 - 18 Uhr, sonst 9.30 - 12 und 14.30 - 17 Uhr, letzter Einlass eine Stunde vor Schließung)*.

Zudem werden vom Touristenbüro auch geführte Touren angeboten, die zu den Orten innerhalb Alençons führen, die mit Therese von Lisieux zu tun haben.

Für manche Gläubigen ist Alençon Startpunkt zu einer Pilgerreise in das rund 90 km weiter nördlich gelegene Lisieux.

Frankreichs großer Schriftsteller Honoré de Balzac hielt sich eine Zeit lang in Alençon auf und schuf damals seine Werke „Die alte Jungfer" und „Das Antiquitätenkabinett".

Ansonsten halten sich Alençons Sehenswürdigkeiten in Grenzen.

Zentraler Punkt ist der **Place Foch,** der sich aber lediglich als großer **Parkplatz** entpuppt. Auf seiner Südseite befindet sich der **Justizpalast**, der auf Anordnung von Napoleon erbaut wurde, nachdem er die Stadt mit seinem Besuch beehrt hatte.

Gleich daneben steht anmutig das **Rathaus**, das in den 1780er Jahren vollendet wurde und im Inneren eine großartige Treppe aufweist.

Zwischen den beiden Bauwerken hindurch gelangt man zum **Parc des Promenades**, einem großangeleg-

Praktische Hinweise – Alençon

Office de Tourisme, Maison d'Ozé - Place de la Magdeleine, 61000 Alençon, Tel.: 02 33 80 66 33, Fax: 02 33 80 66 32, E-Mail: contact@paydalencontourisme.com, Web: www.paysdalencontourisme.com. *Öffnungszeiten: Mo-Sa 9.30 - 12 Uhr und 14 - 18 Uhr, im Juli und August Mo-Sa 9.30 - 19 Uhr, So 10 - 12.30 Uhr und 15 - 17.30 Uhr.*

Restaurants

L'Escargot Doré, 183, Avenue du Général Leclerc, Tel.: 02 33 28 67 67. Große Auswahl an Weinen, Spezialität des Hauses ist Fisch.

Chez Fano, 22, Rue Saint Blaise, Tel.: 02 33 32 16 84. Überwiegend Meeresspezialitäten, Mo geschlossen.

Camping

Camping Municipal de Guéramé, 65, Rue de Guéramé, Alençon Tel.: 02 33 26 34 95, E-Mail: campingguerame@villealencon.fr, Apr. – Sept.; am südwestlichen Ortsrand an der Sarthe gelegen, 87 Stellplätze auf teils geneigtem Wiesengelände; Standardausstattung. **V & E für Wohnmobile.**

ten und schönen Stadtpark. Die sehr gepflegte Grünanlage ist Teil von 33 Hektar Gärten und Natur im Stadtgebiet von Alençon.

Gegenüber dem Justizpalast beginnt die kleine Rue du Collège, wo auf der linken Seite ein schönes Gebäude aus dem 17. Jahrhundert zu sehen ist. Es handelt sich um die **Jesuitenkirche** mit einem achteckigen Kirchturm sowie einem Observatorium.

Sehenswert ist das Innere der ehemaligen Kirche, die heute eine Bibliothek mit über 40.000 Werke aus der Zeit vom 16. Jh. bis in die Mitte des letzten Jahrhunderts, sowie über 100 Dokumente aus der Zeit vor dem Jahr 1500 beherbergt *(geöffnet Di, Do und Fr 13.30 - 18 Uhr, Mi 10 - 12 und 13.30 - 18 Uhr, Sa 10 - 12.30 Uhr und 13.30 - 17 Uhr).*

ROUTE: Von Alençon nordwärts zur **N12**, der wir ostwärts über **Mêle-sur-Sarthe** bis **Mortagne-au-Perche** folgen, ca. 39 km. Dort Abfahrt zum Centre Ville und auf der **D912** direkt in das Stadtzentrum.

Mortagne-au-Perche ist eine eher kleine Stadt und hat kaum Bedeutung, weder historisch noch touristisch – außer im März jeden Jahres.

Im März nämlich wird in Mortagne-au-Perche das **Blutwurstfest** gefeiert. Es ist weit über die Stadtgrenzen hinaus bekannt.

Innerhalb der Altstadt werden auf dem Blutwurstmarkt Blutwürste hergestellt und verkauft, und man kann nach Herzenslust probieren. Dieses Fest ist so beliebt, dass es sogar eigene Brüderschaften gibt, die sich ausschließlich mit dem Thema „Blutwurst" befassen.

In den langen Monaten ohne Blutwurstfest kann kann der Besucher die kleinen Gassen in der Altstadt erkunden oder sich die Kirche **Notre-Dame** anschauen, die im spätgotischen Stil erbaut wurde. Sehenswert ist eines der bunten Kirchenfenster, das Bildmotive aus der Geschichte einiger Auswanderer aus Mortagne-au-Perche zeigt, die bei der Gründung der kanadischen Stadt Quebec beteiligt waren.

Nicht weit von dem Gotteshaus entfernt sind Reste des im Mittalalter befestigten Mortagne-au-Perche erhalten geblieben, wie das Stadttor Saint-Denis zum Beispiel.

Bei ausreichend zur Verfügung stehender Zeit lohnt von Mortagne-au-Perche ein Ausflug in die nördlich gelegenen **Forêt du Perche** und **Forêt de la Trappe**.

Zu erreichen sind die Waldgebiete am ehesten über die D930, die von der N12 abzweigt oder über die N12 in Richtung Verneuil-sur-Avre.

Der **Forêt du Perche** ist der nördlichsten Abschnitt des Naturparks du Perche, der Ende des vorletzten Jahrhunderts gegründet wurde. In dem dichten, nur leicht hügeligen Waldgebiet wurden sternförmig mehrere kleine Straßen angelegt, auf denen es sich wunderbar radeln lässt. Ein idealer Ausgangspunkt hierfür wäre **Tourouvre**, von wo es leicht bergauf direkt in den Wald hineingeht.

Am Weiler **Bresolettes** trifft man auf den Fluss Avre und das etwas kleinere Waldgebiet **Forêt de la Trappe**. Dort kann man sich die sehr einsam gelegene **Abbaye de la Trappe** anschauen, die ursprünglich vom Benediktinerorden gegründet und später an die Zisterzienser übergeben wurde.

PRAKTISCHE HINSEISE – MORTAGNE-AU-PERCHE

Office de Tourisme, Halle aux Grains, 61400 Mortagne-au-Perche, Tel.: 02 33 85 11 18, Fax: 02 33 83 34 37, E-Mail: contact@ot-mortagneauperche.fr, Web: www.ot-mortagneauperche.fr. *Öffnungszeiten*

Mitte Mai - Ende Sept. Di - Sa 9.30 - 12.30 Uhr und 14.30 - 18 Uhr, an Mitte Juni auch Mo 10 - 12.30 Uhr und 14.30 - 18 Uhr und So 10 - 12.30 Uhr, sonst Di - Sa 10 - 12.30 Uhr und 15 - 18 Uhr.

Camping

Chapelle-Montligeon

Camping Les Bruyeres, 61400 Chapelle-Montligeon, Tel.: 02 33 83 90 43, Fax: 02 33 83 37 22, E-Mail: mairie-chapelle-montligeon@wanadoo.fr, Juni – Aug.; ca. 10 km südöstlich von Mortagne-au-Perche, über die D 9 und in Courgeon zur D628 zu erreichen. Kleiner Campingplatz mit knapp 30 Stellplätzen. Mindestausstattung.

Le Mêle-sur-Sarthe

Camping la Prairie, 61170 Mêle-sur-Sarthe, Tel.: 02 33 27 18 74, Fax: 02 33 31 12 67, E-Mail: cdc-pays-melois@wanadoo.fr, Mai – Sept.; kleiner Platz am südlichen Ufer eines Sees im Osten des Ortes. Angelmöglichkeit, Standardausstattung.

unterwegs in ein unscheinbares Dorf mit weltbekanntem Namen – Camembert

10. MORTAGNE-AU-PERCHE – BERNAY

Länge der Tour: Rund 120 km, ohne Abstecher.

Die Route: D912 und D932 bis **Gacé** – D979 bis **Vimoutiers** – D579 bis **Lisieux** – N13/D613 und D138 bis **Bernay**.

Abstecher: Auf der D916 nach **Camembert**. – Von Bernay auf der D140 zum **Schloss Beaumesnil** und zur Kirche Sainte-Foy in **Conch-en-Ouche**.

Reisedauer: Mindestens zwei Tage.

Reisehöhepunkte: Besichtigung der **Basilika in Lisieux** **.

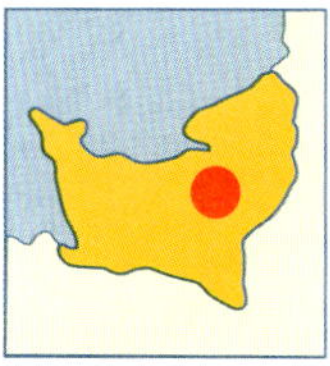

ROUTE: Von Mortagne-au-Perche auf der **D912** 3 km nach Norwesten zur **D12**, die aber nur überquert wird. Weiter auf der **D932** nordwärts und über **Moulins-la-Marche** und **Ste-Gauburge-Ste-Colombe** nach **Gacé**.

In dem Städtchen **Gacé** gibt es ein kaum beachtetes **Schloss** am Place du Chateau, in dem sich ein besonderes Museum befindet, das **Musée de la Dame aux Camelias** *(geöffnet Juni - Aug. Di - So, Führungen um 14, 14.45, 15.30, 16.15 und 17 Uhr; www.ladameauxcamelias.ifrance.com).* Es beschäftigt sich mit der Dame Alphonsine Plessis, auch bekannt als Marie Duplessis bzw. noch bekannter als Marguerite Gautier oder Violetta Valery.

Genug der Verwirrung, es handelt sich tatsächlich um ein und dieselbe Person, die als Alphonsine Plessis im Jahr 1824 zur Welt kam und von der Normandie nach Paris zog, wo sie sich den Namen Marie Duplessis zulegte.

Sie war eine Mätresse des Schriftstellers Alexandre Dumas sowie von Franz Liszt.

Bereits im Alter von 23 Jahren verstarb sie an Tuberkulose. Doch Alexandre Dumas machte sie als Romanfigur Marguerite Gautier in seinem Werk

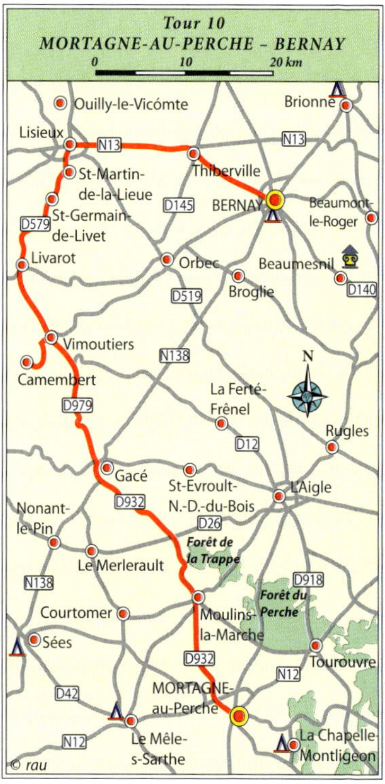

„**Die Kameliendame**" unsterblich. Und bei dem vierten Namen Violetta Valery handelt es sich um die Hauptakteurin in Verdis Oper **„La Traviata"**, für die Alphonsine Plessis ebenfalls Vorbild war.

Diese Informationen und zahlreiche Ausstellungsstücke aus der damaligen Zeit sind in eben diesem Museum zu sehen, das über das Leben des Vorbildes der Kameliendame berichtet.

Praktische Hinweise – Gacé

Office de Tourisme, Mairie, 61230 Gacé, Tel.: 02 33 35 50 24, Fax: 02 33 35 92 82, E-Mail: ville.gace@wanadoo.fr, *geöffnet Di - So 10 - 12 Uhr und 15 - 18 Uhr.*

Camping

Camping Municipal Le Pressoir, Impasse Tahiti, 61230 Gacé, Tel.: 02 33 35 50 24, Fax 02 33 35 92 82, E-Mail: ville.gace@wanadoo.fr, Juni – Aug.; kleiner Platz mit 24 parzellierten Stellplätzen, Standardausstattung.

Wohnmobil-Stellplatz

Wohnmobil Stellplatz, Grande Rue, Gacé. Direkt hinter dem Rathaus befinden sich 10 Stellplätze, gratis, kein WC.

Route: Von Gacé auf der **D979** nordwärts nach **Vimoutiers**. Hier auf der **D916** ein kurzes Stück nach Süden Richtung Argentan, aber schon nach knapp 2 km in **La Fauvetière** am Ortsende rechts ab nach **Camembert**, ca. 3,5 km.

250 Gramm, rund und meistens in einer dünnen Holzschachtel verpackt. Das sind die Eckdaten eines typischen **Camemberts**. Der Käse wird nicht nur in dem gleichnamigen Dorf, möglicherweise nur von einer Firma, hergestellt, sondern trägt den Namen des Ortes, weil hier diese Käseart erfunden worden sein soll.

Camembert – kleiner Ort, großer Name, weltbekannter Käse

„Camembert" selbst ist keine geschützte Bezeichnung, so dass dieser Käsenamen auch von anderen Unternehmen genutzt werden kann, die nicht zwangsläufig in Frankreich oder gar in der Normandie sitzen müssen.

Ende des 18. Jahrhunderts soll es gewesen sein, als – der Legende nach – der Priester Abbott Bonvoust während der Französischen Revolution Unterschlupf bei der Bäuerin Marie Harel in dem Dorf Camembert gefunden haben soll. Aus Dankbarkeit habe der Pfarrer der Frau die Rezeptur bzw. die Herstellungsweise eines Käses verraten, der später Weltruhm erlangen sollte.

Natürlich war man in der Region schon lange vorher mit der Herstellung von Käse vertraut, aber eben nicht mit dieser besonderen Art eines vollfetten Weichkäses, der seinen Durchbruch auf dem Markt aber erst gut einhundert Jahre später erlebte, nachdem die noch heute typische Verpackung aus kleinen Spanschachteln erfunden worden war.

Seither ist die Landgemeinde Camembert mit ihren gerade mal 200 Einwohnern als Heimat der Käseherstellung berühmt.

Auf der linken Seite der Hauptstraße befindet sich das Anwesen der **Käsefirma Ferme Président**, die natürlich Camembert produziert – Président Camembert.

Das Unternehmen bietet Besuchern die Möglichkeit zu einem interessanten Rundgang zu den verschiedenen Stationen der Camembertherstellung.

Start ist im hübschen Firmengebäude aus dem Jahr 1810, quasi dem Nabel der Camembertwelt. Selbstverständlich kann man sich danach an Ort und Stelle mit köstlichem und garantiert originalem Camembert versorgen *(geöffnet Juni - Aug. täglich geöffnet; www.fermepresident.com)*.

Nur im Juli und in der ersten Augustwoche kann man sich auch den Bauernhof von Marie Harel anschauen, die seinerzeit den Priester vor seinen Häschern verborgen haben soll.

Schräg gegenüber vom Ferme Président, direkt hinter der Kirche, befindet sich das **Camembert-Haus**, **La Maison du Camembert**, in dem über die Geschichte des Käses und des kleinen Dorfes berichtet wird *(geöffnet Mai - Aug. tägl. 10 - 18 Uhr, Feb., März, Apr., Sept. Mi - So 10 - 18 Uhr; www.maisonducamembert.com)*. Bemerkenswert ist hierbei das Vordach über dem Eingang, welches die Form des Käses besitzt.

Camembert ist Zielort des **Radrennens Paris – Camembert**. Seit den 1930er Jahren wird es regelmäßig veranstaltet, endete aber in den Anfangsjahren noch im nahe gelegenen Städtchen Vimoutiers.

Wohnmobil-Stellplatz

Vimoutiers

Wohnmobil-Stellplatz, Avenue du Docteur Dentu, Vimoutiers (D916). Bei der Fahrt durch Vimoutiers sieht man den Stellplatz auf der linken Seite. Er bietet eine Sanitär-Station, ein WC und 10 kostenlose Stellplätze, **V & E für Wohnmobile.**

Camping

Livarot

Camping Municipal de Livarot, Rue Général Leclerc, Livarot, Tel.: 02 31 62 43 75, E-Mail: commune.paysdelivarot@wanadoo.fr, Mitte Mai – Mitte Sept.; auf dem Weg nach Lisieux von der D579 zum Ort Livarot abzweigen und südwärts weiter bis zum Sportplatz. 25 Stellplätze für Touristen. Standardausstattung.

die Kathedrale in Vimoutiers

aus einem Herrensitz aus Holzfachwerk und einem Bau aus glasiertem Ziegelstein und Naturstein. Das Eingangstor wird von zwei hübschen Türmen flankiert.

Innerhalb des Hofes sieht man zwischen den Arkaden Verzierungen im Stil der Renaissance.

Besichtigt werden können zudem die Wächterstuben mit Fresken aus dem 16. Jahrhundert sowie die originale Inneneinrichtung des Zimmers, in dem der Romantiker Eugène Delacroix zum Ferienaufenthalt weilte.

Mein Tipp: Bevor man nach Lisieux hineinfährt, sollte man zwischen dem Schloss de Saint-Germain-de-Livet und dem Stadtrand von Lisieux in dem kleinen angrenzenden Dorf **Saint-Martin-de-la-Lieue** anhalten. Dort befindet sich seit 500 Jahren das **Herrenhaus von Saint-Hippolyte**, wo man heute typisch normannische Spezialitäten und besonders Wein und Käse aus der näheren Umgebung erwerben kann.

Vor noch nicht allzu langer Zeit konnte der deutsche Radprofi Andreas Kappes das Rennen für sich entscheiden und im Jahr 2008 gewann der Spanier Alejandro Valverde das Rennen.

ROUTE: Von **Vimoutiers** über die **D579** nordwärts zum Wallfahrtsort **Lisieux**, 28 km.

Kurz vor Lisieux passiert man den Abzweig zum **Château Saint-Germain-de-Livet** *(geöffnet Feb. - Sept. tägl. 11 - 18 Uhr; an jedem ersten Sonntag im Monat ist der Eintritt frei).*

Malerisch liegt das Anwesen inmitten von sanften Hügeln südlich von Lisieux und wird von einem Nebenfluss des Flusses Touques umspült.

Das Schloss wurde im 15. und 16. Jahrhundert errichtet und besteht

Wer in Alençon die Stationen im Leben der **Heiligen Therese** besucht hat, wird in **Lisieux** erst Recht auf ihre Spuren treffen, denn die nahe des Ärmelkanals gelegene Stadt ist Wallfahrtsort für alle Gläubigen, die die Heilige Therese verehren.

Wie schon in Tour 9 erwähnt, kam Therese Martin 1873 in Alençon zur Welt. Der Vater war Uhrmacher, während die Mutter zu den vielen Einwohnern zählte, die die berühmte

Alençon-Spitze herstellten. Therese hätte acht Geschwister gehabt, wenn nicht sechs von ihnen bereits als Säugling gestorben wären. Sie selbst war das jüngste Kind der Familie.

Als Therese vier Jahre alt war, verstarb ihre Mutter an Brustkrebs und der Vater zog mit den Kindern zu seinem Schwager nach Lisieux, wo sie in dem hübschen **Haus Les Buissonnets** lebten *(geöffnet von Palmsonntag bis Sept. 9 - 12 und 14 - 18 Uhr, sonst 10 - 12 und 14 - 17 Uhr, im Winter nur bis 16 Uhr)*. Therese beschrieb das Haus später als das weiche Nest ihrer Kindheit.

Das Gebäude befindet sich im Chemin des Buissonnets und ist seit dem Jahr 1913 ein wichtiges Ziel für die Pilger. Die Einrichtung ist in großen Teilen original erhalten. Besucher werden mit einem mehrsprachigen Audioguide durch die einzelnen Räume geführt.

Während ihrer Kindheit treten ihre beiden älteren Schwestern in den Karmeliterorden ein, was Therese zunächst sehr zurück wirft, da sie ihre Schwestern als Ersatzmutter betrachtete und sie nun durch den Beitritt in den Orden nicht mehr für sie da sein konnten. Gleichzeitig verbringt sie viel Zeit an den Stränden des nahe gelegenen Trouville.

Mit 15 Jahren dann will sie selber dem Karmeliterorden beitreten und erhält von ihrem Vater nach anfänglichem Zögern die Erlaubnis nach Rom zu pilgern, um Papst Leo XIII. um Erlaubnis zu bitten. Dieser enttäuscht das junge Mädchen aber und Therese wird in Tränen aufgelöst vom Papst weggeführt.

Zurück in ihrer Heimat spricht sie beim Bischof von Bayeux vor, den sie zunächst übergangen hatte. Dieser gibt ihr schließlich die Erlaubnis und Therese beginnt mit ihrem klösterlichen Leben als Schwester Theresia vom Kinde Jesu.

Während ihres Lebens im Kloster ging sie den nach ihren Worten bezeichneten „kleinen Weg" der Liebe, der sich durch kleine Gesten und Fürbitten auszeichnete. Sie wurde als Botin der Barmherzigkeit Gottes bekannt.

Schon nach wenigen Jahren erkrankte Therese schwer an Tuberkulose, an der sie schließlich auch im Alter von 24 Jahren starb. Ihren Tod erwartend betrachtete sie diesen als Erlösung und war voller Hoffnung, Jesus Christus bald gegenüber zu stehen.

Château des Saint-Germain de Livet

Auf dem Friedhof von Lisieux kann heute die Stätte besichtigt werden, wo sie zunächst begraben wurde. Später brachte man ihren Leichnam in die Kapelle des Karmel. Auf dem Friedhof blieben die übrigen Familienmitglieder beerdigt.

Im Jahr 1923 wurde Therese selig und zwei Jahre darauf von Papst Pius XI. heilig gesprochen. Papst Johannes Paul II. ernannte sie 1997 schließlich zur Kirchenlehrerin. Sie war damit die dritte Frau überhaupt mit dieser Auszeichnung.

Der Theresische Karmel ist jedoch nicht nach ihr benannt, sondern nach Theresa von Ávila. Um Verwechslungen zu vermeiden wird diese als „große hl. Theresia" bezeichnet, während man Theresia vom Kinde Jesu auch als die „kleine hl. Theresia" kennt.

Nach dem Tode der Heiligen erlebte Lisieux einen wahren Ansturm an Pilgern und um diesem gerecht zu werden, gab Papst Pius XI. die Erlaubnis zum Bau einer **Basilika**. Die Bauarbeiten oberhalb der Stadt begannen am 30. September 1929, auf den Tag genau 32 Jahre nach dem Tod Thereses.

Der Baustil ist stark von der Pariser Basilika Sacre Coeur beeinflusst *(geöffnet im Sommer 9 - 20 Uhr, sonst 9 - 17.30, an Sonn- und Feiertagen findet um 10.30 Uhr die hl. Messe statt).*

Das Innere des Gotteshauses ist mit zahlreichen farbigen Wandbildern versehen und fasst rund 4.000 Personen. Damit ist die Kirche eine der größten Sakralbauten des 20. Jahrhunderts und wurde nach Lourdes gleichzeitig zum zweitwichtigsten Wallfahrtsort in Frankreich.

Die Heilige Therese gilt seit 1944 als zweite Patronin Frankreichs.

Der **Reliquienschrein** der Hl. Therese liegt unter der mächtigen, 95 m hohen Kuppel. Außerdem befinden sich

die Basilika in Lisieux

im Inneren 18 Altäre, die die Namen verschiedener Staaten tragen.

Links neben der Treppe zum großen Portal kann man die 50 m lange und 30 m breite **Krypta** betreten. Sie ist mit zahlreichen Mosaiken ausgestattet, die das Leben von Therese zeigen.

Weitere Szenen aus dem Leben der Heiligen zeigen Wachsfiguren am Diorama beim Zugang zum Vorplatz.

Der Glockenturm mit 50 kleineren und größeren Glocken wurde auf dem weitläufigen Vorplatz errichtet, aber nie ganz fertig gestellt worden.

Zu den weiteren Sehenswürdigkeiten der Stadt zählt die **Saint-Pierre-Kathedrale** am Place François Mitterand *(geöffnet Mo - Fr 9 - 18.30, Sa und So 10 - 18 Uhr)*. In der Kathedrale hörte die Hl. Therese mit ihrer Familie regelmäßig die Messe und hier war es auch, wo sie der Überlieferung nach die Eingebung erhielt, dem Karmel-Orden beizutreten.

Im übrigen ist eine Besichtigung des Zentrums und der Altstadt von Lisieux – vor allem bei knapp bemessenem Reiseplan – wenig lohnenswert.

Lohnender dagegen ist ein kurzer Besuch in **Ouilly-le-Vicomte**, das im Norden an Lisieux grenzt. Dort steht inmitten eines vier Hektar großen Parks ein kleines Schloss aus dem 16. Jahrhundert. Mit seinen vier Türmen und dem kleinen Teich stellt **Château de Boutemont** ein schönes Motiv dar.

Der Wassergraben um das Bauwerk herum ist heute zwar trocken. Die Zugbrücke ist aber noch vorhanden und gut erhalten.

Bemerkenswert ist der **Schlossgarten** im Stil der italienischen Renaissance

Praktische Hinweise – Lisieux

Office de Tourisme, 11, rue d'Alençon - BP 26020, 14106 Lisieux, Tel.: 02 31 48 18 10, Fax: 02 31 48 18 11, E-Mail: tourisme@cclisieuxpaysdauge.fr, Web: www.lisieux-tourisme.com. *Öffnungszeiten Okt. - Mitte Juni Mo - Sa 8.30 - 12 Uhr und 13.30 - 18 Uhr, von Mitte Juni bis Ende Sept. Mo - Sa 8.30 - 18.30 und So 10 - 12.30 Uhr und 14 -1 7 Uhr.*

Feste und Folklore

Anfang März **Baum- und Pflanzenfest,** Juni **Antiquitäten-Jahrmarkt**, Juli und August sommerliches **Musikfestival,** Ende September **Prozession der Reliquie der hl. Therese**.

Restaurant

Calvados Boulard, 14130 Coquainvilliers, Tel.: 02 31 62 60 54. Zwar etwas außerhalb von Lisieux aber alleine schon besuchenswert, weil es sich um eine Cidre-Destillerie handelt. Angenehme Atmosphäre und Rundgang durch die Herstellungsräume an jedem zweiten Freitag (im Juli und August jeden Freitag).

Le France, 5, Rue au Char à Lisieux, Tel.: 02 31 62 03 37. Traditionelle Speisen in angenehm rustikaler Atmosphäre unter Holzgebälk.

Le Club, 12 Avenue Victor Hugo, Tel.: 02 31 62 00 85. Günstige, lokale Gerichte in stilvollem Ambiente.

Camping

Camping de la Vallée, Route de la Vallée, 14100 Lisieux, Tel.: 02 31 62 00 40, Fax: 02 31 48 18 11, Apr. – Sept.; im Norden der Stadt, umgeben von einem Industriegebiet. Rund 100 einfache Stellplätze, Mindestausstattung. **V & E für Wohnmobile.**

(geöffnet Apr. - Nov. Mi, Sa und So 10 - 12 und 14 - 18 Uhr).

Das Innere des Schlosses ist der Öffentlichkeit allerdings nicht zugänglich.

ROUTE: Auf der Rue de Paris verlassen wir Lisieux und gelangen am Kreisverkehr auf die **N13/ D613** in Richtung **Evreux**. Schon nach ca. 15 Kilometern verlassen wir die schnurgerade Straße in **Thiberville** und fahren auf der **D138** nach **Bernay**.

Die kleine Stadt **Bernay** ist im Laufe seiner Geschichte kaum in Erscheinung getreten. Entsprechend bescheiden präsentiert sich das Städtchen.

Bernay eignet sich aber gut zum Bummeln und Einkaufen durch die schmalen Straßen mit ihren hübschen **Fachwerkhäusern**.

Besonders in der Rue Gaston Foloppe kann man alte Fachwerkarchitektur bewundern.

Zudem findet man hier die schöne **Abteikirche Notre-Dame.** Sie ist im reinsten frühromanischen Stil gebaut und zählt zu den ältesten normannischen Kirche in ganz Nordfrankreich. Mit dem Bau war Anfang des 11. Jahrhunderts begonnen worden. Als Baumeterial diente Tuffstein. Bemerkenswert sind die ansehnlichen Arkadengänge.

Zur Besichtigung kann man Kopfhörer ausleihen, über die der Besucher mit den Besonderheiten der Abteikirche informiert – auch in deutscher Sprache - und durch die Kirche geführt wird.

In der ehemaligen Residenz des Abtes befindet sich direkt nebenan heute das **Musée Municipal (Stadtmuseum)** mit dem **Musée des Beaux Arts (Museum der Schönen Künste)**, das an einen schönen und gepflegten Garten angrenzt *(geöffnet Mitte Juni - Mitte Sept. Di - So 10 - 12 und 14 - 19 Uhr, sonst 14 - 17.30 Uhr).*

Das Museum wurde bereits im Jahr 1866 gegründet und zeigt zahlreiche Gemälde und Werke von französischen Bildhauern. Vor allem die Ausstellung der Fayencen ist sehenswert.

In Bernay hat eine Straße den Namen der **Chansonette Edith Piaf**, die

PRAKTISCHE HINWEISE – BERNAY

Office de Tourisme, 29, rue Thiers - B.P. 313, 27303 Bernay, Tel.: 02 32 43 32 08 und 02 32 46 22 26, Fax: 02 32 45 82 68, E-Mail: office.tourisme.bernay@wanadoo.fr, Web: www.ville-bernay27.fr. *Öffnungszeiten Mai-Mitte Sept. 9.30-12 Uhr und 14-18.30 Uhr, So 10-13 Uhr, sonst Mo-Sa 9.30-12 Uhr und 14-17.30 Uhr.*

Restaurants

Le Clos Normand, 5, Rue Robert Lindet, Tel.: 02 32 43 04 30.

Antic' Resto, 8, Rue Gabriel Vallée, Tel.: 02 32 44 84 63. Traditionelle Küche, So und Mo geschlossen.

La Comédia, 16, Rue Gabriel Vallée, Tel.: 02 32 46 24 09. Pizzeria.

Camping

Camping Municipal, Rue des Canadiens, 27300 Bernay, Tel.: 02 32 43 30 47, E-Mail: camping@bernay27.fr, Mai – Sept.; der N2138 bzw. der Beschilderung zum Sportkomplex folgen. Im Süden der Stadt gelegen mit 50 Stellplätze, Standardausstattung; gepflegte Sanitäranlagen, Spielplatz, Hunde gratis erlaubt, Waschmaschine. **V & E für Wohnmobile.**

ihre Kindheit hier verbrachte. Eine Gedenkplakette erinnert an sie.

ABSTECHER ÜBER BEAUMESNIL NACH CONCHES-EN-OUCHE

→ **ABSTECHER:** Von Bernay auf der **D140** in südöstliche Richtung über **Beaumesnil** (20 km) nach **Conche-en-Ouche** (14/34 km).

Auf dem Weg zurück nach Bernay sollte man auf ungefähr halber Strecke noch anhalten, um sich das dortige Schloss anzuschauen.

In **Beaumesnil** ist das **Château de Beaumesnil** sehenswert, das in der ersten Hälfte des 17. Jahrhunderts entstand und noch heute mit einem breiten Wassergraben umgeben ist *(geöffnet Juli und August tägl. 11 - 18 Uhr, von Ostern bis Juni Fr - Mo 14 - 18 Uhr, Sept. Mi - Mo 12 - 18 Uhr)*.

Die imposante **Schlossfassade** aus Naturstein ist aufwendig mit barockem Dekor versehen und ein echter Hingucker. Aber auch der **Garten** mit seinen kunstvollen Steinskulpturen lädt zu kleinen Spaziergängen ein.

Im Inneren präsentiert sich das Schloss mit einer hervorragenden **Bibliothek** und einer Inneneinrichtung, bei der man glauben mag, dass seit 200 Jahren keiner mehr das Haus betreten und verändert hat.

Beachtung verdienen mitten in einem großen Park die Überreste eines **Donjon**, die zu einer einstigen Burg aus dem 12. Jahrhundert gehören.

Das 4.000-Einwohnerstädtchen **Conche-en-Ouche** zeigt sich dem Besucher als ruhige Landgemeinde ohne überlaufene Straßen, ohne Touristenrummel, wohl aber mit ein paar hübschen und interessanten Gebäuden, die es durchaus wert sind, einen kleinen Abstecher hierher zu machen.

Die **Touristeninformation** (Place Aristide Briand, Tel.: 02 32 30 76 42, E-Mail: tourisme-cc.conches@wanadoo.fr) ist in einem schönen, mit zwei kleinen Türmen versehenen Fachwerkhaus untergebracht.

Vermutlich war es ein gewisser Ritter namens **Roger de Tosny,** der der Ortschaft ihren Namen gab, als er nach einer Pilgerreise in das südfranzösische Conques hierher zurückkehrte. Als Souvenir brachte er von dieser Reise die sterblichen Überreste der „Sainte-Foy" mit, einem 12jährigen Mädchen, das im 4. Jahrhundert enthauptet worden war, weil es sich geweigert hatte, die heidnischen Götter anzubeten.

Um die Reliquien würdig aufzubewahren, ließ Roger de Tosny eine Kirche bauen, die **Église Sainte-Foy**.

Die heutige Kirche stammt aus dem 16. Jahrhundert, erfuhr aber im Laufe der Zeit einige Veränderungen. So ist zum Beispiel die Kirchturmspitze jüngeren Datums. Bei einem schweren Orkan Mitte des 19. Jahrhunderts war sie herabgestürzt und musste später erneuert werden.

Bei dem Einsturz des Turmes gingen auch einige der sehr schöne **Renaissancefenster** zu Bruch, die aber relativ originalgetreu restauriert werden konnten.

Bei den Glasbildern der Fenster auf der linken Seite im Innenraum, die das Leben von Maria darstellen, wird vermutet, dass sie noch aus der Urkirche stammen, die früher an dieser Stelle stand. Die weiteren Fensterbilder sind aber ebenso sehenswert, alleine schon die im Kirchenchor in über 10 Meter Höhe.

Lohnend ist auch ein Blick in den **Garten des Rathauses**. Zwischen gepflegten Grünanlagen im Hinterhof des Hôtel de Ville liegen die Überreste einer ehemaligen Burg aus dem 12. Jahrhundert. Auch heute noch ist die Ruine imposant und man hat von hier aus einen schönen Blick in das umliegende Tal des kleinen Flusses Rouloir.

11. BERNAY - ROUEN

Länge der Tour: Rund 110 km, ohne Abstecher.

Die Route: D438 bis **Brionne** – D130 über **Le Bec-Hellouin** bis **Montfort-sur-Risle** – D91 bis **Bourg-Achard** – D313/D913/D940 bis zur **Pont de Brotonne** – D982 bis **Jainville** – D143 bis **Jumièges** – D143 und D982 bis **Rouen**.

Reisedauer: Mindestens zwei Tage.

Reisehöhepunkte: Rundgang in der **Abtei Le Bec-Hellouin** ** – Besichtigung der **Abteiruine Jumièges** * – Stadtrundgang durch **Rouen** ***.

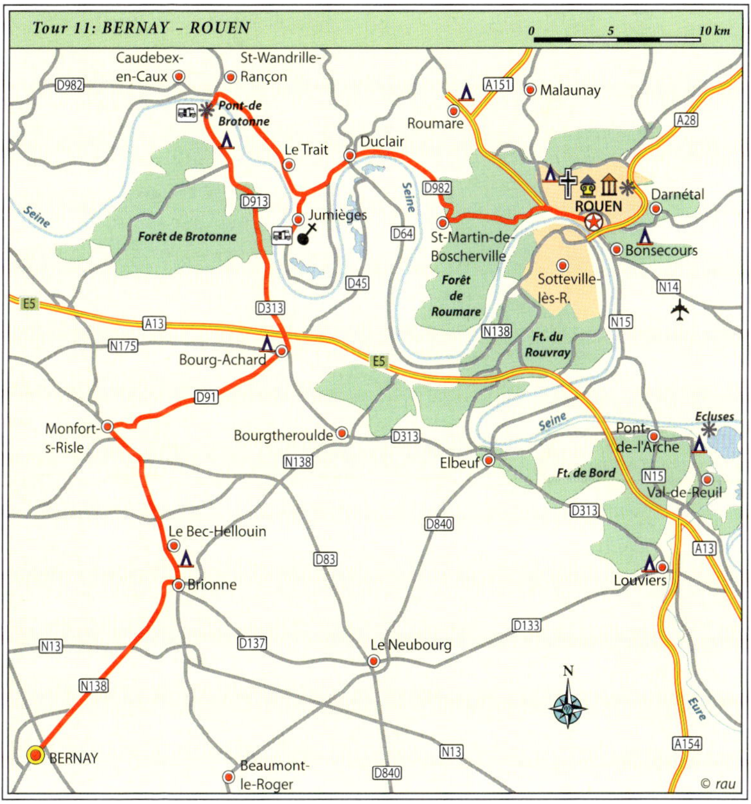

➔ ROUTE: Bernay verlassen wir auf der **N138/E402** in nordöstlicher Richtung und kommen nach 19 km nach **Brionne**. Dort überque-

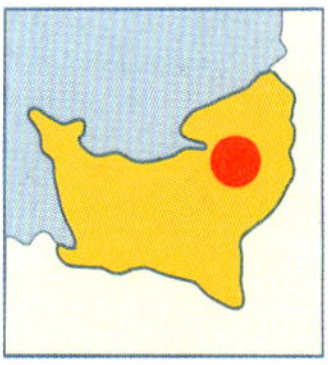

ren wir den Fluss Risle und biegen gleich dahinter links (nordwärts) ab auf die **D130**. Schon nach 6 km biegen wir rechts ab nach **Le Bec-Hellouin**.

Camping

Brionne

Camping Municipal, Rue Marcel Nogrette, Brionne, Tel.: 02 32 44 80 35, Mai – Sept.; kleiner Campingplatz mit 30 Parzellen im Norden von Brionne, Standardausstattung.

Wunderschön in einem Korridor zwischen zwei lang gestreckten Wäldern liegt das kleine Dorf **Le Bec-Hellouin** durch das sich der Bach Ruisseau du Bec schlängelt.

Man kommt zum Place de l'Abbaye Hellouin, der auf einer Seite mit hübschen **Fachwerkhäusern** in verschiedenen Farben gesäumt ist. Gegenüber sieht man schon das Eingangstor zur **Abtei Notre-Dame de Bec**.

Das Kloster wurde 1039 von Heluin, einem normannischen Ritter, nach dem auch die Stadt benannt ist, gegründet und gehörte von Anfang an zum Benedektinerorden. In seiner Anfangszeit wurde das Kloster von französischen und englischen Königen reich beschenkt und ausgestattet.

Einige Äbte der damaligen Zeit begannen ihre „Karriere" in Le Bec. So war Gilbertus Crispinus zum Beispiel zunächst Mönch und wurde später Abt im englischen Westminster.

Sein Lehrer war Anselm von Canterbury. Auch er zunächst Abt von Le Bec, wechselte später ebenfalls nach England und starb in Canterbury. Im 15. Jahrhundert wurde Anselm von Canterbury heilig gesprochen.

Später trat auch Theobald von Bec in das Kloster ein, der nach einem Jahrzehnt zum Abt wurde. Kurz darauf ernannte man ihn zum Erzbischof von

hübsche Fachwerkfassaden, typisch in der Normandie wie hier in Le Bec-Hellouin

die Abtei in Le Bec-Hellouin mit dem dominierenden Saint-Nicolas-Turm rechts

Canterbury und war damit der Vorgänger von Thomas Becket.

In der zweiten Hälfte des 13. Jahrhunderts wurde das Kloster Le Bec durch einen Brand zerstört und es erlangte nie wieder die Bedeutung zurück, die es zuvor hatte.

Kurz nach Ende des Zweiten Weltkrieges kamen wieder Mönche ins Kloster, denen man bei einem Gang durch die Anlage gelegentlich begegnet.

Betritt man durch das bereits erwähnte Tor die Klosteranlage, sieht man im Wesentlichen drei Bauwerke.

Zum einen erhebt sich zwischen den Bäumen der mächtige **Saint-Nicolas-Turm,** der die gesamte Anlage dominiert.

Gleich gegenüber steht die **Klosterkirche** und hinter diesen beiden Bauwerken befindet sich das nur zum Teil zugängliche Klostergebäude, welches an einen schönen Park grenzt und im Innenhof einen wunderbaren Kreuzgang präsentiert.

Öffnungszeiten Abtei Le Bec-Hellouin: Juni - Sept. Führungen um 10.30, 15, 16 und 17 Uhr, an Sonn- und Feiertagen 12, 15 und 16 Uhr. Der Park ist tagsüber jederzeit zugänglich.

→ ROUTE: Zunächst fahren wir von Le Bec-Hellouin nordwärts bis **Pont-Authou** zur Hauptstraße **D130.** Ihr folgen wir weiter nordwärts nach **Montfort-sur-Risle** und biegen dort rechts (nordostwärts) ab auf die **D91**, die uns nach **Bourg-Archard** bringt.

In Bourg-Archard nordwärts. Die Straße wechselt mehrmals die Bezeichnung, von D313 in D913 und D490 bevor sie auf der **Pont de Brotonne** die Seine überquert.

Camping

Pont-Authou

Camping Les Marroniers, Rue Louise-Givon, 27290 Pont-Authou, Tel.: 02 32 42 75 06, ganzjährig geöffnet; zwischen Le Bec-Hellouin und Pont-Authou. Wiesengelände mit ca. 60 Stellplätze; Standardausstattung; Spielplatz, Tennisplatz, Waschmaschine, Hunde erlaubt. **V & E für Wohnmobile.**

Le Bec-Hellouin

Camping Saint-Nicolas, 27800 Le Bec-Hellouin, Tel.: 02 32 44 83 55 Apr. – Sept.; rund 90 Stellplätze auf Wiese; Standardausstattung; Spielplatz, Tischtennis, Fußballplatz und drei Picknicktische. **V & E für Wohnmobile**.

Bourg-Achard

Camping Le Clos Normand, 235, Route de Pont-Audemer, 27310 Bourg-Achard, Tel.: 02 32 56 34 84, E-Mail: eric.tannay@wanadoo.fr, Apr. – Sept.; im Ort an der Esso-Tankstelle links abbiegen. 85 Stellplätze, Supermarkt Intermarché schräg gegenüber; Standardausstattung; Waschmaschine, Minigolf, Volleyballfeld, **V & E für Wohnmobile**.

Rund 12 km vor der Brücke Pont de Brotonne gibt es einen Abzweig nach rechts, der zu einer kleinen **Autofähre** über die Seine bei **Port Jumièges** führt. Mit der Fähre würde man sich rund 25 Straßenkilometer ersparen. Allerdings werden nur Fahrzeuge bis **max. 3,5 t** Gesamtgewicht befördert!

Nach Überqueren der Brücke Pont de Brotonne geht es rechts auf **D982** bis **Yainville** und dort wiederum rechts (südwärts) auf die Straße **D143** bis zur **Abtei Jumièges**.

Camping

La Mailleraye-sur-Seine

Camping du Parc, La Mailleraye-sur-Seine, Apr. – Sept.; noch bevor man die Brücke überquert liegt der kleine Platz mitten im Ort auf der rechten Seite. Er bietet 30 parzellierte Stellplätze auf Wiese mit schönem Blick auf die Seine. Standardausstattung.

Wohnmobil-Stellplätze

La Mailleraye-sur-Seine

Wohnmobil-Stellplatz, Aire Camping-car, Quai Paul Girardeau, La Mailleraye-sur-Seine, Tel. 02 35 37 12 04, www.mailleraye.fr; am Wiesenufer der Seine neben der Gendarmerie mit Platz für 20 Wohnmobile, die erforderlichen Jetons für die **V + E Station** erhält man beim Bäcker oder im Rathaus. Die Übernachtung ist gebührenfrei.

Saint-Nicolas-de-Bliquetuit

Wohnmobil-Stellplatz, Saint-Nicolas-de-Bliquetuit. Am Ende der Straße, die zum einstigen Fähranleger führte. Auf Grund der Brücke ist die Straße jetzt eine Sackgasse und es gibt nur noch einen Anwohner. Von dem Platz hat man einen schönen Blick auf das schöne Städtchen, welches sich am anderen Ufer der Seine befindet. Die Übernachtung ist gratis, Picknicktische vorhanden. **V & E für Wohnmobile.**

heute ein romantisches Gemäuer – die Abteiruine von Jumièges

Jumièges liegt in einer engen Schleife der Seine. Sehenswert ist die Ruine der Abtei von Jumièges.

Der heilige Philibert gründete im Jahr 654 die **Benediktinerabtei Jumièges, l'Abbaye de Jumièges**, die sich zu einer der größten Frankreichs entwickelte. 200 Jahre später wurde die Anlage beim Einfall der Wikinger so stark zerstört, dass der Orden drauf und dran war, das Kloster aufzugeben.

Wilhelm I. der Normandie (nicht zu verwechseln mit Wilhelm dem Eroberer) aber beauftragte Mönche aus einer Abtei bei Poitiers mit dem Wiederaufbau, der sich allerdings bis in das 13. Jahrhundert hinzog. Aber schon lange vorher konnte die Klosterkirche wieder geweiht werden. Als prominenter Gast bei den Einweihungsfeierlichkeiten war Wilhelm der Eroberer anwesend, der zu diesem Zeitpunkt schon König von England war.

Mit ihren beiden 46 m hohen Türmen stellte die Kirchenfassade die erste große Fassade ihrer Art in der Normandie dar.

Im Mittelalter wurden Abtei und Klosterkirche mehrfach geplündert und immer weniger Mönche kehrten zurück, um den Wiederaufbau erneut in Angriff zu nehmen.

Die schwersten Schäden, die bis heute geblieben sind und das Kloster zu einer Ruine werden ließen, wurden während der Französischen Revolution angerichtet. Nachdem erst der Chor gesprengt wurde, gab man die Reste als Steinbruch frei *(für Besucher geöffnet Mitte April - Juni und die ersten beiden Septemberwochen Mo - Fr 9.30 - 13 Uhr und 14.30 - 18.30 Uhr, an den Wochenenden 9.30 - 18.30 Uhr. Juli und August tägl. 9.30 - 18.30 Uhr; übrige Zeit 9.30 - 13 Uhr und 14.30 - 17.30 Uhr. Letzter Einlass 30 Minuten vor Schließung).*

Praktische Hinweise – Jumièges

Office de Tourisme, Rue Guillaume Le Conquérant, 76480 Jumiéges, Tel.: 02 35 37 28 97, Fax: 02 35 37 07 07, E-Mail: si-jumieges@wanadoo.fr, Web: www.jumieges.fr.

Camping

Camping de la Forêt, Rue Mainberte, 76480 Jumièges, Tel.: 02 35 37 93 43, Fax: 02 35 37 76 48, E-Mail: info@campinglaforet.com, Web: www.campinglaforet.com, Apr. – Okt.; am südöstlichen Ortsrand von Jumièges in waldreicher Umgebung neben dem Sportplatz, fußläufig zur Klosterruine; Komfortausstattung; 80 Stellplätze mit Spielplatz, Swimmingpool, Waschmaschine, TV-Raum, Shop, Wartungsmöglichkeit für Wohnmobile, Fahrradverleih. **V & E für Wohnmobile**.

Wohnmobil-Stellplatz

Wohnmobil-Stellplatz, Rue Alphonse Callais, Jumièges, schräg gegenüber der Abtei führt diese Straße zu einem rund 200 m entfernten Stellplatz für 20 Fahrzeuge. Die Münze für die **Ver- und Entsorgungssäule** erhält man im Touristenbüro.

In der Abtei lebte unter anderem der Mönch Wilhelm von Jumièges, der die Chronik **Gesta Normannorum Ducum** (Taten der Herzöge der Normannen) verfasste. Dieses Schriftwerk beschreibt die Geschichte der Herzöge der Normandie und war eigentlich Mitte des 11. Jahrhunderts fertiggesellt. Die Eroberung Englands durch Wilhelm und dessen Krönung zum König von England machten es notwendig, die Chronik fortzuschreiben, was durch einen Mönch namens Wilhelm bewerkstelligt wurde.

Ebenso wie in Le Bec-Hellouin kamen auch aus Jumièges Äbte, die später mit dem hohen Amt des Erzbischofs von Canterbury betraut wurden, wie zum Beispiel Robert Champart in der ersten Hälfte des 11. Jahrhunderts. Einer der Äbte aus Jumièges, Nicolas Le Roux, war im Jahr 1431 aktiv am Prozess gegen Jeanne d'Arc beteiligt und somit auch für ihren Tod mitverantwortlich, kein Ruhmesblatt, weder für den Kirchenmann noch für die Abtei Jumièges.

Route: Von der Abtei Jumièges zurück bis zum Abzweig der **D982/D143**. Ihr folgen wir in östlicher Richtung. Hinter **Saint-Martin-de-Boscherville** wird die Straße schön von einem Wald flankiert. Sobald sich dieser lichtet, hat man einen wunderbaren Blick auf Rouen, die Hauptstadt der Normandie. Es

Camping

Roumare

Camping les Nénuphars, 765, Route des deux Tilleuls, 76480 Roumare, Tel.: 02 35 33 80 75, E-Mail: camping.les.nenuphars@wanadoo.fr, März – Jan.; 13 km nordwestlich von Rouen etwas abseits gelegen, über die N15 zu erreichen, aber wer am nächsten Morgen die Stadt Rouen besichtigen möchte, für den bietet sich bei später Ankunft am Vorabend dieser ruhige und kleine Platz an, auf Wiesen, teils durch Buschreihen parzelliert. Standardausstattung. **V & E für Wohnmobile.**

geht noch ein wenig bergab, bevor man automatisch auf die Straße am Ufer der Seine gelangt, die hinein in die Stadt führt.

ROUEN

Um es vorweg zu nehmen: Rouen enttäuscht in Sachen Parkmöglichkeiten.

Wer länger bleiben möchte, der sollte direkt den Campingplatz ansteuern und von dort aus zu Stadtbesichtigungen aufbrechen.

Ein Wohnmobil-Stellplatz wird nur während des Armada-Festivals im östlich gelegenen Stadtteil Repainville angeboten, dies aber nur alle fünf Jahre!

Im Zentrum ist es schon für Pkw nicht ganz einfach, einen Parkplatz zu finden, geschweige denn für ein Wohnmobil. Das Problem ist, dass die wenigen Parkplätze entweder völlig überlaufen sind oder sich als Parkhäuser mit Einfahrtshöhenbeschränkung entpuppen.

Daher ist es sinnvoll, gar nicht erst direkt in die Altstadt zu fahren, sondern ein wenig außerhalb zu parken. Als Alternative eignen sich zum Beispiel die Straßen im Westen rund um das Museum Flaubert.

Die Geschichte Rouens reicht bis weit in die graue Vorzeit zurück.

Auf dem Gebiet des heutigen Rouen wurden Spuren entdeckt, die darauf hindeuten, dass schon vor etwa 10.000 Jahren erste Besiedlungen stattgefunden haben müssen.

Erstmals namentlich erwähnt wurde ein Ort an der Stelle im ersten Jahrhundert nach Christus, als die Römer die Stadt *Rotomagus* gründeten.

Dreihundert Jahre später wird die Stadt Bischofssitz. Erster Bischof ist Saint-Victrice.

Wieder ein paar Jahrhunderte später erhält der Wikingerführer Rollo die Stadt von König Karl III. zugesprochen, nachdem die Wikinger Rouen zunächst überfallen hatten und sich dann aber zum Christentum bekehren ließen.

In den folgenden Jahrhunderten blieb es verhältnismäßig ruhig im zur normannischen Hauptstadt erklärten Rouen.

René Robert Cavelier – Aufbruch zu neuen Ufern

Rouen ist das Hamburg Frankreichs. Die Stadt liegt zwar nicht an der Küste, ist aber dennoch für die internationale Schifffahrt von Bedeutung. Im 17. Jh. beispielsweise machten sich von Rouen aus zahlreiche Erkundungsschiffe auf den Weg, um die Neue Welt jenseits des Atlantiks zu erforschen und zu besiedeln.

Einer jener Seefahrer war René Robert Cavelier, der im November 1643 in Rouen das Licht der Welt erblickt hatte und sich später aufmachte, mehr von der Welt zu sehen.

Bereits im Alter von 22 Jahren fuhr er zum ersten Mal über den Atlantik und reiste nach Kanada, damals noch eine französische Kolonie. Nachdem er einige Zeit dort sesshaft war, begann er mit der Erforschung der Flüsse und Seen auf dem amerikanischen Kontinent. 1677 reiste er zurück nach Frankreich, um sich von König Ludwig XIV. den offiziellen Auftrag erteilen zu lassen, weitere Forschungen durchzuführen.

Cavelier, der sich auch La Salle nannte, erreichte im Rahmen einer Expedition im Jahr 1683 als erster Europäer die Flussmündung des Mississippi. Dabei nahm er die Gebiete rund um den Fluss für den französischen Staat in Besitz und benannte sie nach König Ludwig XIV. – La Louisiane, dem heutigen US-Bundesstaat Louisiana. Auf einer späteren Expedition wurde er 1687 von seiner eigenen Begleitmannschaft ermordet.

in Rouen am zentralen Marktplatz Place du Vieux Marché

Auch die Machtkämpfe zwischen der englischen und französischen Krone schienen der Stadt nichts anhaben zu können.

Lediglich im Hundertjährigen Krieg fiel Rouen auf, als es im Jahr 1431 zum Prozess und zur darauf folgenden Hinrichtung von Jeanne d'Arc kam.

Während der Auseinandersetzungen zwischen Preußen und Frankreich in den 1870er Jahren wurde die Stadt von den Preußen besetzt.

Der Erste Weltkrieg hingegen ging an der Stadt spurlos vorbei.

Im Zweiten Weltkrieg kam es nach der Invasion der Alliierten, dem D-Day, auch in Rouen zu einigen Zerstörungen durch die Bombardierungen der Alliierten und dem Rückzug der Deutschen, die die Brücken über die Seine zerstörten.

Die Lage an der Seine führte dazu, dass sich Rouen zu einer wichtigen Hafenstadt entwickelte, und das, obwohl die Stadt 80 km landeinwärts liegt und die Schiffe erst einmal den langen Weg auf der Seine zurücklegen müssen. Allerdings änderte sich das mit der Gründung von Le Havre, die der Hauptstadt den Rang ablief. Trotzdem kommen auch heute noch gelegentlich Frachtschiffe nach Rouen, die Ladung aus Übersee bringen.

Alle fünf Jahre findet im **Hafen von Rouen** ein großartiges Fest statt. Die als „**Armada**" bezeichnete **größte Windjammerparade der Welt** lockt dann bis zu neun Millionen Besucher an, die kostenlos zahlreiche Segelschiffe besichtigen können.

Das Großereignis, bei dem die Schiffe nach langer Fahrt auf der Seine in den Hafen einlaufen und vor der Kulisse Rouens am Kai anlegen, fand zuletzt Anfang Juli 2008 statt. Zehn Tage dauert das Spektakel, von dem jeder Tag mit einem Feuerwerk endet und zahllose

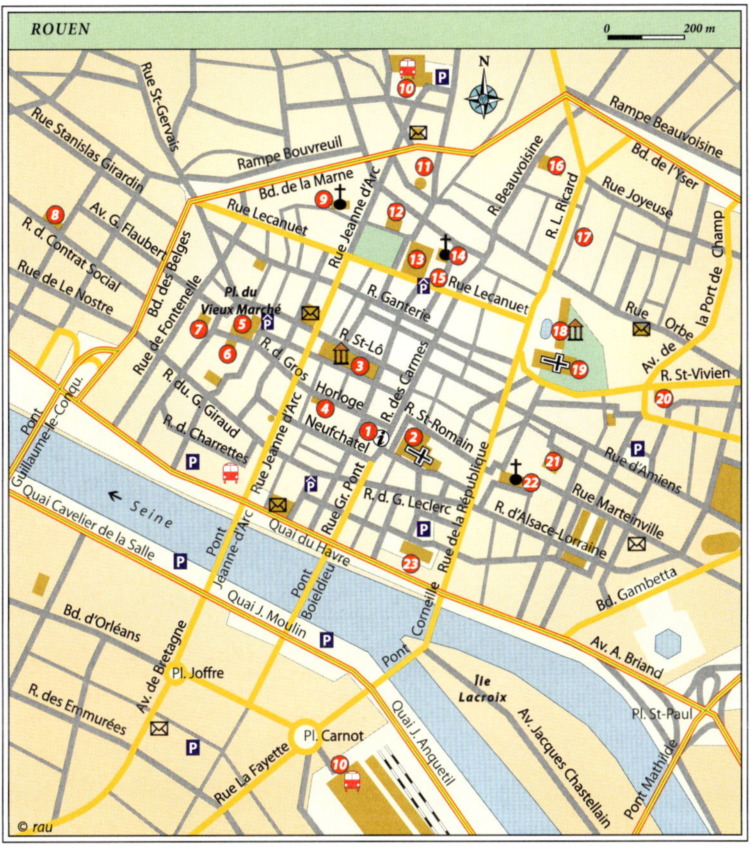

*ROUEN – **1** Touristeninformation – **2** Kathedrale – **3** Palais de Justice – **4** Gros Horloge, Uhrturm – **5** Kirche Ste-Jeanne-d'Arc am Place du Vieux Marché – **6** Jeanne d'Arc Museum – **7** Corneille Museum – **8** Flaubert Museum – **9** Kirche St-Patrice – **10** Bahnhof – **11** Jeanne d'Arc Turm – **12** Keramikmuseum – **13** Musée des Beaux Arts (Schöne Künste) – **14** St-Godard – **15** Le Secq des Tournelles Museum – **16** Musée Antiquités de la Seine-Maritime – **17** Lycée Corneille – **18** Rathaus – **19** St-Ouen – **20** Musée national de l'Éducation – **21** Aître St-Maclon – **22** St-Maclon – **23** Markthalle aux Toiles*

Veranstaltungen und Konzerte stattfinden. Die Größe dieses Festes zeigt sich auch darin, dass die ansonsten stellplatzfreie Stadt im Osten Rouens einen Stellplatz für 250 Wohnmobile zur Verfügung stellt.

Aber auch ohne Armada besteht die Möglichkeit, den Hafen zu besichtigen. Jeden Samstag legt am Quai de Boisguilbert das Ausflugsschiff „Cavalier de la Salle II" ab. Die **Hafenrundfahrt** dauert etwas über eine Stunde und führt unter anderem auch an der neuen **Flaubert-Brücke** vorbei, die erst 2008 nach vier Jahren Bauzeit in Betrieb genommen wurde. Die Brücke ist 670 Meter lang, einhundert Meter sind beweglich und können nach oben angehoben werden.

Wie auch die Pont de Normandie und die Pont de Brotonne muss natürlich auch die Brücke direkt an der Einfahrt in den Hafen hoch genug sein, damit die Überseeschiffe einfahren können.

Blick über die Dächer von Rouen zur Kathedrale

Der Realisierung des Brückenbaus ging ein Wettbewerb mit zahlreichen Vorschlägen voraus. Es wurde auch an ein Tunnel, das aber als zu teuer verworfen wurde. Und eine normale, feste Brücke, ähnlich wie die an der Seinemündung, hätte das gesamte Äußere der Stadt entscheidend verändert, da die Rampen viel zu steil hätten gebaut werden müssen.

Zudem kommt es nicht mehr allzuoft vor, dass große Frachtschiffe in Rouen einlaufen. Man rechnet damit, dass die Hubtechnik dieser neuen Hebebrücke nur rund 30mal pro Jahr angewendet werden muss. Allerdings bricht dann für kurze Zeit der Verkehr in der Stadt komplett zusammen, da über diese Brücke, die sechste Seine-Brücke innerhalb Rouens übrigens, die neue sechsspurige Stadtautobahn führt und alleine schon der Hubvorgang fast eine Viertelstunde dauert.

Innerhalb der **Altstadt** liegen alle Sehenswürdigkeiten dicht beieinander und sind zu Fuß gut zu erreichen.

Das Touristenbüro stellt gegen EUR 5,- Gebühr einen **Audio-Guide** zur Verfügung, der ähnlich wie ein Handy funktioniert und einem die wichtigsten Sehenswürdigkeiten der Stadt erläutert.

Geprägt wird das Stadtbild von der **Kathedrale Notre-Dame** *(geöffnet Mo 14 - 19 Uhr, Di - Sa 7.45 - 19 Uhr, So 8 - 18 Uhr; Messen finden statt: So 8.30, 10.30 und 12 Uhr, Mi und Fr 8 Uhr, Di - Sa 10 Uhr)*. Dieses siebentürmige Gotteshaus steht auf den Grundmauern einer früheren romanischen Kathedrale.

Der Baubeginn lag um das Jahr 1160. Bis zur endgültigen Fertigstellung inklusive des 151 Meter hohen Turmes dauerte es bis zum Jahr 1876. Damals war die Kathedrale für vier Jahre das höchste Gebäude der Welt und wurde

Apostel, Heilige und Fürbitter – reicher Figurenschmuck an der Westfassade der Kathedrale

dann vom sechs Meter höheren Kölner Dom abgelöst.

Bis heute aber blieb der Turm der Kathedrale Notre-Dame in Rouen der höchste Kirchturm in ganz Frankreich. Typisch für die Kirchen der Normandie, ist auch die Platzierung des Turms, der genau über der Vierung von Kirchenschiff und Querschiff aufragt.

Die Restaurierung der gotischen Kathedrale wurde nach Ende des Zweiten Weltkrieges erst im Jahr 1980 beendet.

Glücklicherweise waren die Kirchenfenster schon frühzeitig ausgelagert worden und konnten so vor Beschädigungen durch ein Feuer zu Beginn der Okkupation und durch Bombardierungen der Stadt, bei denen auch die Kathedrale stark in Mitleidenschaft gezogen wurde, bewahrt werden.

Insgesamt ist das Hauptschiff der Kathedrale über 130 Meter lang. Im Westen wird es von der imposanten Fassade dominiert.

Die Westfassade der Kathedrale war schon für Monet ein eindrucksvolles Motiv, das er mehrfach in verschiedenen Lichtstimmungen malte und damit seinen berühmten Bilderzyklus „Kathedrale von Rouen" schuf. Heute könnte Claude Monet die Kirche nicht mehr aus dem gleichen Winkel malen, da nun ein Baum genau im Weg steht und den Blick versperrt.

Unterhalb der zahlreichen kleineren und größeren Statuen befinden sich an besagter Fassade die beiden Portale. Das rechte Portal ist nach dem heiligen Stephan benannt, das linke nach dem heiligen Johannes. Sie gehören mit zu den ältesten Teilen der Kathedrale.

Der untere Abschnitt des linken Turms, des **Tour Saint-Romain**, stammt ebenfalls aus der frühesten Bauperiode. Die oberen Stockwerke wurden aber erst im 15. Jahrhundert aufgesetzt.

Aus demselben Zeitraum stammt der komplette rechte Turm, der auch Butterturm, **Tour de Beurre**, genannt wird. Zu diesem Namen kam der Turm durch den Umstand, dass er fast vollständig durch den Verkauf von Butter finanziert worden sein soll. Andere Stimmen behaupten, dass es an der gelblichen Farbe der Steine liegt.

In den beiden Türmen befindet sich jeweils eine kleine Kapelle. Die sich an die Kapellen anschließenden Seitenschiffe wurden während des Krieges stark zerstört und sind daher etwas moderner gestaltet.

Der **Chorumgang** ist eher einfach gehalten und besteht aus mehreren Chorkapellen aus dem 13. Jahrhundert. Dort befindet sich auch das **Grab von Rollo**, dem Wikinger, der mit König Karl III. den Vertrag von Saint-Clair-sur-Epte abschloss und damit Rouen und Teile der Normandie als Lehen erhielt.

Auch das Herz von Richard Löwenherz liegt in der Kathedrale von Rouen begraben.

Links neben der Kathedrale beginnt die Rue Saint-Romain, die zum Place Barthélémy führt. Dort erhebt sich die **Kirche Saint-Maclou** mit fünf Portalvorbauten *(geöffnet Mo - Sa 10 - 17 Uhr, So 10.30 - 17.30 Uhr)*. Jedes einzelne Portal ist mit einer prächtigen Holztür versehen. Auch wenn das Bauwerk aus der Zeit der Renaissance stammt, ist es im gotischen Stil gehalten.

Gleich gegenüber der Kirche befindet sich das so genannte **Beinhaus**. Heute ist hier die Kunstschule untergebracht. Der Eingang befindet sich auf der Rue Géricault. Auf dem Weg dahin beachte man den kuriosen „Zebrastreifen", der einmal um die Kurve herum führt.

Errichtet wurde das Beinhaus anlässlich einer Pestepidemie, die im 14. Jahrhundert die Stadt heimsuchte und nur jeden vierten Bürger überleben ließ. Daher musste an diesem Ort ein neuer Friedhof erbaut werden, um die Opfer der Seuche schnell und einfach zu bestatten. Es kann nur der Innenhof besichtigt werden *(geöffnet März - Okt. 8 - 20 Uhr, sonst 8 - 19 Uhr)*.

Über die nahe gelegene Rue Victor Hugo erreicht man an deren Ende die Rue d'Amiens, die man überquert und dann vor dem **Pädagogik-Museum, Musée National de l'Éducation**, steht *(geöffnet Mo + Mi - Fr 10 - 12.30 Uhr und 13.30 - 18 Uhr, Sa + So 14 - 18 Uhr, während der Schulferien [außer Sommerferien] Mi - Mo 14 - 18 Uhr)*. Das Museum ist in einem schönen Gebäude aus dem 16. Jahrhundert untergebracht. Der Eingang befindet sich in der Rue Eau-de-Robec.

Das Museum wurde ursprünglich im Jahr 1879 in Paris gegründet, zog aber 1980 nach Rouen um. Die Ausstellung über zwei Etagen präsentiert rund eine Million Exponate aus dem Bereich der Malerei, Druckgrafik, Volkskunst, Jugend- und Kinderliteratur, Spielzeug und pädagogisches Lernmaterial. Zudem werden die Veränderungen in der Grundschule der letzten Jahrhunderte gezeigt und es gibt noch einen kleinen Bereich, der sich mit den Wissenschaften in Frankreich befasst.

Schräg gegenüber dem Museum gelangen wir durch die schmale Gasse Rue du Pont de l'Arquet zum Park der **Abtei Saint-Ouen**. Dort sieht man die wunderbare Abteikirche, die auf Grund ihrer Größe mit der Kathedrale verwechselt werden könnte. Sehenswert in der 137 m langen Kirche ist nicht nur die imposante **Orgel**, sondern auch die zahlreichen hübsch gestalteten **Fenster**.

In der Abtei hat sich während der Französischen Revolution das **Rathaus Hôtel de Ville** einquartiert und ist bis heute dort geblieben.

Vor dem Rathaus erstreckt sich der ovale **Place du Général de Gaulle** mit einem Brunnenbecken und einer Reiterstatue von Napoleon Bonaparte, die

die Abtei Saint-Ouen in Rouen

aus den Bronzekugeln der Schlacht von Austerlitz gegossen wurde.

Vom Platz Génerel de Gaulle zweigt die Rue Louis Ricard geradewegs nordwärts ab. Nach gut 300 m, wenn sich die Straße an der Fontäne Ste-Marie gabelt, gehen wir links zum **Musée départemental des Antiquités**, dem **Antiquitätenmuseum** *(Mi - Mo 10 - 12.15 Uhr und 13.30 - 17 Uhr, So 14 - 18 Uhr)*. Die Ausstellungen zeigen neben griechischen und ägyptischen Sammlungen zahlreiche Kunstgegenstände aus der Zeit der Merowinger. Darüber hinaus sieht man Goldschmiedearbeiten und Kunstgegenstände aus Emaille, Elfenbein sowie Wandteppiche, die meistens in der Region hergestellt worden sind. Aber schon allein die Innenausstattung des Museums ist sehenswert.

Gleich nebenan zur Rue Beauvoisine hin schließt sich das **Musée d'Histoire naturelle d'Ethnographie et de Préhistoire,** ein **naturhistorisches Museum**, an *(geöffnet Di - So 14 - 17.30 Uhr)*. Das Museum ist in einem ehemaligen Kloster aus dem 17. Jahrhunderts untergebracht ist und präsentiert u. a. mehrere wissenschaftliche Sammlungen aus dem Bereich der Zoologie.

Über die Rue Beauvoisine gehen wir, vom Museum links, wieder zurück in Richtung Altstadt und biegen an der zweiten Straße Quai Pierre Corneille rechts ab, um nach kaum 200 m zum **Tour Jeanne d'Arc**, dem **Turm Jeanne d'Arc**, zu gelangen. Das runde, weiße Bauwerk war Teil des einstigen Schlosses aus dem 13. Jahrhundert und kann besichtigt werden *(geöffnet Mo - Sa 10 - 12.30 Uhr und 14 - 18 Uhr, So 14 - 18.30 Uhr; von Okt. bis März schließt der Turm jeweils eine Stunde früher)*. Der Name rührt daher, dass in dem Turm der Prozess gegen die heutige Nationalheldin Frankreichs, Johanna von Orléans, ge-

Jeanne d'Arc
Von der Freiheitskämpferin zur Hexe und wieder zur Heldin

In Nordfrankreich kämpfen im 15. Jh. Soldaten Frankreichs gegen England im Hundertjährigen Krieg. Die Region ist Schauplatz von Kriegshandlungen, auf den Feldern liegen Tote, die Luft ist raucherfüllt und durch die Luft sirren die Pfeile der Bogenkämpfer.

In dieser Zeit wird viele hundert Kilometer weiter südlich ein kleines Mädchen geboren, das den Namen Johanna trägt. Sie wächst bei ihren Eltern, einer Bauernfamilie, in einfachen Verhältnissen auf.

Im Alter von 13 Jahren sollen ihr die Heiligen Katharina und Margareta erschienen sein und der Erzengel Michael zu ihr gesprochen haben. Später gab das Mädchen Johanna an, dass sie von ihnen den Auftrag erhalten habe, Frankreich von den Engländern zu befreien, die mittlerweile das Land nördlich der Loire besetzt hielten.

Am Weihnachtstag des Jahres 1428, sie war bereits 16 Jahre alt, verließ sie das Elternhaus, in der festen Absicht die Engländer zu schlagen und Karl VII. zum Thron zu führen.

Doch damals war es nicht gerade einfacher als heute, mit einem angehenden Staatsoberhaupt in Kontakt zu treten. Deshalb versuchte sie es zunächst über den Stadtkommandanten von Vaucouleurs, der ihr im dritten Versuch Einlass gewährte und sogar ein Empfehlungsschreiben ausstellte. Johanna, die sich fortan „Jeanne d'Arc" nannte, erreichte durch feindliches Gebiet Karl VII. und überzeugte ihn – bis heute auf unbekannte Weise – von ihrer Vision. Dieser beauftragte sie schließlich, gegen die Engländer anzutreten.

Nur ein halbes Jahr, nachdem sie das elterliche Heim verlassen hatte, vertrieb sie mit einer von ihr ausgestatteten Truppe die Engländer von der Loire bei Orléans und Karl VII. wurde, wie vorhergesagt, in der Kathedrale von Reims zum König gekrönt.

Als Johanna später beim Versuch scheiterte, auch Paris zu befreien, wandte sich Karl VII. von ihr ab. Im Mai 1430 wurde sie bei Compiègne von den Burgundern festgenommen und an die Engländer verkauft.

Die Engländer brachten sie nach Rouen, wo ihr der Prozess gemacht wurde. Die Anklagepunkte lauteten unter anderem Dämonenanbetung, Aberglaube, Lehre gegen die Wahrheit des christlichen Glaubens und Mord. Als Frau wurde ihr der Soldatenstatus nicht anerkannt und so galten die getöteten Feinde als Mordopfer.

Über ein Jahr dauerte der Prozess, der schließlich damit endete, dass sie in zwölf von 67 Anklagepunkten für schuldig befunden wurde.

In den frühen Morgenstunden des 30. Mai 1431 wurde sie in Rouen auf dem Scheiterhaufen verbrannt. Ihre Asche wurde in die Seine verstreut.

Als sich die politischen Verhältnisse änderten und der Hundertjährige Krieg endete, war ihre Mutter in ihren Bemühungen erfolgreich einen erneuten Prozess durchzusetzen, in dem Jeanne d'Arc im Juli 1456 rehabilitiert wurde.

Im Jahr 1909 wurde Johanna, die „Jungfrau von Orléans", wie sie auch genannt wird, von Papst Pius X. selig und 1920 von Papst Benedikt XV. heilig gesprochen.

führt wurde und sie sich im Erdgeschoss die Folterdrohungen anhören musste.

Direkt am Turm führt die kleine Rue Philippe Auguste nach Süden. Folgt man ihr, kommt man schon nach wenigen Metern direkt zum **Musée de al Céramique**, dem **Keramikmuseum** *(geöffnet Mi - Mo 10 - 13 Uhr und 14 -*

18 Uhr). Dieses Museum präsentiert in mehreren Sälen verschiedenartiges Porzellan aus der Zeit vom 19. Jahrhundert bis heute sowie wertvolle Stücke chinesischer Porzellankunst.

Gegenüber vom Keramikmuseum erstreckt sich hinter der Einfahrt zu einer Tiefgarage der **Place Verdrel**. Dieser baumreiche Park ist quasi der Vorplatz des **Museums der Schönen Künste, Musée des Beaux Arts** *(geöffnet tgl. a. Di 10 - 18 Uhr; der Eingang Süd ist von 13 - 14 Uhr geschlossen).*

Neben verschiedenen Möbeln, Skulpturen und Kunstgegenständen der unterschiedlichsten Stile und Kunstepochen befindet sich im Museum auch eine umfangreiche Gemäldesammlung verschiedener Künstler. Darüber hinaus sind sämtliche Impressionisten des 20. Jahrhunderts mit Werken vertreten, aber auch ältere Gemälde, überwiegend aus dem 17. Jahrhundert, sind ausgestellt.

Bevor wir uns nun wieder in das Altstadtzentrum und zur Fußgängerzone begeben, liegt noch ein letztes Museum auf dem Weg dorthin. An der Rue Jean Lecanuet, schräg gegenüber vom Museum der Schönen Künste, lohnt bei entsprechendem Interesse das **Musée Le Secq des Tournelles (Ferronnerie) einen Besuch** *(tgl. a. Mo. 10 - 13 Uhr und 14 - 18 Uhr).* Hier sind hübsche Kunstschmiedearbeiten zu besichtigen. Und dabei geht es keineswegs nur um Türstopper und Schlösser, sondern auch um Sammlungen kunstvoll gearbeiteter Geländer und Gitter, die von Henri Le Secq des Tournelles, einem Sohn der Stadt, gespendet wurden.

Den Stadtrundgang kann man nun über die wenige Schritte östlich gelegene Rue des Carmes stadteinwärts (rechts) fortsetzen.

Nach etwa 200 m zweigt von der Rue des Carmes rechts die Rue aux Juifs ab. Die Straße führt am rechter-

beeindruckt durch seine üppige Fassade, der Justizpalast in Rouen

der Uhrenturm Gros-Horloge

hand unübersehbaren **Palais de Justice,** dem **Justizpalast** vorbei. Das mit seinen Ausmaßen und dem üppigen Fassadendekor einem Schloss ebenbürtige Renaissancegebäude wurde ausgangs des 15. und Anfang des 16. Jh. als Sitz des obersten Gerichtshofes der Normandie erbaut. Heute hat in den Gebäudeflügeln, die sich um den rechteckigen Cours d'honneur, den Ehrenhof gruppieren, auch das Parlament der Normandie seinen Sitz.

Bei Renovierungsarbeiten wurden unter dem Ehrenhof Reste einer Synagoge aus dem 12. Jh. entdeckt, die die ältesten jüdischen Denkmäler in Rouen darstellen. Das Palais de Justice kann nicht besichtigt werden.

Vom erwähnten Abzweig der Rue aux Juits ist man auf der Rue des Carmes in wenigen Schritten am **Place de la Cathédrale**, dem schmalen Vorplatz der Kathedrale. Hier findet man die **Touristeninformation.**

Und fast genau gegenüber der Westfassade der Kathedrale führt die die **Rue du Gros-Horloge** als Fußgängerzone nach Westen mitten durch die Altstadt von Rouen.

Etwa auf der Hälfte der reizvollen, von Fachwerkhäusern flankierten Fußgängerzone wird der Blick von einem prächtigen **Torbogen** gefesselt, der vom großen Uhrturm **Le Gros-Horloge** überragt wird. Die Uhr mit reich verziertem Ziffernblatt zeigt mit nur einem Zeiger die Zeit an und zwar lediglich die Stunden. Über dem Ziffernblatt sind die Mondphasen zu erkennen und in einem Fensterausschnitt unter dem Ziffernblatt sind wechselnde Bildmotive zu sehen, die die Wochen darstellen sollen.

Gleich daneben erhebt sich ein noch höherer Turm. Beide Teile dieses Gebäudeensembles sind im Stil der Renaissance errichtet und können besichtigt werden. Der Eingang ist direkt unter dem Torbogen *(geöffnet Di - So 10 - 18 Uhr, von Okt. bis April nur 14 - 17 Uhr).*

Ein Audioguide, auch in deutscher Sprache, simuliert einen Hausmeister des letzten Jahrhunderts und erklärt in unterhaltsamer Weise die einzelnen Räume über dem Torbogen und die des Turmes.

Dabei kommt man auch in den Raum des Uhrwerks und zur Stundenglocke. Hoffentlich sind Sie nicht gerade zur vollen Stunde am Uhrwerk und der Glocke. Denn der Glockenschlag, mit dem die Stunden verkündet werden, ist in unmittelbarer Nähe ohrenbetäubend laut.

Schließlich gelangt man zum Aussichtspunkt auf dem Turm. Achtung, der Aufstieg ist teilweise sehr eng, die Aussicht dafür grandios.

Am Ende der Fußgängerzone Rue du Gros-Horloge erreichen wir den **Place du Vieux-Marché**, den **Alten Markt**, der von einem architektonisch gewagten, modernen Gebäude geprägt – der **Kirche Jeanne d'Arc**. Sie wurde erst in den 1970er Jahren erbaut.

Die äußere Form des Bauwerkes soll das Meer versinnbildlichen, erinnert aber eher an einen mittelalterlichen Helm, welchen Jeanne d'Arc bei ihren Befreiungskämpfen getragen haben könnte.

Unter dem Dach aus Schiefer- und Kupferplatten befindet sich eine kleine Halle, in der sich die Sitzbänke im Halbrund um den Altar gruppieren. Ein Kirchenschiff, wie es zumindest früher in Kirchen üblich war, sucht man hier vergeblich.

Eine Wand der Kirche besteht fast nur aus einer bunten **Fensterfront**, während sich über den halben Marktplatz das lange Vordach der Kirche erstreckt.

Gleich neben der Kirche sieht man neben einem großen Kreuz ein Hinweisschild das darauf hinweist, dass an dieser Stelle am 30. Mai 1431 die Jungfrau von Orléans verbrannt wurde.

Selbstverständlich gibt es auf dem Alten Markt ein Museum über das Leben von Jeanne d'Arc .

Le Boucher – hier auf dem Vieux Marché, dem Alten Markt in Rouen, stand der Scheiterhaufen, auf dem Johanna, die Jungfrau von Orléans, am 30. Mai 1431 den Feuertod erlitt

Das **Jeanne d'Arc-Museum** *(geöffnet Mitte April - Mitte Sept. tägl. 9.30 - 13 Uhr und 13.30 - 19 Uhr, sonst 10 - 12 Uhr und 14 - 18.30 Uhr)* liegt auf der Südseite hinter Fachwerkfassaden inmitten der vielen Straßencafés.

Die Ausstellung des Museum zeigt neben Dokumenten und Bildern auch eine Rüstung und ein Banner, mit denen die Junfrau von Orléans angeblich ihren Truppen voran gegen die Engländer stürmte.

Ein Kabinett mit mehr als 50 Wachsfiguren veranschaulicht Szenen aus dem Leben der jungen Nationalheldin. Kommentare dazu erfährt der geneigte Besucher von Audioguides auch in deutscher Sprache.

Südlich des Alten Marktes Le Vieux Marché erreicht man den **Place de la Pucelle.**

Eines der schönsten Gebäude hier ist das sog. **Hôtel de**

Bourgtheroulde, das aber innen nicht besichtigt werden kann. Es stammt aus dem 16. Jahrhundert, zeigt Stilelemente der Gotik wie der Renaissance und berherbergte bis zum Jahr 2006 eine Bank. Seit 2008 dient es als Vier-Sterne-Hotel. Besichtigt werden konnte bislang nur der Innenhof mit seinen Flachreliefs *(geöffnet 8.30 - 17.30 Uhr, an Wochenenden erst ab 14.30 Uhr).*

Rouen ist Geburtsstadt des Dramatikers **Pierre Corneille**. Corneille lebte im 17. Jahrhundert und aus seiner Feder stammt das Heldenepos „El Cid". Das Geburtshaus des Dramatikers steht in der Rue de la Pie, nur ein paar Schritte westlich vom Alten Markt. Im Haus, in dem der Dichter fast sechs Jahrzehnte lebte, ist heute ein **Corneille-Gedächtnismuseum** eingerichtet. Es zeigt die Erstausgaben seiner Werke und mehrere Kupferstiche und Porträts *(geöffnet während der Schulferien Mi - So 14 -18 Uhr, sonst nur an Wochenenden 14 - 18 Uhr).*

Ein weiterer Schriftsteller, der in Rouen zur Welt kam und lange Zeit in der Stadt lebte, war **Gustave Flaubert**. Das **Musée Flaubert et d'Histoire de la Médecine**, **Flaubert-Museum und Museum der Medizingeschichte** ist westlich der Altstadt im Hôtel Dieu untergebracht *(geöffnet Di 10 - 18 Uhr, Mi - Sa 10 - 12 und 14 - 18 Uhr).*

Das Museum befasst sich aber nicht nur mit dem Leben und Wirken von Gustave Flaubert, sondern fungiert auch als Museum der Medizingeschichte.

Was auf den ersten Blick befremdlich erscheint, erklärt sich, wenn man erfährt, dass Flauberts Vater Chefarzt des städtischen Krankenhauses war.

In zehn Zimmern wird mit einer reichen und vielfältigen Sammlung aus Möbelstücken, Skulpturen und medizinischen Instrumenten Einblick nicht nur in das Leben Flauberts, sondern auch in die Geschichte der Medizin gewährt.

Außerhalb des Museums kann der dazugehörige Garten mit zahlreichen Heilkräutern besichtigt werden.

Praktische Hinweise – Rouen

Office de Tourisme, 25, Place de la Cathedrale - B.P. 666, 76000 Rouen, Tel.: 02 32 08 32 40, Fax: 02 32 08 32 44, E-Mail: accueil@rouentourisme.com, Web: www.rouentourisme.com.

Feste und Folklore

Im März das **Nordische Filmfestival**, der Mai ist vom **Mittelaltermarkt** geprägt und dem **Fest zu Ehren von Jeanne d'Arc**, die **Wochen der Antiquitätenhändler** finden im September statt. Und im Juli kehrt alle fünf Jahre die **Armada** mit den schönsten Segelschiffen der Welt in den Hafen von Rouen ein.

Restaurants

La Couronne, 31, Place du Vieux Marché, Tel.: 02 35 71 40 90. In wunderschönem Ambiente direkt neben dem Jeanne d'Arc-Museum speist man hier nicht selten zwischen berühmten Persönlichkeiten. John Wayne, Sophia Loren und Jean Paul Sartre ließen sich hier verköstigen und fotografieren, wie die zahllosen Bilder an den Wänden dokumentieren.

La Toque d'Or, 11, Place du Vieux Marché, Tel.: 02 35 71 46 29. In gemütlichen Fachwerkräumen und vor rustikalem Kaminfeuer gibt es traditionelle Speisen.

Le 6e Sens, 2, Rue Thomas Corneille, Tel.: 02 35 88 43 97. Der „sechste Sinn" befindet sich in einem hellen Kellergewölbe und bietet überwiegend Gegrilltes an.

Le Rouennais, 5, Rue de la Pie, Tel.: 02 35 07 55 44. Lokal mit Außenterrasse. Gerichte zu moderaten Preisen, So und Mo geschlossen.

Bistrot des Hallettes, 47, Place du Vieux Marché, Tel.: 02 35 71 05 06. Gediegene Atmosphäre, nichts für den kleinen Geldbeutel.

Crêperie La Voute Musicale, 236, Rue Martainville, Tel.: 02 35 98 29 29. Schlicht, gut, preiswert.

Crêperie La Régalière, 12, Rue Massacre, Tel.: 02 35 15 33 33. Typischer französisch wie in diesem Eckhaus mit Straßencafé geht es kaum noch. Einfache, aber leckere und preiswerte Schnellgerichte.

Camping

Déville-les-Rouen

Camping Municipal, Rue Jules Ferry, 76205 Déville-les-Rouen, Tel.: 02 35 74 07 59, Fax: 02 35 76 35 21, ganzjährig geöffnet; nordwestlich der Altstadt von Rouen im Vorort Déville liegt der kleine, einfache Platz mit rund 60 Stellplätzen. Zu erreichen ist er über die N15 Richtung Barentin, hinter dem Rathaus von Déville links abbiegen. Mindestausstattung.

Saint-Leger-du-Bourg-Denis

Camping L'Aubette, Rue du vert Buisson, 76160 Saint-Leger-du-Bourg-Denis, Tel.: 02 35 08 47 69, ganzjährig geöffnet; sehr kleiner Platz im östlichen Vorort Saint-Leger-du-Bourg-Denis gelegen. Zu erreichen über die N31, D42 und D138. Hinter dem Kreisverkehr macht die Straße eine Kurve nach rechts. In der Kurve links abbiegen und dem Verlauf folgen. Der kleine und einfache Platz erscheint auf der rechten Seite. Mindestausstattung.

alles nur gemalt, Fensterfassade in Rouen

12. ROUEN – GIVERNY

Länge der Tour: Rund 95 km, ohne Abstecher.

Die Route: N15 und N154 über **Pont-de-l'Arche** bis **Louviers** – N155 und D135 bis **Les Andelys** – D316 über **Gaillon** bis **Autheuil-Authouillet** – evtl. Umweg auf der D836 bis **Acquigny** und D155 bis **Evreux** – N13 bis **Pacy-sur-Eure** – D181 bis **Vernon** – D5 bis **Giverny**.

Reisedauer: Mindestens ein Tag.

Reisehöhepunkte: Fahrt durch das **Tal der Eure (Vallée de l'Eure)** ** – Besichtigung von **Haus und Garten von Claude Monet** *** in Giverny.

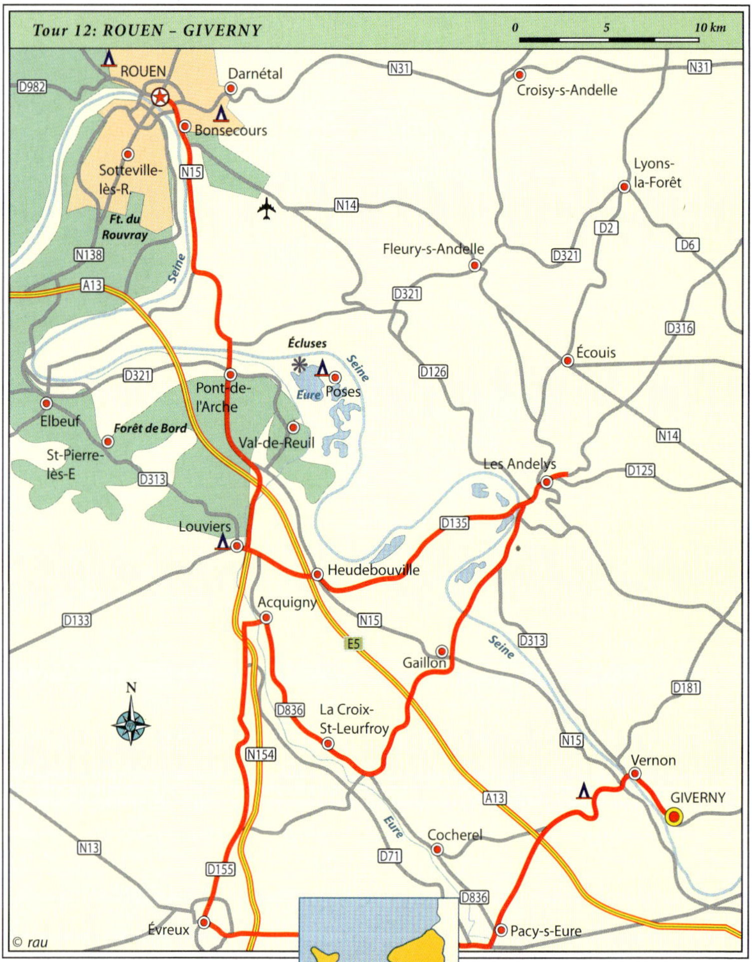

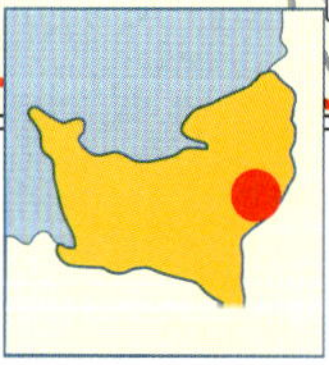

ROUTE: Weiterreise von Rouen über die **N15** nach Südosten. Nach rund 17 km überquert man

kurz hinter **Igoville** die Seine und kommt gleich darauf nach **Pont-de-l'Arche**.

Nach der Überquerung der Seine folgt gleich ein weiterer, allerdings kleinerer Fluss, die Eure, die auch dem **Département Eure**, einem der fünf Départements der Normandie, seinen Namen verlieh.

Nach über 220 Kilometern ihres Laufs fließt die Eure bei **Pont-de-l'Arche** parallel zur Seine und mündet nur wenige Kilometer weiter westlich in die Seine. Kurz vor ihrem Zusammenfluss bilden beide Flüsse eine lange, sehr schmale halbinselartige Landzunge, die so eng ist, dass die beiden Flüsse nur wenige Meter voneinander getrennt dahinfließen.

Aber bei Pont-de-l'Arche kann man auch sehen, dass ein Teil der Eure bereits hier ihr Bett verlässt und in die Seine strömt.

Der Name der Stadt **Pont-de-l'Arche** leitet sich von der einstigen mittelalterlichen Brücke ab, die Mitte des 19. Jahrhunderts aber einstürzte. Die Brücke verfügte über 22 Bögen, was ausschlaggebend für den Städtenamen war. Das Wort „Arche" bedeutet nichts anderes als „Bogen" und Pont-de-l'Arche wäre demnach die „Bogenbrücke".

Wer sich die Eure-Mündung genauer anschauen möchte, kommt auf dem Weg dahin an der **Abbaye de Bonport** vorbei, die nur 1,5 km westlich von Pont-de-l'Arche liegt. Errichtet wurde sie in den 80er Jahren des 12. Jahrhunderts unter Richard Löwenherz. Aber nach den Wirren der Französischen Revolution ist nicht mehr viel von der Abtei übrig geblieben. Die Inneneinrichtung konnte gerettet werden und ist heute in der **Kirche Notre-Dame** in Pont-de-l'Arche zu sehen.

Rund 3 km östlich von Pont-de-l'Arche liegt der kleine Weiler **Poses**. Rund um Poses erstreckt sich in einer weiten Flussschleife der Seine ein Seengebiet, das durch die Stauung und Regulierung der Seine entstanden ist und an seiner Westseite von der Eure eingefasst wird. Die wasserreiche Landschaft wurde zum Vogelschutzgebiet ernannt.

Der Staudamm mit Schiffsschleuse (Écluses) bei Poses ist begehbar. Schon im 19. Jahrhundert ist die Seine hier gestaut worden, um den Fluss einerseits bis Paris schiffbar zu machen und andererseits den Wasserweg von den Gezeiten unabhängig zu machen.

Interessant wird es an den Staustufen immer, wenn größere Schiffe, ein Lastkahn oder ein Containerschiff, die Schleusen passieren.

Im Süden von Pont-de-l'Arche erstreckt sich zwar ein größeres Waldgebiet, der Forêt de Bord, das aber aufgrund des Lärms der stark befahrenen Fernstraßen A154 und N15, die Mit-

Camping

Igoville bei Pont-de-l'Arche

Camping Les Terrasses, 2, Rue de Rouen, 27460 Igoville, Tel.: 02 35 23 08 15, Mitte Jan. – Mitte Dez.; kleiner Campingplatz auf dem Weg von Rouen nach Evreux kurz vor einer Linkskurve am Anfang des Ortes Igoville, nördlich von Pont-de-l'Arche. Mindestausstattung.

Poses

Camping de l'Ile Adeline, Rue des Masures, 27740 Poses, Tel.: 02 32 25 45 33, Web: www.camping-ile-adeline.com, Apr. – Okt.; abseits gelegener Platz an einem hübschen See kurz vor dem Staudamm und in der Nähe des Vogelschutzgebietes, rund 120 Stellplätze auf Wiese, Fahrradverleih, Standardausstattung. **V & E für Wohnmobile.**

ten durch den Forst führen, nicht zum Spazieren und gar Wandern einlädt.

ROUTE: Von Pont-de-l'Arche auf der N15 durch den Forêt de Bord südwärts. Nach gut 6 km biegt man am ersten Kreisverkehr in **Le Vaudreuil** rechts ab auf die **D71** und folgt dieser bis **Louviers**, rund 3 km.

Die lang gestreckte Stadt **Louviers** ist einen kurzen Stopp wert. Zwar unterscheiden sich die zahlreichen Fachwerkhäuser der Ortschaft im Wesentlichen nicht von denen anderer normannischer Städte, aber es gibt Sehenswertes.

Die **Kirche Notre-Dame** zum Beispiel. Ihre **Fassade** am Seiteneingang mit zahlreichen filigranen Wasserspeiern und Giebeln und den wertvollen Steinmetzarbeiten am Eingang verdienen Beachtung.

In einer Ecke des fast quadratischen Kircheninneren steht eine **Figur des heiligen Jakob**, was darauf hindeutet, dass auch Louviers im Mittelalter ein Durchgangsort für Pilger auf dem Jakobsweg in das spanische Santiago de Compostela war.

Neben der Kirche lohnt ein Blick in den Kreuzgang des **Franziskanerklosters (Couvent des Pénitents)**. Er stammt aus der Mitte des 17. Jahrhunderts. Das Kloster steht direkt am Fluss Eure, dessen Wasser durch den Kreuzgang fließen und ein herrliches Bild abgeben. Leider ist die Westseite des Kreuzgangs zerstört. An der Stelle befindet sich heute ein kleiner Park.

In der Nähe des Klosters von Louviers liegt das so genannte **Textilviertel**, das noch an mancher Stelle auf die Vergangenheit der Tuchmanufakturen in Louviers aufmerksam macht.

Sehr gut zu erkennen sind die großen, hohen Dachgeschosse mancher Häuser, die zum Aufhängen und Trocknen der Stofftücher genutzt wurden.

ROUTE: Am Südrand von Louviers zweigt am Kreisverkehr des **Place Jean Jaurés** nach links die **D155** ostwärts ab. Man passiert das Krankenhaus, überquert die Autobahn (N154), unterquert die nächste Autobahn (A13/E5) und erreicht schließlich bei **Heudebouville** die **N15**. Der N15 folgen wir nur ein ganz kurzes Stück nach Süden, um schon nach kaum 2 km ostwärts auf die **D135** nach **Les Andelys** abzuzweigen, 17 km.

Praktische Hinweise – Louviers

Office de Tourisme, 10, Rue du Maréchal Foch, 27400 Louviers, Tel.: 02 32 40 04 41, Fax: 02 32 61 28 85, E-Mail: info@tourisme-seine-eure.fr, Web: www.tourisme-seine-eure.fr. *Öffnungszeiten Juli und August Mo - Sa 9 - 13 Uhr und 14 - 19 Uhr, So 10 - 13 Uhr und 14.30 - 18 Uhr, Juni und September Mo - Sa 10 - 12.30 Uhr und 14 - 18 Uhr, So 10 - 13 Uhr, April und Mai So geschlossen, übrige Zeit Mo - Sa 10 - 12.30 Uhr und 14 - 17.30 Uhr.*

Camping

Camping Le Bel Air, Route de la haye Malherbe, 27400 Louviers, Tel.: 02 32 40 10 77, E-Mail: camping-lebelair@aol.com, Web: www.camping-lebelair.fr, März – Anfang Okt.; westlich der Stadt Louviers gelegen, mit kreisförmig angelegten Stellplätzen rund um eine Zeltwiese unter Bäumen in Waldrandlage . Standardausstattung; mit Swimmingpool, Waschmaschine, Spielplatz. **V & E für Wohnmobile**.

Les Andelys liegt am Ostrand einer sehr engen Flussschleife der Seine. Die schroffen Felsen, die sich nördlich der Stadt am Ufer erheben, erinnern ein wenig an gewisse Gestade an der Donau und an das Rheintal an der Loreley.

Unterhalb der steilen, dennoch üppig bewachsenen Felsen entlang des Flusses liegt mitten in der Seine eine an Bäumen reiche Insel.

Les Andelys besteht aus zwei Ortsteilen – Petit Andely und Grand Andely, also Klein und Groß Andely.

Office de Tourisme, Rue Philippe Auguste, 27702 Les Andelys, Tel.: 02 32 54 41 93, E-Mail: omt@ville-andelys.fr, Web: http://office-tourisme.ville-andelys.fr. *Öffnungszeiten Juni - Sept. Mo - Sa 10 - 12 Uhr und 14 - 18 Uhr, So 10 - 12 Uhr und 14 - 17 Uhr.*

Groß Andely ist weniger sehenswert und liegt etwas abseits der Seine.

Petit Andely dagegen ist ein hübsches, kleines Städtchen mit zahlreichen **Fachwerkhäusern,** das von der **Kirche Saint-Sauveur** geprägt wird. Die Kirche hat den Grundriss eines griechischen Kreuzes und einen Vierungsturm. Das gotische Gotteshaus wurde bereits im 12. Jahrhundert erbaut und verfügt über eine hölzerne Vorhalle.

Auf der Fahrt entlang der Seine sieht man schon von weitem die **Burgruine**, die über Les Andelys, genauer gesagt, über Petit Andely thront.

Entstanden ist die Burg zu Zeiten von Richard Löwenherz, der Ende des 12. Jahrhunderts innerhalb weniger Monate hier eine mächtige Festung erbauen ließ. Zu Lebzeiten von Richard Löwenherz wagte der französische König es nicht, die massive Burg anzugreifen. Erst wenige Jahre nach dem Tod von Richard konnte die Festung eingenommen werden.

Auch wenn nur noch Ruinen der einst wehrhaften Festung zu sehen sind, vermitteln sie eine Vorstellung von der Größe der einstigen Burganlage. Im wesentlichen sieht man heute nur noch Überreste der Hauptfestung, die ursprünglich noch von einer weiteren Mauer umgeben war.

Auf einem Felsvorsprung, der durch einen tiefen Graben von der Burg abgetrennt war, erhob sich die Vorburg mit fünf kleineren Türmen, von denen heute der vorderste und zugleich höchste erhalten geblieben ist.

Von der Burgruine hat man von zwei **Aussichtspunkten** sehr schöne Ausblicke auf den Fluss und auf die Stadt Les Andelys.

Zur Besichtigung der Burg kann man bis zu einem nahe gelegenen **Parkplatz** fahren.

Wer gut zu Fuß ist und etwas Zeit mitbringt, sollte aber den Aufstieg zu Fuß vorziehen. Der Fußweg ist wesentlich schöner und unterwegs kann man in etwa nachempfinden, welche Anstrengungen die Leute zu Zeiten von Richard Löwenherz auf sich nehmen mussten, um einerseits die Burg in kürzester Zeit zu bauen oder andererseits sie anzugreifen und zu erobern.

→ **ROUTE:** Weiterfahrt von Les Andelys südwestwärts und auf der **D316** nach **Gaillon**, ca. 12 km.

Nach erneuter Überquerung der Seine liegt auf der rechten Seite die kleine Stadt **Gaillon**. Hier ist es ein **Schloss** gleichen Namens das, wie schon die Burg in Les Andelys, auf einer hohen Felsnase erbaut wurde und die Stadt dominiert.

Eine ursprünglich hier errichtete Festung wurde im Hundertjährigen Krieg zerstört und später von Erzbischof Georges I. d'Amboise, der nach einer Italienreise das Schloss im damals favorisierten Stil umbauen ließ und damit sehr dazu beitrug, dass sich der Renaissancestil in der Normandie ausbreitete. Leider ist heute im Wesentlichen nur noch das schiefergedeckte Torhaus zu sehen.

Office de Tourisme, 4, Place Aristide Briand, 27600 Gaillon, Tel.: 02 32 53 08 25, E-Mail: gaillontourisme@freesurf.fr oder officetourisme@ville-gaillon.fr, Web: www.ville-gaillon.fr. *Öffnungszeiten Di - Sa 10 - 12.30 Uhr und 14.30 - 18 Uhr.*

ROUTE: Für die Weitereise bieten sich hier zwei Möglichkeiten an.

Bei knappem Zeitplan nimmt man ab Gaillon die **N15** in südöstlicher Richtung und erreicht nach 13 km **Vernon**. **Giverny** liegt nur knapp 3 km weiter am Ostufer der Seine.

Die andere Möglichkeit ist ein kleiner **Umweg über Evreux**.

Dazu verlässt man Gaillon auf der **D316** in nordwestlicher Richtung. Nach 9 km kommt man durch **Autheuil-Authouillet.**

Wer gerne durch schöne Flusslandschaften fährt, zweigt in Autheuil-Authouillet nordwestwärts auf die **D164** ab. Sie führt durch das ansprechende **Tal der Eure**. Nach etwa 12 km überquert man bei **Acquigny** den Fluss und fährt auf der mautfreien Autobahn **D154** wieder südwärts und erreicht schließlich **Evreux**.

Mehrere Seen und kleinere Wälder liegen auf dem Weg durch das **Tal der Eure**, das anfangs vor allem auf der Ostseite landwirtschaftlich geprägt ist, später aber bei Acquigny in sanfte und bewaldete Hügel übergeht.

Man passiert **La Croix-St-Leufroy**. Der kleine Ort wartet mit einer 500 Jahre alten **Renaissancekirche** mit schönem Taufbecken und mehreren bemerkenswerten Gemälden auf.

Auch **Acquigny** kann sich eines **Renaissanceschlosses** rühmen. Besonders der Schlosspark verdient Beachtung. Außer einer Orangerie sind hier Baumarten zu finden, die für diese Breiten ungewöhnlich sind und einstmals von den Schlossherren aus dem Ausland herbeigeschafft wurden. Erbaut wurde das Herrenhaus von einer Hofdame der Katharina von Medici.

Die Stadt **Evreux** hat auf Grund der Zerstörungen im Zweiten Weltkrieg nicht viel von seinem mittelalterlichen Zentrum bewahren können.

Sehenswert ist jedoch die **Kathedrale**, die zwar auch stark unter den Bombardierungen litt, jedoch nach dem Krieg bis 1973 restauriert wurde.

Das ursprüngliche Gotteshaus ist im 12. Jahrhundert zweimal durch Feuer zerstört worden und musste 1253 komplett neu aufgebaut werden.

Das über 100 m lange Kirchenschiff weist auf Grund verschiedener Bauabschnitte auch mehrere Baustile auf. Dominierend ist aber der Stil der Gotik.

Mit der Kathedrale über einen Kreuzgang verbunden ist der alte **Bischofssitz von Evreux**. In diesem Gebäude aus dem 15. Jahrhundert befindet sich das **Musée d'Évreux** mit archäologischen Sammlungen der Stadt *(geöffnet Di - So 10 - 12 und 14 - 18 Uhr)*. Und in einem Flügel des Gebäudes sind Fragmente einer römischen Mauer zu sehen, die in den 1980er Jahren freigelegt wurden.

Einige Exponate der Ausstellungen sind Belege dafür, dass die Region bereits in merowingischer Zeit besiedelt war. Aus dem ersten Jahrhundert sind kostbare Bronzestatuen zu sehen. Schließlich kann man im Museum eine schöne Gemäldesammlung mit Werken aus dem 17. Jahrhundert bis heute bewundern.

Evreux, am Flüsschen **Iton,** einem Zufluss der Eure gelegen, hat einen schönen und sehenswerten frei stehenden **Glockenturm**, der des Nachts interessant illuminiert wird.

Eine weitere Kirche in Evreux, die **Église Saint-Taurin**, ist dem ersten

die Kathedrale Notre-Dame in Evreux Foto: Rau

Bischof der Stadt, Taurin Évreux, gewidmet. Ursprünglich gehörte das Gotteshaus zu einem Benediktinerkloster, das besonders während der Konflikte zwischen England und Frankreich turbulente Zeiten erlebte.

Der Chor von Saint-Taurin ist im gotischen Stil gehalten, während das Kirchenschiff eine Mischung aus Gotik und Romanik des 12. Jahrhunderts bildet.

In der Apsis befinden sich reich dekorierte **Glasfenster**, deren Bildmotive das Leben des Bischofs erzählen. Außerdem sieht man dort eine Statue, die Bischof Taurin Évreux darstellt.

Der hübsche Holzaltar stammt aus dem 16. Jahrhundert.

ROUTE: Von Evreux auf der **N13** ostwärts nach **Pacy-sur-Eure**, rund 13 km.

Wer sich sehr für Kirchenkunst interessiert, sollte sich in **Pacy-sur-Eure** die sehenswerte **Kirche** aus dem 13. Jahrhundert mit mehreren Steinfiguren ansehen. Beachtung verdient u. a. eine Darstellung des Erzengels Michael im bekannten Kampf gegen den Drachen.

Praktische Hinweise – Evreux

Office de Tourisme, 1 ter, Place de Gaulle, 27000 Evreux, Tel.: 02 32 24 04 43, Fax: 02 32 31 28 45, E-Mail: information@ot-pays-evreux.fr, Web: www.ot-pays-evreux.fr. *Öffnungszeiten ganzjährig Mo - Sa 9.30 - 18 15 Uhr, von Mitte Juni bis Mitte Sept. auch So 10 - 12.30 Uhr.*

Feste und Folklore

In der kürzesten Nacht des Jahres (21. Juni) findet regelmäßig ein Musikfestival statt.

Im Übrigen ist Évreux stolz darauf, dass Jimi Hendrix sein erstes Konzert seiner Experience-Tour am 13. Oktober 1966 in dieser Stadt abhielt, wie eine Gedenktafel sogar festhält.

Zudem gibt es in Evreux ein **Apfelfest** und das **Fest der Buchhändler,** welches regelmäßig am Ufer des Flusses Iton veranstaltet wird.

Restaurants

La Croix d'Or, 3, Rue Joséphine, Tel.: 02 32 33 06 07. Helle Räumlichkeiten. Die Spezialität sind Gerichte mit Meeresfrüchten.

La Gazette, 7, Rue Saint Sauveur, Tel.: 02 32 33 43 40. Traditionelle Speisen im Ambiente der Gegenwartskunst, Sa nachmittag geschlossen.

Le Chat Botté, 9, Rue Joséphine, Place Saint Taurin, Tel: 02 32 24 66 94. Spezialität: gebratene Wachtel im eigenen Saft und Ente in Ananassauce mit Kräutern.

Am Ortseingang befindet sich ein Denkmal zu Ehren des Staatsmannes Aristide Briand, der aus dem benachbarten Cocherel stammte.

ABSTECHER NACH COCHEREL

Cocherel liegt rund 8 km nordwestlich von Pacy-sur-Eure und ist auf der D836 rasch zu erreichen.

Auf dem kleinen Friedhof der Kirche von Cocherel liegt der französische Staatsmann **Aristide Briand** begraben, der 1932 in Cocherel starb und die letzten Jahre seines Lebens hier verbrachte. Briand war offenbar ganz verliebt in die Landschaft an der Eure und erwarb hier auch mehrere Ländereien.

In seiner politischen Laufbahn bekleidete Aristid Briand mehrmals das Amt des Regierungschefs und war fast zwei Dutzend Mal Minister während der Zeit der Dritten Republik.

Den Höhepunkt seiner Karriere erreichte er mit der Mitarbeit an den Locarno-Verträgen, wofür er kurze Zeit später mit dem Friedensnobelpreis ausgezeichnet wurde.

HAUPTROUTE

ROUTE: Weiterreise von Pacy-sur-Eure nordostwärts nach **Vernon**, das man auf der **D181** schon nach 13 km erreicht.

Kurz vor den Toren der Stadt **Vernon** zeigt ein Wegweiser auf das **Château de Bizy**, das sich heute im Privatbesitz befindet.

Nach seiner Fertigstellung Mitte des 18. Jahrhunderts war das Anwesen im Besitz verschiedener Herren, Herzöge und Generäle. Sogar König Louis-Philippe nannte das Schloss sein Eigen. Und jeder Besizter hatte natürlich Umbauwünsche.

Zum Schloss gehört ein prächtiger **Park**, der unter dem König Louis-Philippe zu einem Englischen Garten umgestaltet wurde mit schönen Lindenalleen, die teilweise bis zum Ufer der Seine reichen. Besonders schön ist der Blick vom Garten auf das Schloss mit seinen Rundfenstern und Säulen.

Im Inneren gibt es Täfelungen und Wandteppiche zu sehen und eine wunderbar geschnitzte Treppe aus Eichenholz *(geöffnet April - Okt. Di - So 10 - 12 Uhr und 14 - 18 Uhr, im März nur am Wochenende 14 - 17 Uhr, von Nov. - Feb. geschlossen).*

Zu den Sehenswürdigkeiten in **Vernon** zählt zunächst das Wahrzeichen der Stadt, die sog. **Alte Mühle**, ein Fachwerkhaus direkt an der Seine. Einst standen in Vernon an den Seineufern fünf Wassermühlen, die alle aus dem 16. Jh. stammten. Die Alte Mühle ist eine davon.

Ursprünglich wurde das Gebäude, das jetzt über dem Fluss zu schweben scheint, als Zollhaus genutzt, um den ‚Octroi', den Zoll zur Flussüberquerung zu kassieren.

Gut kann man noch die restlichen Brückenpfeiler erkennen, die von der ersten Seine-Brücke in Vernon stammen. Sie wurde im Zweiten Weltkrieg zerstört und ist nicht mehr aufgebaut worden. Das hübsche Mühlenhäuschen war auch ein beliebtes Motiv des Malers Monet.

Gleich neben der ‚Alten Mühle' befindet sich das **Château des Tourelles**, das einst zum Schutz der Brücke diente und daher als eine Befestigungsanlage angelegt war.

Sehenswert ist zudem im Ortskern von Vernon die fast 900 Jahre alte **Kirche Notre-Dame**, die im Verlauf der Jahrhunderte zahlreiche Umbauten erlebte und daher aus fast jeder Epoche einen Baustil aufweist. Die Chorbögen sind zum Beispiel aus der Zeit der Romanik während die schöne Fensterrose an der westlichen Fassade im Stil der Spätgotik nachträglich eingefasst wurde.

Gleich neben der Kirche sollte man noch einen Blick auf ein schönes Fachwerkhaus aus dem 15. Jh., dem **Maison du Temps Jadis**, dem Haus der vergangenen Zeiten, werfen. Es handelt sich um das älteste Gebäude der Stadt. Hier findet man auch das **Touristenbüro** der Stadt. Es ist aber nur eines von mehreren schönen Häusern in der kleinen Altstadt.

In einem weiteren Fachwerkhaus ist das **Alphonse Georges Poulain-Museum** untergebracht *(geöffnet April - Sept. Di - Fr 10.30 - 12.30 Uhr und 14 - 18 Uhr, am Wochenende nur 14 - 18 Uhr, sonst Di - So 14 - 17.30 Uhr)*.

Benannt ist das Museum nach einem einheimischen Gelehrten, der im letzten Jahrhundert der Stadt seine archäologischen Sammlungen schenkte. Die Tiermalereien in der Ausstellung sind hierbei die größte Attraktion.

Man kann sich im Museum aber auch auf das nächste und letzte Ziel auf unserer Normandiereise vorbereiten, denn das Museum stellt auch Werke von Claude Monet aus. Zum Beispiel ist hier das Gemälde „Seerosen" zu sehen, das Monet in seinem Garten im benachbarten Giverny malte.

Route: In Vernon überqueren wir erneut die Seine und biegen gleich hinter der Brücke rechts ab. Schon ach wenigen Kilometern Fahrt auf der **D5** entlang der Seine erreicht man **Giverny**. Im Ort findet man auf der rechten Seite das **Haus von Claude Monet** mit einen **Parkplatz** ohne Höhenbegrenzung. Alle anderen Parkplätze waren zum Zeitpunkt unseres letzten Besuches für Wohnmobile nicht zugänglich!

Nachdem uns die Werke und Spuren von **Claude Monet** mehrfach auf dieser Reise durch die Normandie begegneten, kann man in **Giverny** nun das **Maison et Jardins de Claude Monet**, also Monets Wohnhaus samt Garten bewundern *(geöffnet April - Okt. Di - So 9.30 - 18 Uhr; www.fondation-monet.com)*.

Monet hatte den Garten zunächst nur gemietet, konnte ihn aber wenige Jahre später kaufen und erweitern. Dabei zog er sich allerdings den Zorn seiner Nachbarn zu. Monet bereicherte nämlich seinen Garten mit allerlei exotischen Pflanzen. Und die Nachbarn befürchteten nun, das ihre heimischen Gewächse mit Krankheiten der Exoten befallen werden könnten.

Der Garten hinter dem Monet-Haus ist eine wunderschöne Anlage, die durch eine Straße zweigeteilt ist.

Den Gartenteil jenseits der Straße erreicht man durch einen schmalen Fußgängertunnel. In diesem Teil der Gartenanlage befindet sich auch der

Praktische Hinweise – Vernon

Office de Tourisme, 36, Rue Carnot, 27200 Vernon, Tel.: 02 32 51 39 60, Fax: 02 32 51 86 55, E-Mail: information@cape-tourisme.fr, Web: www.cape-tourisme.fr. *Öffnungszeiten Mai - Sept. Mo - Sa 9 - 12.30 Uhr und 14 - 18 Uhr, So 10 - 12 Uhr, sonst Di - Sa 9 - 12.30 Uhr und 14 - 17.30 Uhr.*

Camping

St-Marcel

Camping des Fosses Rouges, Chemin de Réanville, 27950 St-Marcel, Tel.: 02 32 51 59 86, E-Mail: camping@cape27.fr, März – Okt.; westlich von Vernon außerhalb im Ort St-Marcel, einfacher aber freundlicher Campingplatz mit 60 Stellplätzen auf unebener Wiese unter Bäumen. Standardausstattung.

Seerosenteich mit der Brücke, ein bekanntes Bildmotiv Monets. Monet ließ sich oft von seinem Garten inspirieren und schuf hier mehrere Werke.

Das Grundstück wurde von Monets Sohn der Akademie der Schönen Künste vermacht und nach zahlreichen Restaurierungen 1980 eingeweiht und der Öffentlichkeit zugänglich gemacht.

Bei diesen Restaurierungsarbeiten hat das **rosafarbene Wohnhaus** sein farbiges Inneres zurück erhalten und präsentiert heute die Räumlichkeiten, in denen Claude Monet von 1883 bis 1926 lebte und arbeitete.

Gepflegt wird das Gartenensemble und das Haus von der Claude-Monet-Stiftung, die hier auch eine Cafeteria und einen Andenkenladen betreibt, in dem nicht nur Bücher und Souvenirs sondern auch Pflanzensamen gekauft werden können.

Mein Tipp! Besuchen Sie den Garten möglichst früh. Der Besucheransturm ist besonders an sonnigen Wochenendtagen enorm und es kann zu langen Wartezeiten kommen. Für die schönsten Bilder der berühmten japanischen Brücke ist jedoch eher der Nachmittag geeignet, da sich die Sonne dann im Rücken befindet.

Nicht weit entfernt von Monets Haus befindet sich das **Musée d'Art Américain** *(April – Okt. Di - So 10 - 18 Uhr, an jedem ersten Sonntag im Monat ist der Eintritt frei)*. Das **Museum der Amerikanischen Kunst** erinnert an die Künstlerkolonie, die im letzten Jahrhundert in Giverny existierte. Im 1992 eröffneten Museum – das einzige Museum seiner Art im ganzen Lande übrigens – werden Wanderausstellungen präsentiert, die die Gemeinsamkeiten der amerikanischen und französischen Kunst widerspiegeln.

Auch heute befinden sich in dem kleinen Ort mehrere Galerien, was sicherlich auch damit zusammen hängt, dass Giverny ein Lebensmittelpunkt von Monet war.

Dabei werden aber auch Sachen verkauft, die nur ansatzweise mit Kunst zu tun haben. Gerne werden Dinge angepriesen, die mit den Begriffen Monet und Impressionismus beworben werden.

Office de Tourisme, Bureau de Giverny, Mairie de Giverny, Tel.: 02 32 51 39 60, Fax: 02 32 51 86 55, E-Mail: information@cape-tourisme.fr, Web: www.cape-tourisme.fr.

Monet-Garten in Giverny

PRAKTISCHE UND NÜTZLICHE INFORMATIONEN VON A BIS Z

Von Werner Rau, mit Ergänzungen zur Normandie von Michael Moll

ANSCHRIFTEN

Französisches Fremdenverkehrsamt – Maison de la France, Zeppelinallee 37, 60325 Frankfurt/M., Info-Tel. 0900-1 57 00 25. Fax 0900-1 59 90 61 (0,49 Euro/Minute).

E-Mail: info.de@franceguide.com

Web: http://de.franceguide.com oder www.franceguide.com

Schweiz: Französisches Fremdenverkehrsamt – Maison de la France, Rennweg 42, CH-8021 Zürich, Tel. 0900/90 06 99. E-Mail: info.ch@franceguide.com

Österreich: Französisches Fremdenverkehrsamt – Maison de la France, Lugeck 1-2/Stg.1/Top 7, A-1010 Wien. Tel. 0900/25 00 15, E-Mail: info.at@franceguide.com

Regionale Informationsstellen

Comité Régional de Tourisme de Normandie, 14, rue Charles Corbeau, F-27000 Evreux, Tel. 0033-(0)2 32 33 79 00, Fax 02 32 31 19 04, E-Mail: info@normandie-tourisme.org, Web: www.normandie-tourisme.org

Comité Départemental de Tourisme du Calvados, 8, rue Renoir, F-14054 Caen Cedex 4, Tel. 0033-(0)2 31 27 90 30, Fax 02 31 27 90 35, E-Mail: cdt@cg14.fr, Web: www.calvados-tourisme.com

Comité Départemental de Tourisme de l'Eure, 3, rue du Commandant Letellier, B.P. 367, F-27003 Evreux Cédex, Tel. 0033-(0)2 32 62 04 27, Fax 02 32 31 05 98, E-Mail: info@cdt-eure.fr, Web: www.cdt-eure.fr

Comité Départemental de Tourisme de la Manche, Maison du Département, Route de Villedieu, F-50008 Saint-Lô Cédex, Tel. 0033-(0)2 33 05 98 70, Fax 02 33 56 07 03, E-Mail: manche-tourisme@cg50.fr, Web: www.manche-tourisme.com

Comité Départemental de Tourisme de l'Orne, 86, rue Sainte-Blaise – B.P. 50, F-61002 Alençon Cédex, Tel. 0033-(0)2 33 28 88 71, Fax 02 35 59 86 04, E-Mail: seine-maritime-tourisme@wanadoo.fr, Web: www.seine-maritime-tourisme.com

Comité Départemental de Tourisme de Seine-Maritime, 6, rue du Couronné – B.P. 60, F-76420 Bihorel, Tel. 0033-(0)2 35 12 10 10, Fax 02 35 59 86 04, E-Mail: seine-maritime-tourisme@wanadoo.fr, Web: www.seine-maritime-tourisme.com

Örtliche Informationsbüros sind in diesem Reiseführer bei den jeweiligen Städten angegeben.

In nahezu jedem größeren Ort findet sich entweder ein **„Office de Tourisme"**, ein staatliches Touristen-Informationsbüro, oder ein **„Syndicat d'Initiative"**, ein Büro des regionalen oder städtischen Verkehrsvereins.

In diesen Büros gibt es in aller Regel gute, informative Broschüren über Sehenswertes, regionale Besonderheiten, über Hotels etc. Mittlerweile wird auch in Frankreich oftmals Englisch verstanden und gesprochen, so dass man auch in den Büros Informationen erhalten kann, wenn man der französischen Sprache nicht mächtig ist.

Geöffnet sind die Touristenbüros gewöhnlich von 9 – 12 und 14 – 18 Uhr. In der Ferienzeit öffnet man in der Regel etwas länger und schließt auch nicht während der Mittagszeit.

Aber: Erfahrungsgemäß kann außerhalb von Urlaubshochburgen und größeren Städten, auf dem „flachen Lande"

also, nur von Ende Juni/Anfang Juli bis Ende August tatsächlich mit geöffneten Touristenbüros gerechnet werden!

Internet

www.franceguide.com – Die offizielle Webseite des Fremdenverkehrsamts Frankreich. Vielfältige Infos aus erster Hand von Business Travel über Lebensart und Weine, Veranstaltungen, Sehenswürdigkeiten, Städtereisen bis Praktische Infos, Urlaubstipps u.v.m.

www.francekeys.com – In französischer oder englischer Sprache. Infos über alle Regionen Frankreichs sowie umfangreiche Informationen (z.B. Travel News, Unterkünfte, Sport, Praktisches, Kultur u.v.m) über alle Départements der Normandie. Einige Seiten auch in Deutsch.

www.normandie-tourisme.org – Auch in deutscher Sprache. Informationen über Unterkünfte, Sportmöglichkeiten, Veranstaltungen, Ortschaften, Sehenswürdigkeiten u.v.m.

Konsularische Vertretungen

Französische Botschaft, Pariser Platz 5, 10117 Berlin, Tel. 030-590 03 90 00, Fax 030-590 03 91 10, Web: www.botschaft-frankreich.de

Botschaft der BR Deutschland, 13/14, Ave. Franklin D. Roosevelt, F-75008 Paris, Tel. 0033 (0)1 53 83 45 00, E-Mail: info@amb-allemagne.fr, Web: www.amb-allemagne.fr

Honorarkonsulat der BR Deutschland, 43, rue Jean Lecanuet, F-76000 Rouen, Tel. 0033 (0)2 35 88 16 52, Fax 02 35 15 17 80, E-Mail: consulatealle-magnerouen@laposte.net

Österreichische Botschaft, 6, rue Fabert, F-75007 Paris, Tel. 0033 (0)1 40 63 30 63, Web: www.bmeia.gv.at

Botschaft der Schweiz, 142, rue de Grenelle, F-75007 Paris, Tel. 0033 (0)1 49 55 67 00, Web: www.eda.admin.ch

CAMPING

Nimmt man die Zahl der Campinganlagen als Kriterium – derzeit gibt es weit mehr als 5.000 Campingplätze im Lande -, hält Frankreich nach wie vor seine Spitzenposition als Campingland in Europa.

Neben privaten Plätzen gibt es in vielen Städten und Dörfern einen **„Camping Municipal"**, also einen von der Gemeinde betriebenen und verwalteten Campingplatz.

Diese Gemeindeplätze weisen einen recht unterschiedlichen Standard auf, sind aber in aller Regel ordentlich geführt. Gewöhnlich werden recht moderate Preise verlangt und mitunter bieten Gemeindeplätze den Vorteil, dass sie in Gehnähe zum Ort oder zur Stadt liegen. Es war schon oft festzustellen, dass viele Gemeinden investiert und ihre Campingplätze, und hier vor allem die Sanitäranlagen, modernisiert haben!

Camping, in zunehmenden Maße auch „Dauercamping", ist in Frankreich sehr beliebt. In der Regel wird im August, dem Ferienmonat der Franzosen, ein Unterkommen auf Plätzen in Feriengebieten für einen durchreisenden Touristen nur schwer möglich sein. Vermeiden Sie, wenn immer möglich, zumindest die ersten beiden Augustwochen als Reisezeit durch Frankreich (ausgenommen Paris, dort ist es dann oft recht „leer").

Alle Campinganlagen sind nach einheitlich gültigen Kriterien (Nouvelle Norm, NN) klassifiziert. Die einfachsten Anlagen werden mit einem Stern, die besten mit vier Sternen versehen.

Campingplätze in der Normandie sind im Allgemeinen von Anfang April bis Ende September, oftmals auch bis Ende Oktober geöffnet.

Vor allem in den Sommermonaten bietet **Camping à la ferme**, Camping auf dem Bauernhof, eine gute, wenn auch meist einfachere, Alternative zu

den „normalen" Campingplätzen. Bislang haben 2.300 Bauernhöfe Campingmöglichkeiten gemeldet.

Der **offizielle Campingverband** Frankreichs ist die „Fédération Française de Camping-Caravaning", Tel. 0033 (0)1 42 71 84 08, Web: www.campingfrance.com

Hinweise über Angaben zu Campingplätzen

Bei den in diesem Reiseführer aufgelisteten Campingplätzen folgen dem **Platznamen Telefonnummer, Öffnungszeit, Lage und/oder Zufahrt.**

Bei der **Beschaffenheit des Geländes** wird die Form angegeben, die überwiegt, z.B. ebenes Gelände, terrassiert etc.

Die **Aufnahmekapazität** ist in Stellplätzen (Stpl.) angegeben.

Es wird versucht, die **Platzeinrichtungen**, so wie sie beim Besuch vorgefunden wurden, in etwa zu charakterisieren, wobei der Zustand und die Pflege der Gebäude und Installationen auch von Bedeutung waren.

Die Übergänge zwischen den von uns als grobe Anhaltspunkte bei der Einstufung der Plätze geschaffenen **Kategorien Mindestausstattung, Standardausstattung** und **Komfortausstattung** sind fließend.

Zu beachten ist, dass vor allem Einkaufsmöglichkeiten und Restaurants außerhalb der Hauptsaison oft nicht oder nur eingeschränkt betrieben werden!

Mindestausstattung: Einfacher Platz mit bescheidenen, veralteten oder vernachlässigten Einrichtungen, die außer WC's, Kaltwasserwaschbecken und evtl. eine Warmdusche und einigen Kaltduschen keine oder völlig unzureichende Einrichtungen für Hygiene und Körperpflege aufweisen.

Standardausstattung: Der Durchschnittscampingplatz mit WC's, Waschbecken (evtl. einige davon mit Warmwasser) und Warm-Duschkabinen. Geschirrwaschbecken mit Kaltwasser und einem Warmwasserhahn. Ordentlicher Gesamteindruck. Einige Stromanschlüsse für Caravans.

Komfortausstattung: Außer ausreichend WC's, Waschbecken überwiegend mit Warmwasser und Warmduschen in zeitgemäßen, gepflegten Sanitäranlagen werden auch Geschirr- und/oder Wäschewaschbecken mit Warmwasser, oder Waschmaschine erwartet, ebenso Stromanschlüsse für Caravans in ausreichender Zahl. Das Terrain soll gut erschlossen und ansprechend gestaltet sein. Restaurant und Einkaufsmöglichkeit, Freizeiteinrichtungen und Unterhaltungsmöglichkeiten sollten vorhanden sein.

Wohnmobil-Stellplätze

Frankreich ist auf dem besten Wege, in Sachen Wohnmobil-Stellplätze einen der vorderen Ränge in Westeuropa einzunehmen. Vor allem in den vom Tourismus stark frequentierten Regionen des Landes, wie der Normandie, finden sich zahlreiche Stellplätze.

Die Areale werden fast immer von den Gemeinden ausgewiesen und eingerichtet. Das ist umso erstaunlicher, da viele Gemeinden bereits einen gemeindeeigenen Camping Municipal unterhalten.

Mitunter ist es wohl aber auch so, dass Parkplätze in der Nähe von Stränden oder in bekannten Touristenorten, die von Wohnmobilfahrern immer wieder einfach als Übernachtungsstellplätze in Beschlag genommen werden, nachträglich „legalisiert" und als Wohnmobilplätze ausgewiesen wurden.

Erscheinungsbild, Ausstattung und die Lage der Plätze, sowie die Beschaffenheit des Geländes u.ä. sind sehr, sehr unterschiedlich.

Das Spektrum reicht vom einfachen, staubigen, schattenlosen Parkplatz ohne jede Einrichtung, der höchstens zu

einer kurzen Übernachtung einlädt, bis hin zum ansprechend gestalteten Stellplatz mit geteerten Wegen, schön angelegten und begrünten Parkbuchten, mit Picknicktischen, Toiletten und Ver- und Entsorgungseinrichtungen. Und das – bis auf die Servicesäule – oft auch noch kostenlos.

Immer häufiger weist in den Gemeinden und nochmals an Ort und Stelle ein Schild mit dem Wohnmobilsymbol auf die Ent- und Versorgungseinrichtung bzw. auf einen Stellplatz hin. Mehr und mehr Orte führen Wohnmobilfahrer durch eindeutige Beschilderung mit Aufschriften wie **„camping cars"** oder **„aire de service"** zu ihren Stellplätzen.

Die Servicesäulen für Wohnmobile auf Stellplätzen in Frankreich sind meist ausgestattet mit 2 Wasserhähnen, 2 Steckdosen, einem Ausguss für Abwässer und einem Münzeinwurf für die Gebühr.

Die Servicesäulen sind in aller Regel durch den Einwurf einer 2-Euro-Münze zu aktivieren. Lediglich der Ausguss für Abwässer und Chemikaltoiletten in Form eines durch eine Klappe abgedeckten Schachts an der Säulenbasis, lässt sich fast immer unentgeltlich nutzen und die Spülung dort funktioniert auch ohne Geldeinwurf.

Zwischenzeitlich haben auch einige der großen Supermarktketten wie Intermarché, Super U oder E.Leclerc an ihren Einkaufszentren spezielle Parkplätze für Wohnmobile geschaffen, sog. Trailer's Parks, die besonders von einheimischen Wohnmobilisten sehr gerne als Übernachtungsplätze angesteuert werden. Die Reklametafel, die unübersehbar auf die Supermärkte aufmerksam machen, weisen ggf. mit einem Wohnmobil-Symbol auf diesen Service hin. Besonders gut ausgestattete Supermarktstellplätze bieten außer Müllcontainern auch Ver- und Entsorgungssäulen.

Ver- und Entsorgungssäule für Wohnmobile

Alle in diesem Reiseführer aufgeführten Stellplätze wurden angefahren und selbst angeschaut, dabei werden die wichtigsten Charakteristika genannt.

Anders als bei Campingplätzen ist **die Existenz von Wohnmobil-Stellplätzen** oft von kurzfristigen Entscheidungen der Gemeinden abhängig. Es kann also keinerlei Garantie dafür übernommen werden, dass alle in diesem Reiseführer beschriebenen Stellplätze auch dann noch existieren, wenn Sie auf Tour gehen. Wir bitten sehr um Ihr Verständnis, falls zwischenzeitlich Änderungen eingetreten sein sollten!

ELEKTRIZITÄT

Die Stromspannung beträgt in Frankreich wie bei uns 220 V Wechselstrom. Viel wurde schon für ein vereinigtes Europa getan. Zu einer einheitlichen Steckernorm hat man sich allerdings noch nicht durchringen können. Kurz, unsere Schutzkontaktstecker passen schlicht und einfach nicht in die in Frankreich

üblichen Steckdosen mit mittlerem, rundem Schutzkontakt. Nur Geräte mit flachen bzw. angepassten Eurosteckern können daran betrieben werden. Ansonsten ist ein Adapter notwendig.

Stromanschlüsse für Caravans auf Campingplätzen sind in aller Regel mit den weit verbreiteten ECC-Kontakten ausgestattet. Ggf. Adapterkabel nicht vergessen!

EINREISEBESTIMMUNGEN

Seit einiger Zeit gehören mit Inkrafttreten des Schengener Abkommens die Kontrollen an den Grenzen der EU-Staaten der Vergangenheit an. Dennoch müssen natürlich gültige Ausweispapiere, Führerschein und Autozulassung mitgeführt werden.

Auf den D-Aufkleber dürfen Sie nur verzichten, wenn Ihr amtliches Kennzeichen der Euro-Norm entspricht, also auf der linken Seite das D im blauen Feld steht. Nicht zwingend vorgeschrieben, aber empfehlenswert ist das Mitführen der sog. „Grünen Versicherungskarte", die Ihnen Ihre Kfz-Versicherung ausstellt.

Wenn Sie mit einem ausgeliehenen oder gemieteten Pkw oder Wohnmobil nach Frankreich reisen, lassen Sie sich vom Eigentümer oder vom Vermieter eine schriftliche Vollmacht mitgeben. Erkundigen Sie sich am besten rechtzeitig vor der Abreise nach dem neuesten Stand dieser Bestimmung bei Ihrem Automobilclub.

Haustiere

Hunde und Katzen müssen durch Tätowierung oder Mikrochip eindeutig identifiziert werden können. Für Tiere, die älter als 3 Monate sind, ist eine gültige Tollwutimpfung vorgeschrieben, die von einem Tierarzt in einen Internationalen Impfpass bzw. Europäischen Haustierpass einzutragen ist. Die Impfung muss mindestens 30 Tage und darf höchstens 1 Jahr alt sein.

Für Hunde, die unter die Kategorie „Kampfhunde" fallen, gelten zusätzliche Bestimmungen.

Da vor allem Hunde bei Franzosen überaus beliebte Haustiere sind, haben sich viele Hotels und Campingplätze dem Wunsch dieser großen Gästegruppe gebeugt und tolerieren das Mitbringen von Haustieren. Allerdings wird dann mitunter eine Gebühr für die Vierbeiner verlangt.

ESSEN UND TRINKEN

Nicht nur „leben wie Gott in Frankreich", sondern auch „essen und trinken wie Gott in Frankreich" ist ein geflügeltes Wort. Und zweifellos ist das Erleben und Erkunden der mannigfachen französischen Köstlichkeiten aus Küche und Keller mit einer der schönsten Anlässe, sich für eine Urlaubsreise nach Frankreich zu entschließen.

Natürlich ist es ein herrliches Erlebnis, vielleicht sogar der Höhepunkt Ihrer Frankreichreise, sich einmal in einem Dreisterne-Restaurant (Michelin-Sterne sind hier gemeint) mit Köstlichkeiten, von einem renommierten Küchenchef kreiert, verwöhnen zu lassen.

Und natürlich empfiehlt es sich, auch die traditionellen Dinge im Lande zu probieren. In La France profonde, dem alltäglichen Frankreich, ist die regional unterschiedliche, bodenständige Küche glücklicherweise noch lange nicht ausgestorben und immer wieder ein neues Urlaubserlebnis.

Zunächst sollte eine kleine Begriffserklärung helfen herauszufinden, welche Art von Essen und Trinken man dort serviert.

Wenn im Übernachtungspreis im Hotel kein Frühstück inbegriffen ist, was die Regel ist, gehen Sie einfach ins **Bistro**, ins **Café** oder in die **Bar** um die Ecke und bestellen Sie dort Ihren Kaffee, vielleicht einen Café au lait und Ihr Croissant. Das Frühstück (petit dé-

jeuner) ist ein bisschen ein Stiefkind in der Speisenfolge des französischen Alltags.

Und zu vergleichen sind die Begriffe Café und Bar mit unseren so bezeichneten Einrichtungen auch nicht. In Frankreich wird damit die gängige Gaststätte, die Kneipe bezeichnet, in der man sich auch mal zu einem Glas Bier oder Glas Wein an der Theke oder an einem Tischchen auf dem Trottoir niederlässt, oder mittags einen Imbiss, etwa ein Sandwich au jambon zu sich nimmt.

Wenn Sie nachmittags nach einem Stadtbummel Appetit auf Kaffee und Kuchen bekommen, sollten Sie nach einem **Salon de thé** Ausschau halten. Dort bekommen Sie am ehesten feine Pâtisserien zu Kaffee, Tee oder Schokolade.

Die Preise in den Bars und Cafés sind sehr unterschiedlich und hängen stark von der Lage des Lokals ab. Fast immer sind die Preise am billigsten, wenn Sie am Tresen (comtoir) Platz nehmen. An den Tischen auf dem Trottoir oder auf der Terrasse werden in Lokalen an touristischen Brennpunkten nicht selten höhere Preise verlangt.

Und dann gibt es da noch die **Brasserie**, die Gaststätte, in der man bis abends warme Gerichte serviert.

Bistros und Bars schließen abends in aller Regel ihre Pforten.

Dann gehen in den vielen **Restaurants** die Lichter an. Gewöhnlich wird dort ab halb acht bis zehn Uhr abends serviert.

Übrigens, mittags und abends bieten manche Restaurants fertig zusammengestellte Menüs an, mit Vorspeise, Hauptgang und Dessert, oft mit einem Glas Hauswein. Mit diesen Menüs ist man selten schlecht bedient und sie sind preislich oft günstiger, als wenn man à la carte wählt.

Rechnen Sie für ein Menü à la carte in einem Restaurant der mittleren Preislage mit rund EUR 50,-. In einem Nobelrestaurant werden Sie mit kaum weniger als EUR 150,- für ein Menü auskommen. Getränke sind dabei nicht berücksichtigt.

Wenn Sie in den Touristenhochburgen nicht gerade im Restaurant genau gegenüber der Hauptsehenswürdigkeit einkehren, vor der die Besucherbusse in langen Reihen stehen, werden Sie mit ein ganz klein wenig Fingerspitzengefühl für allzu Aufdringliches fast immer ein Restaurant finden, in dem Sie ordentlich verköstigt werden. Einen wirklich groben Reinfall werden Sie in Frankreich selten erleben.

Seien Sie ruhig ein bisschen mutig und machen Sie die abendliche Restaurantwahl zu einem Teil des Urlaubsspaßes. Und um die Situation schon etwas vorzusondieren, wird man Ihnen im Hotel oder an der Campingrezeption sicher den einen oder andern Hinweis geben können.

Unterwegs werden Sie in der Mittagszeit sicher ab und zu an Restaurants an der Straße vorbeikommen, vor denen sich die Lkws nur so drängen. Fernfahrer kennen ihre Pappenheimer und wissen sehr wohl, wo man gut und preiswert isst.

Und was gibt es befriedigerendes als ein wohl kombiniertes Menü mit einem feinen Käse abzurunden. Über **400 Käsesorten** kennt man in Frankreich. Und jedes einigermaßen gut geführte Restaurant kann mit einer reich sortierten Käseauswahl irritierender Vielfalt aufwarten. Sie können wählen zwischen Hartkäse und Weichkäse, Frischkäse und Edelschimmelkäse, Ziegenkäse, Kuhmilchkäse und Schafskäse.

Jede Region hat ihre Käsespezialitäten. Neben dem Weichkäse Camembert, der aus der Normandie stammt und dem Roquefort, dem berühmten Blauschimmelkäse aus Schafsmilch mit einem Schuss Kuhmilch aus dem Aveyron um Rodez im Süden Frankreichs – beide Käsesorten sind über die Grenzen Frankreichs hinaus berühmt – ist die Fa-

Käse und Rotwein des Landes sind alleine schon eine Reise wert - Foto: Werner Rau

milie der würzigen Brie-Käse überaus beliebt. Aus der Loiregegend kommen u.a. feine, würzige Ziegenkäse wie der Crottin de Chavignol, eine feine Spezialität, der Le-Selles-sur-Cher, der Valençay, der Sainte-Moure-de-Touraine oder der Pauligny-Notre-Dame.

Anfangs ist man bei der Käseauswahl oft fast etwas überfordert. Seien Sie dann mutig und lassen Sie den Käsegenuss zum kulinarischen Abenteuer werden. In den seltensten Fällen werden Sie eine herbe Enttäuschung erleben. Und sicher wird Ihnen der Garçon gerne einen Tipp zur Käseauswahl geben.

So richtig entfalten wird sich das kulinarische Geheimnis des Käses aber erst, wenn Sie dazu einen passenden Wein trinken. Und nun wird die ganze Angelegenheit fast schon zu einer kleinen Wissenschaft für sich, aber zu einer überaus angenehmen. Und da sich über Geschmack nun mal trefflich streiten lässt, gibt es keine ehernen Grundsätze, welchen Wein man zu welchem Käse trinkt. Gewöhnlich wird man zu einem würzigen, deftigen Käse wie dem Roquefort wohl einen kräftigen Rotwein wählen und zu einem feinen Weichkäse vielleicht lieber ein Glas Weißwein nehmen. Eine gute Idee, mit der Sie kaum etwas falsch machen können, ist es, wenn Sie Käse und Wein aus ein und derselben Region wählen können.

Übrigens: Ruhetag ist bei vielen Restaurants der Montag. Auch sonntagabends empfiehlt sich für die meisten Restaurants eine Tischreservierung.

Sehr beliebt in der Normandie ist der Cidre, ein Apfelwein aus vergorenem Apfelsaft, der fast so etwas wie das Nationalgetränk der Normandie ist. Man kennt eher süßen Apfelwein, den Cidre doux, der wunderbar zu süßen

Crêpes mit Puderzucker (Crêpes aus sucre) oder mit feiner Konfitüre gefüllten Crêpes passt. Der kräftigere, trockene Cidre brut oder sec dagegen geht hervorragend zu herzhaft mit Schinken oder Käse gefüllten Crêpes. Und – Cidre trinkt man nicht aus Gläsern sondern aus Tassen.

Aber Cidre ist nicht gleich Cidre. Neben dem traditionellen Bauern-Cidre wird auch industriell gemachter Cidre angeboten, der mit dem Original nur noch den Namen gemein hat. Echter, guter Cidre ist in Fässern gereift und perlt durch Hefebestandteile, die sich in der Apfelschale befinden. Industriell hergestellter Cidre wird mit Kohlensäure versetzt. Sie sollten beim Kauf also darauf achten, dass auf den Flaschenetiketten der Vermerk „pur Jus“ zu finden ist. Gute Qualität garantiert auch die Bezeichnung A.O.C. (Appellation d'Origine contrôlee), die die auf dem Etikett angegebene Herkunft garantiert. Am besten ist es aber nach wie vor, seinen Cidre direkt beim Obstbauern zu kaufen. Viele von ihnen haben eigene Probierstuben.

MENÜPILOT

A

agneau – Lamm
aiglefin – Schellfisch
ail – Knoblauch
amandes – Mandeln
andouille – geräucherte Würste aus Kutteln und Innereien
anguille – Aal
alouettes – Rindsroulade
araignée – Seespinne
armagnac – wird ähnlich wie der Cognac aus Wein gebrannt, kommt aus dem Vorland der Pyrenäen.
artichaut – Artischocke
asperge – Spargel
assiette anglaise – Aufschnitt-Teller

B

baguette – das lange, französische Weißbrot
bargue – Meerbutt
béchamel – weiße Sauce
beignet – ein in Fett gebackenes, krapfenähnliches Gebäck
Bénédictine – Kräuterlikör
betterave rouge – rote Bete
beurre d'ail – Knoblauchbutter
bien cuit – gut durchgebraten, auch „well done“
bien fait – für Käse, der seinen höchsten Reifegrad erreicht hat
bifteck à la tartare – Hacksteak
biscotte – Röstbrotschnitte
bleu – blau, in der Gastronomie für nur ganz kurz angebratenes, keinesfalls durchgebratenes Fleisch, das dann innen noch kalt und rosa sein muss. Bei uns auch „englisch“ oder „rare“.
bœuf – Rind- oder Ochsenfleisch
bœuf bourguignon – Rinderschmortopf, Fleisch mit Gemüse in rotem Burgunder geschmort
boissons – Getränke
boudins noir – Blutwürste
boudins blanc – Leberwürste
bouillabaisse – Fischsuppe
bouilli – gekocht
bouillon – klare Rinderbrühe
boulettes de viande – Fleischbällchen
bouteille – Flasche
braisé – geschmort
brioche – Gebäck aus Hefeteig
broche, brochette – Spieß zum braten, kleiner Spieß mit Gebratenem.
brochet – Hecht
brut – trocken, bei Cidre oder Schaumwein

C

cacahouètes – Erdnüsse
caille – Wachtel
calvados – aus Apfelwein gebrannter Schnaps, siehe auch Essay „Calvados“
canard – Ente
cerf – Hirsch
cerises – Kirschen
chateaubrind – Rinderfilet
chevreuil – Reh
chou (rouge) – Kohl, Rot-
choucroute – Sauerkraut

Krusten- und Schalentiere frisch vom Mark – ein Gedicht Foto: Werner Rau

chouchroute garnie – Schlachtplatte, Sauerkraut mit Schweinbauchspeck, Schweinswürstchen, Blut- und Leberwürsten u.ä.
chou-fleur – Blumenkohl
choux de Bruxelles – Rosenkohl
Cidre – Apfelwein, wird traditionell aus Keramiktassen getrunken.
cochon – Schwein
cochon de lait – Spanferkel
coq au vin – Hähnchen in Wein gegart
côte – Rippe
courgette – Zucchini
crème chantilly – Schlagsahne
crêpes – hauchdünne Pfannkuchen, werden heute aus Weizenmehl, traditionell aber aus Buchweizen und auf dem Stein im Backofen oder im offenen Kamin gemacht. Oft gefüllt mit Konfitüre oder Honig, oder nur mit Puderzucker bestreut. Man trinkt dazu einen Cidre brut oder Cidre doux aus Keramiktassen.
cresson – Wasserkresse
crevettes – Krabben
cuisses de grenouilles – Froschschenkel

D

le dessert – Nachspeise
dinde/dindonneau – Truthahn, junger Truthahn

E

écrevisses – Krebse
entrecôte – Mittelrippenstück
epinards – Spinat
escalope – Schnitzel
escalope de veau – Kalbschnitzel
escargots – Schnecken

F

faisan – Fasan
figues – Feigen
foie – Leber
four – Backofen
au four – gebacken
fraises – Erdbeeren
framboises – Himbeeren
fumé – geräuchert

G

galette – die herzhafte und dickere Variante der Crêpes, belegt oder gefüllt mit Schinken, Käse, Eiern, Pilzen oder Champignons u.ä.
gâteau – Kuchen

gigot – Keule, Hammelkeule, Lamm-, Reh-
glaces – Speiseeis

H

haricots verts/blancs – grüne Bohnen (Brechbohnen)/weiße
herbes, fines herbes – Kräuter, feingewiegte Kräuter
l'hors-d'œuvre – Vorspeise
homard – Hummer
huîtres – Austern
julienne – fein geschnittene Gemüsestreifen
jus de fruits – Fruchtsaft

L

laitue – Blattsalat, Kopsalat
langue – Zunge
lapin – Kaninchen
lièvre – Hase

M

maquereau – Makrele
médaillons – Filetspitzen
Moules farcis – überbackene Muscheln, an der Küste
moutarde – Senf
Myrtiles – Blau-, Heidelbeeren

N

Noix – Walnüsse
nouilles – Nudeln

O

oie – Gans
oignons – Zwiebeln

P

pain – Brot
pastèque – Wassermelone
pâtés – Pasteten
pêche – Pfirsich
perche – Barsch
perdrix/perdreau – Rebhuhn/junges Rebhuhn
petits gois – grüne Erbsen
pieds de cochon – Schweinsfüße
plat du jour – Tagesgericht
à point – medium, beim Filetsteak z.B., nicht ganz durchgebraten, innen noch ganz leicht rosa.
poire – Birne
poireaux – Lauch, Porree
poisson – Fisch
poivre – Pfeffer
pommes – Apfel
pommes de terre – Kartoffeln
- allumettes – Streichholz-Kartoffeln
- duaphine – püriert und frittiert (Croquetten)
- mousseline – Kartoffelpüree (-brei)
- vapeur – Dampfkartoffeln
porc – Schweinfleisch
côte de porc – Schweinerippchen
potage – eine leichte Suppe
pot-au-feu – Eintopf mit Fleisch und Gemüse
poulet – Hühnchen
poulpe – Tintenfisch
prunes – Pflaumen

R

ragoût – kleine Fleischstückchen in würziger Sauce zubereitet
raisin blanc/noir – Weintrauben weiß/blau
rillettes – Püree aus Schweinefleisch und Schmalz, wird kalt serviert
rillons – Schweinebrust in Fett gebraten, wird kalt serviert
rognons – Nieren
rôti – gebraten, geröstet

S

saignant – ähnlich wie „bleu", siehe oben, nur ein klein wenig mehr angebratenes Fleisch (Filet), aber innen noch schön rosa
salade d'endives – Endiviensalat
salade verte – grüner Salat
salade panachée – gemischter Salat
sandre – Zander
sanglier – Wildschwein
saumon – Lachs
sausisson – Wurst
sauté – in Butter geschwitzt, geschmort
sol – Seezunge
sorbet – Wassereis

soupe – herzhafte Suppe
soupe de jour – Suppe des Tages
soupe à l'oignon – Zwiebelsuppe

T

tarte aux pommes – Apfeltorte
thon – Thunfisch
truite – Forelle

V

veau – Kalbfleisch
la viande – Fleisch
volaille – Geflügel

Zubereitungsarten und Saucen

Béchamel – weiße Sauce
Bérnaise – fein aufgeschlagene Sauce aus Essig, Eigelb, Weißwein, Schalotten und Estragon
Bordelaise – Sauce aus Pilzen, Rotwein, Schalotten, Rindermark
Bourguignon – Sauce mit Rotwein und feinen Kräutern
Hollandaise – fein aufgeschlagene Sauce aus Eigelb, Butter und Essig
Madère – Sauce mit Madeirawein
Marinière – zubereitet mit Weißwein, Muschelsud und Eigelb
Meunière – zubereitet mit zerlassener, brauner Butter, Petersilie, Zitronensaft
Périgeux – zubereitet mit pürierter Gänse- oder Entenleber und mit Trüffeln
Provençale – zubereitet mit Tomaten, Zwiebeln, Knoblauch
Tartare – Sauce mit Mayonnaise, gewürzt mit Senf und Kräutern
Vinaigrette - Sauce aus Essig, etwas Öl, evtl. feingewiegte Kräuter

Käse

Fein, mild:
Beaufort
Beuamont
Belle étoile
Boursin
Brie
Cantal
Reblochon
St-Palin

Kräftig, würzig:
Bresse bleu
Camembert
Munster
Pont-l'Èvôque
Roquefort

Ziegenkäse:
St-Marcellin
Crottin de Chavignol Valençay
und viele andere Käsesorten.

FREIZEITAKTIVITÄTEN

Hausboote

Geruhsam durch lauschige, grüne Landschaften gleiten. Auf Kanälen, die gesäumt sind von langen Baumreihen, durch die das Sonnenlicht bricht, dahinschippern. In kleinen Städten anlegen und leckeren Proviant bunkern oder beim Landgang die Sehenswürdigkeiten erkunden und regionale Spezialitäten aus Küche und Keller probieren. Morgens in aller Ruhe ein Frühstück auf dem Kahn in Gesellschaft von Morgendunst, Reihern und Enten genießen. Wenn Sie sich vorstellen können, dass das auch einmal ihre Urlaubsideale sein können und wenn Sie bereit sind, Ihr Urlaubsziel einmal aus einer ganz anderen Perspektive zu erleben, dann sind Sie auf einer Hausboottour auf Frankreichs Binnenkanälen goldrichtig.

Freizeitkapitänen auf Zeit stehen in Frankreich sage und schreibe 8.500 km an Kanälen und Wasserstraßen zur Verfügung, die von der Berufsschifffahrt so gut wie nicht mehr genutzt werden.

Die zu mietenden Hausboote, in Frankreich nennt man sie „Pénichette", was soviel wie Lastkähnchen heißt, können in Frankreich ohne nautische Vorkenntnisse und ohne Bootsführerschein gefahren werden. Bevor Sie auf „große Fahrt" gehen, werden Sie vom Vermieter in alle „Geheimnisse" der Binnenschifffahrt eingewiesen, erfahren wie man an- und ablegt, wie man schleust und all so was. Schnell sind die Boote

zum Glück auch nicht, beschauliche 8 bis 12 km/h, mehr geht nicht. Aber das langt ja auch. Was Sie allerdings mitbringen sollten, sind Französischkenntnisse, je umfangreicher, desto besser. Man muss sich schon mal mit einem Schleusenwärter verständigen, sich vielleicht nach einem Anlegeplatz erkundigen und man will sich ja einfach auch mal mit den Leuten unterhalten. Und ähnlich wie bei uns, wird man auf dem flachen Lande, durch das die Kanäle und Wasserstraßen nun mal führen, nicht mit großen Fremdsprachenkenntnissen rechnen dürfen.

Pénichettes gibt es für zwei bis zwölf Personen, Platz genug, um mit der ganzen Familie und mit guten Freunden auf große Fahrt zu gehen. Selbst Menschen mit zwei linken Händen können diese leicht zu navigierenden Hausboote schon nach kurzer Einweisung steuern, keine verwirrenden Armaturen und Hebel, keine Knotenkunde, kein meteorologischer Lehrgang, keine unverständlichen Kommandos. Fahrhebel nach vorwärts und los geht es.

Die Boote sind mit allem ausgestattet, was man zum Leben und Reisen auf dem Wasser braucht, Küche mit Gasherd und Kühlschrank, Schlafkabinen, Dusche, WC, je nach Größe des Schiffes Platz zum Sonnen auf Deck oder auf den Aufbauten, und auch noch Platz für Fahrräder, die viele der Unternehmen vermieten. Fahrräder erweitern den Aktionsradius etwas, lassen kleine Ausflüge zu und erleichtern z.B. das morgendliche Brötchen- bzw. Baguette holen.

Radeln

In der Normandie und in vielen anderen französischen Urlaubsregionen werden ausgezeichnete Karten mit markierten Rundstrecken und vorgefertigte Tourenpakete mit vorgebuchten Hotelübernachtungen angeboten. Bei solchen Tourprogrammen wird Ihr Reisegepäck von Station zu Station vom Veranstalter oder vom jeweiligen Hotelier transportiert. Und wenn Sie Ihr eigenes Fahrrad nicht mitnehmen wollen, können Sie in vielen Orten Fahrräder mieten. Broschüren über vorgefertigte Radtouren und wo man sie buchen kann gibt es bei den Französischen Fremdenverkehrsämtern oder bei den Comités Régional du Tourisme, siehe unter „Anschriften".

Wandern

Wandern in Frankreich bietet reizvolle Urlaubserlebnisse. Im ganzen Lande gibt es ein gut markiertes Netz von Wanderwegen. Wer Herausforderungen sucht, kann sich an den Fernwanderwegen, den in mehreren Tagesetappen eingeteilten, rot-weiß markierten **Grandes Randonnées (GR)**, messen. Kleinere Wanderstrecken sind als **Petites Randonnées (PR)** bezeichnet und ausgeschildert. Wege der Petites Randonnées sind mit unterschiedlichen Farben gekennzeichnet. Blau signalisiert eine Wegstrecke von etwa zwei Stunden Dauer, Gelb weist auf Wege mit einer Gehzeit über zwei bis etwa 4 Stunden und Grün schließlich markiert Wege, für die man vier bis sechs Stunden Gehzeit einplanen sollte.

Gutes **Wanderkartenmaterial** gibt es in den Buchhandlungen oder bei den örtlichen Touristenämtern. Als beste Tourenkarte für Wanderungen gelten in Frankreich die Karten des *Institut National Géographique, 107, rue de la Boétie, Tel. 01 43 98 85 12* und von der *Féderation Française de la Randonnée, 64, rue du Dessous des Berges, 75013 Paris, tel. 01 44 89 93 90; www.ffrp.asso.fr.*

Sehr detailliert sind die Wanderkarten der Féderation Française de la Randonnée der Serie „TOPO" im Maßstab 1:250.000 sowie die „Série Verte" im Maßstab 1:100.000. Darüber hinaus gibt es Spezialkarten für Mountainbiker.

Interessant ist auch die Broschüre „Wanderungen in den französischen

Naturparks", deren Bezugsquelle man von den Französischen Fremdenverkehrsämtern erfährt.

Darüber hinaus werden vom Institut National Géographique ebenso wie von der Féderation Française de la Randonnée detaillierte Wander- und topographische Führer (allerdings nur auf Französisch) herausgegeben.

Eine gute Quelle für aktuelle Wanderkarten und Führer sind immer auch die Buchhandlungen und Touristeninformationen vor Ort.

GESETZLICHE FEIERTAGE

1. Januar – Neujahr (Jour de l'An)

Ostersonntag und Ostermontag (Pâques)

1. Mai – Tag der Arbeit (Fête du travail)

Pfingstsonntag und Pfingstmontag (Pentecôte)

8. Mai – Tag des Sieges, Ende des Zweiten Weltkrieges (Fête de la Victoire)

14. Juli – französischer Nationalfeiertag (Tag des Sturms auf die Bastille von 1789), (Fête de la France)

15. August – Mariä Himmelfahrt (Assomption)

1. November – Allerheiligen (Toussaint)

11. November – Gedenktag zum Waffenstillstand von 1918, Ende des Ersten Weltkriegs (Armistice 1918)

25. Dezember – Weihnachtsfeiertag (Noël)

Hauptferienmonat der Franzosen ist der **August!**

HOTELS

Hotels in Frankreich der herkömmlichen Art sind oft Häuser mit langer Tradition, mit selten mehr als 50, 60 Zimmern, meist mit viel Atmosphäre, aber nicht immer mit zeitgemäßer, moderner Ausstattung, vor allem im Sanitärbereich. Eine gewisse Flexibilität bei seinen Ansprüchen wird dem Reisenden bei einer Tour durch Frankreich vieles leichter machen.

Französische Touristen legen offensichtlich mehr Wert auf die gastronomischen Stärken eines Hotels als auf dessen Komfort in den Zimmern. Ob ein Riss in der Tapete, ob die Schranktür nur bei zugeklapptem Koffer zu öffnen ist, ob die Matratzen im obligatorischen Grand Lit (Doppelbett) längst die Formen der menschlichen Anatomie für immer angenommen haben oder ob die Badearmaturen noch aus der Wende zum 20. Jh. zu stammen scheinen, wer ist denn schon so kleinlich. Hauptsache ist, der Wein ist perfekt temperiert, die Moules sind frisch und die Käseauswahl ist erlesen.

Und selbst gottähnliche Institutionen wie der Guide Michelin scheinen eher auf gepflegte Gastlichkeit und Tradition als auf moderne Hotelarchitektur und „internationale Küche" zu setzen.

Hotels in Frankreich werden amtlicherseits in sechs durch Sternchensymbol gekennzeichnete Kategorien eingestuft: Ohne Stern, ein Stern, zwei, drei, vier Sterne und 4 Sterne L (Luxuskategorie). Die Zimmerpreise müssen am Hoteleingang und in den Zimmer sichtbar ausgehängt sein.

Ein Vier-Sterne-Hotel z.B. erfüllt alle oder die meisten der von der Kommission aufgestellten Kriterien. Man wird in aller Regel ein gut geführtes, komfortables, allerdings auch teures Haus antreffen.

Eine gewisse Kontinuität in Sachen Ausstattung, Preis und Komfort, findet man am ehesten noch in Häusern, die einem Hotelverband wie „Logis de France" oder „Châteaux-Hotels" angeschlossen sind.

Die Zimmerpreise aller Kategorien gelten meist ohne Frühstück (petit déjeuner). Zimmer mit zwei Einzelbetten an Stelle des sonst üblichen Doppelbettes sind fast immer teurer.

Wesentlich leichter lassen sich Hotelpreise vergleichen, wenn sie als „tout compris" angegeben werden, also alle Steuern und Abgaben enthalten. Andernfalls sind Steuern, Bedienungsgeld, Ortstaxen u.ä. den Zimmerpreisen hinzuzurechnen.

Rechnen Sie in Gedanken zum „nackten" Zimmerpreis rund 25% für Steuern und Abgaben dazu, dann kommen Sie dem endgültigen Zimmerpreis schon recht nahe.

Logis de France – Nahezu 4.000 Hotel-Restaurants gehören bislang zu diesem Verband, der größten Kette unabhängiger Beherbergungsbetriebe in Frankreich. Das Erkennungszeichen der Hotel-Restaurants, die oft eine lange gastronomische Tradition haben oder in schönen alten Gebäuden untergebracht sind, ist ein gelber Kamin auf grünem Grund.

Alle Häuser bemühen sich, komfortable Zimmer in einem für die Region möglichst typischen Ambiente und eine Speisekarte mit landestypischer Küche zu bieten. Die Preise liegen im Bereich eines Mittelklassehotels.

Einen umfangreichen Katalog mit der Beschreibung aller Logis de France Hotel-Restaurants gibt es auch im deutschen Buchhandel zu kaufen.

KLIMA, KLEIDUNG, REISEZEIT

Frankreich weist ein gemäßigtes Klima auf, das maßgeblich vom Atlantik beeinflusst wird. Mildere Temperaturdurchschnittswerte als bei uns werden im Lande auch durch die etwas südlichere Lage Frankreichs erreicht.

Extreme Hitze- oder Kälteperioden sind im Gegensatz zum vom Kontinentalklima geprägten Mitteleuropa so gut wie unbekannt.

Die ergiebigsten Niederschläge sind vor allem in den nordwestlichen Landesteilen im Spätherbst zu erwarten.

Der nördliche Teil Frankreichs, also auch die Normandie, weist sog. Ozeanisches Klima auf, das sich – unterstützt von den Auswirkungen des Golfstromes – durch milde, aber feuchte Wetterlagen auszeichnet. Kühle Sommer und milde Winter sind in der Region die Regel.

Auch im Sommer ist mit Niederschlägen zu rechnen, die gewöhnlich als zeitlich begrenzte Schauer oder leichte Nieselregen niedergehen.

Die durchschnittlichen Niederschlagsmengen liegen im Norden Frankreichs bei annähernd 1.100 mm. Zum Vergleich: In Südfrankreich beträgt die jährliche Niederschlagsmenge im Durchschnitt kaum 600 mm.

Es gibt keine gravierenden Temperaturunterschiede zwischen Sommer und Winter. Die Durchschnittstemperatur am Ärmelkanal liegt im Januar bei 6 Grad und im Juli bei 16 Grad.

Die angenehmste Reisezeit an den Küsten der Normandie ist zweifellos das Sommerhalbjahr – mit Ausnahme der ersten Augusthälfte. Die erste Augusthälfte ist nämlich die Spitzenzeit der französischen Urlaubssaison. Und viele der Küstenorte und Seebäder samt ihrer touristischen Einrichtungen (Strände, Hotels, Restaurants und Campingplätze) sind dem Urlauberansturm kaum noch gewachsen.

Vor allem an den Küstenregionen müssen Sie eigentlich immer mit einem Regenschauer rechnen. Das Wetter ist hier ausgesprochen wechselhaft. Empfehlenswert ist also, wenn Sie bei der Zusammenstellung Ihrer Urlaubskleidung neben dem Badeanzug auch einen warmen Pullover und eine regenfeste und winddichte Jacke einpacken.

Frische Brisen und Böen, die die Regenschauer begleiten können, degradieren einen Schirm zum unbrauchbaren Regenschutz. Und wenn Sie gerne längere Strandspaziergänge unternehmen, sollten Sie Ihre Gummi-

stiefel nicht vergessen.

Ruhig vergessen können Sie dagegen Ihr feines Tuch, sprich Ihren Abendanzug und ihr „kleines Schwarzes", es sei denn, Sie haben vor, Ihre Urlaubsabende im Theater, im Spielkasino oder in feinen Nobelrestaurants zu verbringen.

MINIWORTSCHATZ – KLEIN, ABER NÜTZLICH

Siehe auch unter „Essen und Trinken" – Menüpilot"

Allgemeines

Guten Morgen, Guten Tag – bonjour
Guten Abend – bonsoir
Bis bald – à bientôt
Bis gleich – à toute à l'heure
Auf Wiedersehen – au revoir
ja, nein – oui, non
bitte – s'il vous plaît (svp)
bitte (Erwiderung auf „danke") – de rien
danke (sehr) – merci (beaucoup)
Entschuldigung/Entschuldigen Sie… - pardon/Excuse moi…
groß – grand / grande
klein – petit / petite
alles – tout
viel – beaucoup
wenig – peu
wieviel – combien
wann – quand
wo – où

Konversation

Sprechen Sie Deutsch? – Parlez-vous allemand?
Ich verstehe nicht. – Je ne comprends pas.
Wie heißt das auf Französisch? – Comment cela se dit en français?
Ich weiß nicht. – Je ne sai pas.
Ich heiße… - Je m'appelle…
Erfreut, Sie kennen zu lernen. – enchanté(e)
Wie geht es Ihnen? – Comment allesvous?
Ich bin krank. – Je suis malade
Rufen Sie bitte einen Arzt. – Appelez un docteur, s'il vous plaît.
Wie bitte? – Comment?
Was? – Quoi?
Was ist das? – Qu'est-ce que c'est?
Warum? – Pourquoi?
Wer? – Qui?
Wo ist…? – Qù est…

Auto, Verkehr, Unterwegs

Abflug, Abfahrt, Abreise – le départ
Abtei – abbaye
Altaraufsatz – retable
Ankunft – l'arrivée
Aussichtspunkt – point de vue, belvédère
Bahnhof – la gare
Bauernhof – ferme
Berg – mont
Berghang, Anhöhe – côte
Bergfried, Wohnturm – donjon
Brücke – pont
Brunnen, Quelle – fontaine
Busbahnhof – la gare routière
Bushaltestelle – l'arrêt de bus
Dorf – village
Felsen – rocher, roc
Fluss – rivière
Führer (Reise-, Fremden-) – guide
Garten (botanischer-, zoologischer-) – jardin (botanique, zoologique
Gebirge – montagne
Gipfel – sommet
Hafen – le port
Hilfe! – Au secours!
Kirche – église
Kloster – monastère, couvent
Kreuzgang – cloître
links – à gauche
Markt – marché
Museum – musée
Norden – nord
Osten – est
Platz – place
Quelle – source
rechts – à droite
Richtung – direction
Route, Wegstrecke – route

Rundfahrt – tour
Schloss, Burg – château
Schlucht – gorge
Schutzhütte – refuge
See, Teich – lac, etang
Stadt – ville
Stadtmauer – rempart
Stadtviertel – quartier
Staudamm – barrage
Stop! Halt! – Arrêtez
Strand – plage
Straße – rue
Süden – sud
Tal – val, vallée
Tor, Portal – porte
Turm – tour
Treppe – escalier
Wald – forêt, bois
Wasserfall – cascade
warten – attendre
Weg – sentier
Westen – ouest

Beschilderungen und Aufschriften

aire de… - Rastplatz, in der Regel mit Namensbezeichnung
aéroport – Flughafen
attention – Achtung
auberge de jeunesse – Jugendherberge
autre directions – andere Richtungen
belvédère – Aussichtspunkt
carrefour – Straßenkreuzung
cédez le passage – Vorfahrt beachten
centre ville – Stadtmitte, Zentrum
chantier – Baustelle
danger (de mort) – Gefahr (Lebens-)
déviation – Umleitung
entrée (interdite) – Eingang (verboten)
gravillons – Rollsplitt
hôpital – Krankenhaus
hôtel de ville – Rathaus
horodateur – Parkscheinautomat
impasse – Sackgasse
limitation de vitesse – Geschwindigkeitsbeschränkung
mairie – Bürgermeisteramt (Rathaus)
passage interdit – Durchfahrt verboten
passage protégé – Vorfahrtstraße
péage - Autobahngebühr
priorité (à droite) – Vorfahrt beachten (von rechts)
ralentir – langsam fahren
ralentisseurs – Straßenschikanen, um Autofahrer zum Langsamfahren zu zwingen
rappel – erinnern, mahnen, steht unter Verkehrsschildern, Geschwindigkeitsbeschränkungen
route barrée – Straße gesperrt
sens unique – Einbahnstraße
serrez à droite – rechts fahren
son et lumiére – abendliche Ton- und Lichtschau bei Schlössern, Burgen, oft mit Darstellern in aufwendigen historischen Kostümen
sortie – Ausgang, Ausfahrt
toutes directions – alle Richtungen
traveaux – Bauarbeiten
trésor – Kirchenschatz
virage – Kurve
voie unique – einspurig

Einkaufen, Post

Ansichtskarte – carte postal
Antiquitäten – antiquités
Brief – lettre
Briefmarke – timbre-poste
Briefkasten – boîte aux lettres
das ist alles – cêst tout
Bäckerei – boulangerie
ein wenig – en peu
Fleischerei – boucherie
geöffnet – ouvert
geschossen – fermé
Lebensmittelladen – épicerie
mehr – plus
Postamt – la poste (P.T.T.)
Preis – prix
Schweinefleisch-, Wurst-Metzgerei – charcuterie
teuer, zu teuer – cher, trop cher
Trödel, Flohmarkt – brocante, foire à la
viel – beaucoup
weniger – moins
Wieviel kostet…? – Quel est le prix de…?

Auf dem Campingplatz

Campingplatz – le terrain de camping
bewacht – gardé
Abwasserausguss – evacuation
Aufenthaltsraum – salle de séjour
Fahrradverleih – location de vélos
Hallenbad – piscine couverte
Hundeverbot – accés interdit aux chiens
Kinderspielplatz – jeux pour enfants
Lebensmittelladen – magasin d'alimentation
Mietcaravans – location de caravans
Steckdosen – branchements
der Stellplatz – l'emplacement
Schatten – ombrage
Schwimmbad im Freien – piscine de plein air
Ver- und Entsorgungsstelle – aire de service
Warmwasser – eau chaude
Waschbecken – lavabos
Wäschewaschbecken – laverie
Wohnmobil – camping-car
Zelt – tent

Hotel

Haben Sie…? – Est-ce que vous avez…?
ein Zimmer mit Dusche/Bad – une chambre avec douche/salle de bain
eine Nacht – une nuit
alle Zimmer belegt – complet
das Zimmer – la chambre
Was kostet das? – C'est combien?
Das ist zu teuer. – C'est trop cher.
Halbpension – demi-pension
Vollpension – pension complète
Aufzug – l'ascenseur
Seife – le savon
Zimmerschlüssel – la clé

Restaurant

Je voudrais commander – Ich möchte gerne bestellen
Je voudrais – Ich hätte gerne
l'addition – die Rechnung
Est-ce qu le service est compris? – Ist das Trinkgeld inbegriffen?
c'est bon – das ist gut
c'est mauvais – das ist schlecht
c'est chaud – das ist heiß
c'est froid – das ist kalt
donnez-moi, s'il vous plaît … – geben Sie mir bitte …
une assiette – ein Teller
assiette anglaise – Wurstaufschnitt
boisson comprise – Getränk inklusive
une bouteille de… - eine Flasche…
la carte – die Speisekarte
la carte des vins – die Weinkarte
un cendrier – ein Aschenbecher
le couteau – das Messer
la cuillère – der Löffel
le déjeuner – das Mittagessen
dîner – Abendessen
la fourchette – die Gabel
garçon – Ober
garniture au choix – Gemüsebeilagen nach Wahl
le menu – Menu zum festen Preis
miel – Honig
œuf à la coque – gekochtes Ei
œufs au jambon – Schinken mit Ei
œufs broullès – Rührei
œufs sur le plat – Spiegelei
du pain – Brot
le petit déjeuner – das Frühstück
petits bain – Brötchen
du poivre – Pfeffer
pourboire, service – Trinkgeld
du sel – Salz
selon arrivage – wenn verfügbar
service compris – Trinkgeld inklusive
souper – spätes (festliches) Abendessen
supplément (en sus) – zusätzlich (Preis)
un verre de… – ein Glas…

Zahlen

eins – un, une
zwei – deux
drei – trois
vier – quatre
fünf – cinq
sechs – six
sieben – sept
acht – ouit
neun – neuf

zehn – dix
elf – once
zwölf – douce
dreizehn – treize
vierzehn – quatorze
fünfzehn – quinze
sechzehn – seize
siebzehn – dix sept
achtzehn – dix ouit
neunzehn – dix neuf
zwanzig – vingt
einundzwanzig – vingt et un
dreißig – trente
vierzig – quarante
fünfzig – cinquante
sechzig – soixante
siebzig – soixante dix
achtzig – quatre vingt
neunzig – quatre vingt dix
hundert – cent
zweihundert – deux cent
tausend – mille

Zeit

gestern – hier
heute – aujourd'hui
morgen – demain
morgens – le matin
mittags – à midi
nachmittags – l'après midi
abends – le soir
heute morgen – ce matin
Um wieviel Uhr? – A quelle heure?

Monate

Januar – janvier
Februar – février
März – mars
April – avril
Mai – mai
Juni – juin
Juli – juillet
August – août
September – septembre
Oktober – octobre
November – novembre
Dezember – décembre

Wochentage

Montag – lundi
Dienstag – mardi
Mittwoch – mercredi
Donnerstag – jeudi
Freitag – vendredi
Samstag – samedi
Sonntag – dimanche

MIT DEM AUTO DURCH FRANKREICH

Straßennetz – Frankreich kann sich zu Gute halten, eines der besten Straßennetze in Europa zu besitzen. Nicht weniger als 805.000 km gepflegter Straßen und rund 7.000 km in aller Regel gebührenpflichtiger (péage) **Autobahnen** (autoroute) durchziehen das Land.

Will man sich die nicht unerheblichen Mautgebühren ersparen, kann man sich der mitunter drei – oder vierspurig ausgebauten Fernstraßen **route nationale** (Straßennummern beginnen mit einem N und stehen weiß auf rotem Grund) bedienen. Gewöhnliche Landstraßen (route départementals) sind mit einem D vor der Straßennummer (schwarz auf gelbem Grund) gekennzeichnet.

Seit dem Jahr 2007 werden zahlreiche Straßen in Frankreich neu durchnummeriert. So kann es passieren, dass eine D911 plötzlich eine D111 ist. Da die Endungen der Ziffern meist dieselben bleiben, kann man sich bei Unstimmigkeiten darauf verlassen. Doch es geschieht nicht selten, dass die Landkarte noch die alte Bezeichnung aufführt, während die Straße schon mit neuen Schildern verziert wurde. Auch in diesem Buch werden stellenweise zwei Bezeichnungen für ein und dieselbe Straße benutzt (z.B. D911/D111).

Verkehr

Höchstgeschwindigkeiten – Für Fahrzeuge bis 3,5 t zul. Gesamtgewicht gelten folgende Höchstgeschwindigkeiten (Werte in Klammern für Fahrzeuge über 3,5 t): Innerorts 50 km/h, außerorts 90 km/h (80 km/h), auf vier-

spurigen Schnellstraßen 110 km/h (100 km/h), auf Autobahnen 130 km/h (110 km/h).

Führerscheinneulinge dürfen die ersten zwei Jahre außerorts nicht schneller als 80 km/h und auf Autobahnen max. 110 km/h fahren.

Bevorrechtigte Straßen verlieren als Ortsdurchfahrten ihr Vorfahrtsrecht am Ortsschild!

Innerhalb von Ortschaften gilt – falls nicht anders beschildert – rechts vor links!

Abblendlicht ist bei Schnee- oder Regenfällen vorgeschrieben.

Straßenbahnen haben immer Vorfahrt.

An **Fahrbahnrändern mit gelber Markierung** gilt Parkverbot.

Die **Promillegrenze** ist bei 0,5 festgesetzt. Alkoholdelikte werden streng geahndet. Die Geldbußen, wenn's denn dabei bleibt, sind happig. Überhaupt bittet die Polizei ertappte Verkehrssünder ganz schön zur Kasse.

Auffallend sind die zahlreichen **Kreisverkehre**, die ampelgeregelte Kreuzungen ersetzen. Falls nicht anders beschildert, hat der Verkehr im Kreis Vorfahrt – abweichend von der Grundlage „Rechts vor Links". Das Schild „Vous n'avez pas la priorité" („Sie haben keine Vorfahrt) setzt hier „Rechts vor Links" außer Kraft.

Im Falle einer Panne ist das **Tragen einer Warnweste** seit 1. Juli 2008 Pflicht.

Parkplätze in den Städten sind fast immer gebührenpflichtig. Man zieht einen Parkschein für die gewünschte Parkdauer an einem Automaten (horodateur) und deponiert ihn gut sichtbar hinter der Windschutzscheibe im Auto. Sie sollten sich tunlichst an diese Spielregel halten. Auch ausländische Fahrzeuge werden ggf. mit Strafmandaten beglückt, die dann auch tatsächlich eingefordert werden, wenn Sie „vergessen" haben zu bezahlen und schon lange wieder zu Hause sind.

Mein Tipp! In der unantastbaren Mittagspausenzeit zwischen 12 Uhr und 14, in der sich die Innenstädte und die Parkplätze dort erfreulich leeren, haben Sie gute Chancen, einen günstig gelegenen Parkplatz für Ihre Stadtbesichtigung zu finden. In der Mittagszeit sind Parkplätze oft gebührenfrei zu benutzen. Ob das so ist, steht an den Parkscheinautomaten! Wenn Sie glauben, mit den zwei Stunden zwischen 12 Uhr und 14 Uhr nicht auszukommen, bezahlen Sie Parkgebühren für eine oder zwei Stunden und erhalten dann einen Parkschein, der das Parken z.B. von 12 Uhr bis 15 oder 16 Uhr gestattet.

Kraftstoffpreise

Benzin ca. EUR 1,30 bis 1,40,
Super ca. EUR 1,35 bis 1,45
Diesel (gazole) ca. EUR 1,15 bis 1,35.

Viele Tankstellen sind sonntags geschlossen, bzw. nicht mit Personal besetzt!

Dafür sind viele Tankstellen mit Zapfsäulen ausgestattet, an denen man rund um die Uhr mit Kreditkarten tanken kann (Kreditkarte am Automat der Zapfsäule einschieben, Kraftstoffart wählen, gazole/Diesel ist gewöhnlich die Nummer 1, mit „V" rechts unten bestätigen, wählen ob man ein Quittung möchte, bestätigen, Karte entnehmen, tanken, Säule schaltet spätestens bei einem Betrag von 69,- Euro automatisch ab).

Gekennzeichnet sind die Tankbuchten solcher Automaten-Zapfsäulen gewöhnlich mit „**24/24**"!

Wenn dies jedoch trotzdem nicht funktioniert, dann kann es daran liegen, dass ausgerechnet diese Tankstelle nur Karten akzeptiert, die von derselben Firma ausgegeben wurden. Daher immer auch einen Blick auf die Aufkleber werfen, welche die Kartenakzeptanz anzeigen.

Wer die Reifen seines Fahrzeuges

auf den richtigen Luftdruck überprüfen möchte, der sollte dies damit verbinden, den Tank zu füllen. Luft an der Tankstelle gibt es in Frankreich nämlich sonst nicht umsonst, sondern nur gegen eine Gebühr von € 0,50. Nur wer tankt, darf auch seine Reifen mit Luft befüllen.

Mein Tipp! Benzin und Diesel sind an den Zapfsäulen der großen Supermarktketten (Super U, Intermarché, Auchan, Champion, E.Leclerc u.a.) in aller Regel **wesentlich billiger!** Nicht selten beträgt die Differenz zu Kraftstoffpreisen an „normalen" Tankstellen, die möglicherweise nur wenige Meter entfernt sind, 10 bis 15 Cent pro Liter.

ÖFFNUNGSZEITEN

Banken

Mo. – Fr. 09 – 13 Uhr, 14 – 17 Uhr.

Einige wenige Banken haben auch Samstag geöffnet. Diese Banken sind dann aber montags geschlossen. Achtung! An Tagen vor Feiertagen schließen Banken oft früher.

Geschäfte, Supermärkte

Mo. – Sa 09 – 12, 14 – 19 Uhr.

Bäckereien und Lebensmittelgeschäfte öffnen meist bereits um 7 Uhr. Viele Bäckereien sind auch sonntagvormittags geöffnet.

Supermärkte, große Geschäfte und Warenhäuser bleiben in großen Städten während der Mittagszeit meist geöffnet und schließen an einigen Tagen in der Woche erst um 21 Uhr oder 22 Uhr. Viele Tankstellen sind sonntags geschlossen.

Postämter (PTT)

Mo. – Fr. 09 – 18 Uhr

Sa. 09 – 12 Uhr.

Auf dem Lande und in Kleinstädten können Postämter während der Mittagszeit zwischen 12 und 14 Uhr geschlossen sein!

Touristeninformationen

Mo. – Sa 09 – 12, 14 – 18 Uhr.

Im Sommer und in Großstädten mitunter länger und auch über die Mittagszeit geöffnet.

Auf dem „flachen Lande" sind Touristenbüros gewöhnlich nur in der Hauptsaison im Juli und August geöffnet.

POST UND TELEFON

Auf **Postämtern (PTT)** können alle üblichen Postdienste abgewickelt werden wie bei uns auch, Brief- und Paketversand, Postwertzeichen, Einschreiben, postlagernde Sendungen, telefonieren etc. An vielen Postämtern findet man auch einen Geldautomaten.

Briefmarken kann man aber auch an Kiosken und Tabakläden, den Bureau de Tabac, kaufen.

Telefonieren – Alle Rufnummern sind 10-stellig! Es gibt keine separate Ortsvorwahl!

Frankreich ist in fünf **Vorwahlzonen** eingeteilt:

Zone 01 – für Paris und Île de France.

Zone 02 – für Nordwest-Frankreich

Zone 03 – für Nordost-Frankreich.

Zone 04 – für Südost-Frankreich und Korsika.

Zone 05 – für Südwest-Frankreich.

Die neuen zweistelligen Vorwahlen 01 bis 05 sind in die Telefonnummer integriert und immer mitzuwählen!

Ausnahme: Bei Gesprächen ***vom Ausland nach Frankreich*** wird nach der Landeskennzahl 00 33 die ***erste Null*** *der Teilnehmernummer* ***weggelassen***.

Sehr verbreitet sind in Frankreich Telefonzellen, deren Apparate nur mit **Telefonkarten (télécarte)** betrieben werden können. Wenn Sie öfter mal Ihre zu Hause Gebliebenen anrufen müssen, ersparen Sie sich Ärger und ggf. auch teure Handy-Roaming-Gebühren, wenn

Sie sich in Frankreich gleich eine Telefonkarte kaufen! Telefonkarten gibt es auf den Postämtern, in Geschäftsstellen der France Télécom, an Zeitungskiosken oder in den bureaux de tabac für 50 oder 120 Gesprächseinheiten.

Auslands-Vorwahlen:

Frankreich – 00 33
Deutschland – 00 49
Österreich – 00 43
Schweiz – 00 41

WÄHRUNG UND DEVISEN

Seit dem 01. Januar 2002 ist auch in Frankreich der **EURO** das offizielle Zahlungsmittel. Der altehrwürdige Französische Franc hat ausgedient und im Februar 2002 seine Gültigkeit als offizielles Zahlungsmittel ein für allemal verloren.

Im Zeitalter des „Plastikgeldes" in Form von EC- und Kreditkarten ist es nicht mehr nötig, große Bargeldbeträge mitzuführen.

Geldautomaten sind sehr verbreitet. Mit EC-Karte oder Kreditkarte samt persönlicher Geheimnummer macht es im Lande keine Schwierigkeiten, rund um die Uhr an Bares zu kommen.

Euroschecks werden schon lange nicht mehr entgegengenommen!

Reiseschecks dagegen werden von vielen Banken gegen Gebühr akzeptiert und von vielen größeren Geschäften, Hotels und Restaurants als Zahlungsmittel angenommen.

Sehr verbreitet ist die Akzeptanz von **Kreditkarten** aller großen Unternehmen wie Eurocard/Mastercard oder Visa, die das Reiseleben erhebliche vereinfachen, sei es an der Kasse der Tankstelle, im Supermarché, im Restaurant, im Hotel oder an den Mautstellen der Autobahn.

Falls Ihnen Ihre Kreditkarte abhanden kommt, sollten Sie den Verlust umgehend dem jeweiligen Kreditkarteninstitut melden.

Die **zentrale Kreditkarten-Sperr-Notrufnummer** ist
in Deutschland **116 116**
im Ausland: **+49 116 116.**

Die Nummern sind täglich rund um die Uhr erreichbar.

WICHTIGE RUFNUMMERN

ADAC-Notruf - +49 (0)89 76 76 76, ganzjährig rund um die Uhr.

Polizei-Notruf – 17, in ganz Frankreich.

Feuerwehr – 18, in ganz Frankreich.

Straßenhilfsdienst „AIT-Assitance" – 0800 08 92 22, rund um die Uhr, auch deutschsprachig.

Der Pannendienst ist kostenpflichtig!

ZOLL

Bei Reisen von und nach EU-Ländern, also auch von und nach Frankreich, dürfen Sie Waren in (fast) unbegrenzter Menge mitführen, solange diese zu ihrem persönlichen Gebrauch bestimmt sind.

Nicht mehr unter den Begriff „persönlicher Bedarf" fallen aber z.B. mehr als 800 Zigaretten pro Person, mehr als 10 Liter Spirituosen, mehr als 90 Liter Wein, mehr als 110 Liter Bier (also das müsste doch reichen).

Alkohol und Tabak sind nur für Personen über 17 Jahre zollfrei.

Erkundigen Sie sich bitte vor der Abreise nach dem neuesten Stand der Zollbestimmungen – **http://g08/frankreich/zoll.php**.

Alle Angaben sind gewissenhaft zusammengestellt, aber ohne Gewähr!

MOBIL REISEN
Die schönsten
AUTO- & WOHNMOBIL-TOUREN

GPS-ROADBOOK NORMANDIE

Die Koordinaten sind entsprechend dem Verlauf der in diesem Reiseführer beschriebenen Routen und Touren angelegt.

Die Navigationsdaten berücksichtigen alle wichtigen Orte und Abbiegepunkte unterwegs sowie Campingplätze, Wohnmobil-Stellplätze u. a. POI's.

Wichtiger Hinweise: Voraussetzung für eine funktionierende und verlässliche Navigation ist, dass Ihr System über Karten mit Feindaten der zu bereisenden Länder verfügt! Basiskarten sind nicht ausreichend!

Sollte Ihr System nur über Basiskarten (wichtigste Orte, wichtigste Fernstraßen) verfügen, müssen Sie mit Missweisungen und Fehlberechnungen rechnen! Bitte denken Sie bei der Navigation daran.

Bitte beachten Sie, dass wir keine Gewähr dafür übernehmen, dass die auf den folgenden Seiten angegebenen GPS-Koordinaten ebenso wie die auf der GPS-Roadbook-CD abgelegten Koordinaten, Konvertierungs- und Transfer-Methoden fehlerfrei sind und auch auf Ihrem Gerät zum Erfolg führen! Zu vielfältig, unterschiedlich und inkompatibel sind die von den Autonavigationsanbietern verwendeten Softwaren.

Darüber hinaus können wir keine Haftung für die Richtigkeit der in diesem Reiseführer angegebenen und auf der Roadbook-CD abgelegten GPS-Koordinaten, Wegpunkten, Routen und Tracks und für evtl. daraus resultierende Ereignisse durch Missweisungen übernehmen.

Wegpunkt	Beschreibung	Position (System WGS 84)	Höhe
	Tour 1: EU – ÉTRETAT		
1	Eu - Campingplatz	N 50 03.032 E 1 24.535	15.8 m
2	Eu - Kathedrale	N 50 02.926 E 1 25.122	18.3 m
3	Eu - Erster Kreisverkehr	N 50 03.363 E 1 25.451	0 m
4	Eu - Zweiter Kreisverkehr	N 50 03.611 E 1 24.580	4.57 m
5	Le Tréport - Campingplatz	N 50 03.450 E 1 23.266	0 m
6	Le Tréport - Stellplatz	N 50 03.567 E 1 23.359	2.44 m
7	Le Tréport - Touristinfo, Hafen	N 50 03.587 E 1 22.803	7.62 m
8	Le Tréport - Parkplatz Terrasse	N 50 03.566 E 1 21.984	96.0 m
9	Le Tréport - Camping auf dem Bauernhof	N 50 03.065 E 1 22.528	93.3 m
10	Le Tréport - Camping du Golf	N 50 03.169 E 1 21.987	91.7 m
11	Straßeneinmündung D940/D925	N 50 01.417 E 1 20.683	45.4 m
12	Kreisverkehr Abzweig der D925a	N 50 01.286 E 1 19.399	21.6 m
13	Criel-sur-Mer - Camping Les Mouettes	N 50 01.830 E 1 18.500	14.9 m
14	Criel-sur-Mer Camping Le Mont Joli Bois	N 50 01.585 E 1 18.518	15.2 m
15	Biville-sur-Mer - Campingplatz	N 49 58.918 E 1 15.507	109 m
16	Camping Le Val Boise	N 49 57.724 E 1 11.541	17.4 m
17	Abzweig in die Straße D154e	N 49 54.425 E 1 06.351	3.35 m
18	Dieppe - Schloss	N 49 55.506 E 1 04.098	50.3 m
19	Dieppe - Campingplatz	N 49 54.028 E 1 04.473	27.5 m

20	Dieppe Stellplatz	N 49 55.781	E 1 05.188	7.70 m
21	Martigny - Camping des 2 Rivieres	N 49 52.229	E 1 08.656	13.2 m
22	Kreisverkehr Abzweig der D75	N 49 55.368	E 1 03.994	50.0 m
23	Straße D75 - Aussichtspunkt	N 49 55.161	E 1 02.424	57.9 m
24	Pourville-sur-Mer - Campingplatz Relais Motard	N 49 54.437	E 1 02.509	7.62 m
25	Pourville-sur-Mer - Campingplatz Le Marqueval	N 49 54.547	E 1 02.416	1.52 m
26	Petit Appeville - Camping	N 49 53.981	E 1 03.312	63.2 m
27	Varengeville-sur-Mer - La Cidrerie	N 49 54.224	E 1 00.036	83.8 m
28	Quiberville - Campingplatz	N 49 54.290	E 0 55.623	1.52 m
29	Saint Aubin-sur-Mer - Campingplatz L'Isolette	N 49 53.250	E 0 52.555	20.4 m
30	Campingplatz Bourg-Dun	N 49 51.773	E 0 53.359	7.43 m
31	Saint Aubin-sur-Mer - Campingplatz Municipal	N 49 53.619	E 0 52.212	2.44 m
32	Saint Aubin-sur-Mer - Campingplatz Le Mesnil	N 49 53.025	E 0 51.104	24.1 m
33	Sotteville-sur-Mer - Campingplatz	N 49 52.733	E 0 49.774	39.0 m
34	Veules les Roses - Campingplatz	N 49 52.557	E 0 48.175	40.8 m
35	Straßeneinmündung D68/D925	N 49 52.223	E 0 48.122	36.0 m
36	Saint-Valery-en-Caux - Stellplatz	N 49 52.172	E 0 42.662	23.9 m
37	Cany Barville - Campingplatz	N 49 47.009	E 0 38.541	17.7 m
38	Sassetot le Mauconduit - Campingplatz	N 49 47.610	E 0 31.146	89.0 m
39	Fécamp - Cap Fagnet	N 49 45.969	E 0 22.451	114 m
40	Fécamp - Stellplatz am Hafen	N 49 45.628	E 0 22.361	0.122 m
41	Fécamp - Parkplatz am Rathaus	N 49 45.345	E 0 22.859	10.4 m
42	Fécamp - Campingplatz	N 49 45.425	E 0 21.637	32.0 m

43	Abzweig nach Yport - D940/D211	N 49 44.186	E 0 20.934	34.8 m
44	Yport - Campingplatz La Pature	N 49 44.134	E 0 18.455	37.2 m
45	Yport - Campingplatz Le Rivage	N 49 44.278	E 0 18.380	64.0 m
46	Yport - Stellplatz	N 49 44.234	E 0 18.886	16.5 m
47	Yport - Campingplatz La Chenaie	N 49 43.960	E 0 19.237	17.7 m
48	Abzweig auf D279	N 49 43.868	E 0 19.666	39.9 m
49	Abzweig auf D940	N 49 43.140	E 0 19.741	77.4 m
50	Froberville - Camping Les Pommiers	N 49 42.554	E 0 18.480	56.4 m
51	Les Loges - Camping L'Aiguille Creuse	N 49 41.946	E 0 16.546	53.8 m
52	Étretat - Camping- und Stellplatz	N 49 42.034	E 0 12.929	12.2 m
53	Étretat - Parkplatz an der Promenade	N 49 42.529	E 0 12.186	6.10 m
54	Saint-Jouin--Bruneval	N 49 37.875	E 0 09.612	63.9 m
	Tour 2: ÉTRETAT – TROUVILLE-SUR-MER			
55	Sainte Adresse - Kirche	N 49 30.355	E 0 05.108	33.8 m
56	Le Havre - Stellplatz	N 49 29.077	E 0 06.421	0.122 m
57	Harfleur - Parkplatz	N 49 30.304	E 0 12.007	0 m
58	Abzweig auf die Pont de Normandie	N 49 29.589	E 0 15.733	1.22 m
59	Kreisverkehr Abzweig in die D580	N 49 24.775	E 0 16.159	3.35 m
60	Aussichtspunkt auf die Pont de Normandie	N 49 25.168	E 0 16.345	4.57 m
61	Fiquefleur-Equainville - Campingplatz	N 49 24.351	E 0 18.276	13.7 m
62	La Riviere Saint Sauveur - Stellplatz	N 49 24.497	E 0 16.116	2.45 m

63	Honfleur - Stellplatz	N 49 25.181 E 0 14.530	0.914 m
64	Equemauville - Campingplatz	N 49 23.819 E 0 12.504	121 m
65	Abzweig in die D74	N 49 20.825 E 0 11.886	158 m
66	Deauville - Stellplatz	N 49 21.699 E 0 04.918	3.66 m
	Tour 3: TROUVILLE-SUR-MER – BAYEUX		
67	Abzweig in die D27 nach Caen	N 49 20.025 E 0 06.744	2.44 m
68	Saint Arnoult - Campingplatz	N 49 19.728 E 0 05.176	0.610 m
69	Vauville - Campingplatz	N 49 19.319 E 0 03.630	20.4 m
70	Blonville-sur-Mer Camping Blonville	N 49 20.144 E 0 01.285	16.7 m
71	Houlgate - Camping de la Vallee	N 49 17.651 W0 04.077	34.8 m
72	Houlgate - Camping Municipal	N 49 17.573 W0 04.355	35.3 m
73	Houlgate - Camping de la Plage	N 49 18.231 W0 04.544	34.6 m
74	Dives-sur-Mer Campingplatz	N 49 17.045 W0 04.933	21.9 m
75	Abzweig D27/D513	N 49 15.206 W0 09.655	3.66 m
76	Cabourg Camping de la Plage	N 49 17.005 W0 11.355	23.4 m
77	Merville-Franceville - Camping Les Peupliers	N 49 16.978 W0 10.097	12.6 m
78	Merville-Franceville - Camping Oasis	N 49 17.026 W0 11.572	12.4 m
79	Merville-Franceville - Camping Le Point du Jour	N 49 16.859 W0 11.617	14.7 m
80	Gonneville en Auge - Camping	N 49 15.136 W0 11.341	45.8 m
81	Camping du Prieure	N 49 13.668 W0 12.367	47.9 m
82	Ranville - Camping des Capucines	N 49 14.325 W0 15.659	67.9 m
83	Bénouville Campingplatz	N 49 14.982 W0 16.312	5.87 m

84	Ouistreham - Camping des Pommiers	N 49 16.256 W0 15.313	4.87 m
85	Ouistreham - Stellplatz	N 49 17.229 W0 14.981	2.94 m
86	Colleville-Montgomery - Stellplatz	N 49 16.249 W0 17.901	4.86 m
87	Hermanville-sur-mer - Camping des Hautes Sentes	N 49 17.457 W0 18.101	12.6 m
88	Lion-sur-Mer - Camping de la Ferme	N 49 18.256 W0 19.848	17.5 m
89	Caen - Parkplatz am Schloss	N 49 11.257 W0 21.696	34.1 m
90	Beginn der D7	N 49 12.249 W0 21.664	63.1 m
91	Beginn der D404	N 49 16.531 W0 22.755	49.1 m
92	Courseulles-sur-Mer - Campingplatz	N 49 20.053 W0 26.663	5.18 m
93	Camping Le Havre de Bernieres	N 49 19.951 W0 25.669	8.53 m
94	Graye-sur-Mer - Campingplatz	N 49 20.300 W0 28.648	5.79 m
95	Asnelles - Campingplatz	N 49 20.375 W0 34.974	3.96 m
96	Arromanches - Aussichtspunkt Overlord	N 49 20.355 W0 36.899	43.6 m
97	Campingplatz Arromanches	N 49 20.279 W0 37.567	6.34 m
98	Arromanches - Stellplatz	N 49 20.353 W0 37.535	8.53 m
99	Tracy-sur-Mer - Campingplatz	N 49 20.110 W0 38.101	54.6 m
100	Bayeux - Parkplatz zur Tapisserie	N 49 16.530 W0 42.024	41.8 m
101	Bayeux Campingplatz	N 49 17.067 W0 41.850	43.7 m
102	Bayeux - Stellplatz	N 49 16.862 W0 42.477	47.9 m

Tour 4: BAYEUX – CHERBOURG

103	Port en Bassin - Museum	N 49 20.026 W0 45.402	22.9 m

104	Port en Bassin - Campingplatz La Prairie	N 49 20.606 W0 45.397	18.9 m
105	Port en Bassin - Stellplatz	N 49 20.734 W0 45.496	19.5 m
106	Port en Bassin - Campingplatz Portland	N 49 20.798 W0 46.259	60.4 m
107	Saint Honorine des Pertes - Stellplatz	N 49 20.920 W0 49.016	67.1 m
108	Saint Honorine des Pertes - Campingplatz	N 49 20.989 W0 49.217	67.7 m
109	Colleville-sur-Mer - Campingplatz	N 49 21.016 W0 50.000	69.5 m
110	Colleville-sur-Mer - Omaha Beach Parkplatz	N 49 21.600 W0 50.455	5.79 m
111	Colleville-sur-Mer - Soldatenfriedhof USA	N 49 21.481 W0 51.069	56.4 m
112	Vierville-sur-Mer - Omaha Museum	N 49 22.514 W0 54.507	43.3 m
113	Vierville-sur-Mer - Campingplatz	N 49 22.752 W0 54.594	39.0 m
114	Pointe du Hoc - Parkplatz	N 49 23.527 W0 59.396	36.0 m
115	Grandcamp-Maisy - Camping Le Joncal	N 49 23.239 W1 03.149	16.5 m
116	Abzweig D519/D199	N 49 23.219 W1 02.496	15.2 m
117	Abzweig D199/D113	N 49 22.339 W1 02.283	25.0 m
118	Abzweig D113/D613	N 49 20.612 W1 00.861	27.1 m
119	La Cambe - Soldatenfriedhof Deutschland	N 49 20.591 W1 01.567	36.9 m
120	Abzweig von der N13 nach Carentan	N 49 18.322 W1 12.618	35.4 m
121	Carentan - Campingplatz	N 49 18.591 W1 14.340	4.57 m
122	Saint-Mère-Eglise - Parkplatz am Museum	N 49 24.520 W1 18.885	21.0 m
123	Saint-Mère-Eglise - Campingplatz	N 49 24.601 W1 18.616	29.0 m
124	Beginn der D14	N 49 27.275 W1 16.120	3.96 m
125	Ravenoville - Camping Le Cormoran	N 49 28.742 W1 15.031	3.64 m
126	Quineville - Camping Municipal	N 49 30.854 W1 17.206	4.63 m

127	Quettehou - Campingplatz	N 49 34.760 W1 18.336	5.79 m
128	St-Vaast-la-Hogue - Campingplatz	N 49 35.081 W1 16.108	2.74 m
129	St-Vaast-la-Hogue - Stellplatz	N 49 35.043 W1 16.029	2.44 m
130	Jonville - Camping Municipal	N 49 36.389 W1 13.808	6.78 m
131	Barfleur Campingplatz	N 49 40.576 W1 16.000	8.47 m
132	Saint-Pierre-Eglise - Stellplatz	N 49 40.131 W1 24.172	35.8 m
133	Fermanville - Camping de la Plage	N 49 41.491 W1 26.334	13.7 m
134	Maupertus-sur-Mer - Camping	N 49 40.017 W1 29.202	21.7 m
135	Cherbourg - Parkplatz am Hafen	N 49 38.169 W1 37.114	0 m
136	Tourlaville - Stellplatz	N 49 39.361 W1 34.270	7.52 m

Tour 5: CHERBOURG – GRANVILLE

137	Sideville - Campingplatz	N 49 35.263 W1 41.531	31.7 m
138	Les Pieux - Campingplatz	N 49 29.680 W1 50.529	9.14 m
139	Le Rozel - Campingplatz	N 49 28.809 W1 50.514	13.4 m
140	Surtainville - Campingplatz	N 49 27.826 W1 49.720	6.71 m
141	Baubigny - Campingplatz	N 49 25.785 W1 48.326	28.3 m
142	Hatainville - Campingplatz	N 49 24.157 W1 48.318	72.8 m
143	Cap de Carteret - Parkplatz	N 49 22.483 W1 48.226	60.0 m
144	Camping La Gerfleur	N 49 23.029 W1 45.933	53.7 m
145	Camping Le Bocage	N 49 22.861 W1 47.166	32.6 m
146	Camping Les Boquets	N 49 22.004 W1 45.593	21.8 m

147	Saint-Jean-de-la-Riviere - Camping L'Ermitage	N 49 21.782 W1 44.875	43.8 m
148	Saint-Jean-de-la-Riviere - Camping Les Vikings	N 49 21.847 W1 45.268	27.8 m
149	Portbail - Campingplatz	N 49 19.288 W1 40.849	19.2 m
150	Denneville-Plage - Stellplatz	N 49 18.202 W1 41.301	17.7 m
151	Saint Germain-sur-Ay - Camping	N 49 14.137 W1 38.439	15.8 m
152	Lessay - Stellplatz	N 49 13.130 W1 32.187	17.5 m
153	Creances Campingplatz	N 49 11.899 W1 36.323	6.87 m
154	Pirou-Plage - Stellplatz	N 49 09.925 W1 35.372	12.8 m
155	Pirou-Plage - Campingplatz	N 49 09.555 W1 35.754	7.92 m
156	Geffosses - Camping	N 49 07.827 W1 33.470	13.5 m
157	Anneville - Campingplatz	N 49 07.369 W1 35.790	8.23 m
158	Gouville-sur-Mer - Camping	N 49 06.364 W1 36.479	5.86 m
159	Blainville-sur-Mer Camping La Melette	N 49 04.006 W1 35.721	3.23 m
160	Agon Coutainville Campingplatz Le Marais	N 49 03.027 W1 35.472	13.5 m
161	Agon Coutainville Campingplatz Les Mouettes	N 49 02.202 W1 35.735	4.39 m
162	Agon Coutainville Camping Le Ronquet	N 49 02.147 W1 35.059	8.23 m
163	Abzweig D650//D44 nach Coutances	N 49 02.540 W1 32.910	19.2 m
164	an der D44 (Tourville) - Camping auf dem Bauernhof	N 49 03.230 W1 31.257	71.6 m
165	Coutances - Campingplatz	N 49 03.081 W1 27.573	63.1 m
166	Coutances - Zentrum	N 49 02.790 W1 26.708	88.1 m
167	Montmartin-sur-Mer - Camping La Sirene	N 48 58.932 W1 33.414	6.38 m
168	Montmartin-sur-Mer - Camping des Gravelets	N 48 59.568 W1 31.734	12.5 m
169	Regneville-sur-Mer - Camping Le Ruet	N 49 00.160 W1 33.009	4.26 m

170	Brehal Campingplatz	N 48 54.475 W1 33.809	6.73 m
171	Coudeville Campingplatz	N 48 53.252 W1 34.245	4.86 m
172	Breville-sur-Mer Campingplatz	N 48 52.235 W1 33.797	9.35 m
173	Donville les Bains - Campingplatz L'Ermitage	N 48 51.131 W1 34.851	28.7 m
174	Donville les Bains - Campingplatz L'Oasis de la Plage	N 48 51.632 W1 34.654	7.92 m
175	Granville - Villa Christian Dior	N 48 50.523 W1 35.565	41.5 m
176	Granville - Kathedrale	N 48 50.216 W1 36.281	33.8 m
177	Granville - Stellplatz	N 48 50.119 W1 36.554	4.93 m
	Tour 6: GRANVILLE – LE MONT-ST-MICHEL		
178	Saint Pair-sur-Mer - Stellplatz	N 48 49.030 W1 34.200	2.13 m
179	Saint-Pair-sur-Mer - Camping L'Ecutot	N 48 49.026 W1 33.099	8.44 m
180	Saint-Pair-Sur-Mer - Camping Lez-Eaux	N 48 47.938 W1 31.346	9.67 m
181	Kairon-Plage - Camping Le Drakkar	N 48 47.765 W1 33.670	8.48 m
182	Saint Pair-sur-Mer - Campingplatz	N 48 47.276 W1 33.883	2.44 m
183	Jullouville - Campingplatz	N 48 46.869 W1 34.056	7.92 m
184	Jullouville - Stellplatz	N 48 46.665 W1 34.025	5.18 m
185	Carolles - Campingplatz	N 48 44.989 W1 33.420	58.2 m
186	Les Falaises du Champeaux - Parkplatz	N 48 44.033 W1 32.699	73.8 m
187	Saint-Jean-le-Thomas - Camping Municipal	N 48 43.619 W1 31.560	3.96 m
188	Dragey-Ronthon - Campingplatz	N 48 42.513 W1 29.660	46.9 m
189	Genets - Camping Les Coques d'Or	N 48 41.183 W1 28.862	7.54 m

190	Avranches - Stellplatz	N 48 41.195 W1 22.066	77.7 m
191	Ducey - Campingplatz	N 48 36.717 W1 17.795	11.7 m
192	Pontaubault - Camping de la Selune	N 48 37.832 W1 20.923	4.87 m
193	Courtils Campingplatz	N 48 37.699 W1 24.862	13.8 m
194	Mont de Huisnes - Soldatenfriedhof Deutschland	N 48 36.929 W1 27.158	11.0 m
195	Mont-St-Michel - Parkplatz	N 48 37.119 W1 30.580	0 m
196	Mont-St-Michel - Stellplatz	N 48 36.829 W1 30.455	5.79 m
197	Mont-St-Michel - Campingplatz	N 48 36.854 W1 30.485	3.05 m

Tour 7: LE MONT-ST-MICHEL – BAGNOLES-DE-L'ORNE

198	Camping aux Pommiers	N 48 35.766 W1 30.694	15.7 m
199	Pontorson - Camping Haliotis	N 48 33.399 W1 30.882	14.8 m
200	Pontorson - Stellplatz	N 48 33.489 W1 30.557	17.5 m
201	Abzweig D30 nach St-James	N 48 33.240 W1 30.037	22.3 m
202	Croix Avranchin Campingplatz	N 48 32.713 W1 22.850	67.3 m
203	St-James - Soldatenfriedhof USA	N 48 31.206 W1 18.096	142 m
204	Saint-Hilaire-du-Harcouet - Camping Municipal	N 48 34.823 W1 05.751	92.6 m
205	Savigny-le-Vieux	N 48 31.267 W1 02.921	87.5 m
206	Mortain	N 48 38.879 W0 56.566	122 m
207	St-Mars d'Egrenne - Stellplatz	N 48 33.680 W0 43.747	145 m
208	Domfront - Camping	N 48 35.328 W0 39.030	158 m
209	Domfront - Parkplatz am Rathaus	N 48 35.641 W0 39.007	198 m
210	Abzweig nach Bagnoles	N 48 35.559 W0 38.603	212 m

211	Abzweig nach Bagnoles D908	N 48 35.474 W0 38.009	212 m
212	Lonlay-L'Abbaye	N 48 38.848 W0 42.476	118 m
213	Abzweig in D335 nach Bagnoles	N 48 35.272 W0 29.404	246 m
214	Bagnoles de l'Orne - Campingplatz	N 48 32.856 W0 25.180	169 m
215	Bagnoles de l'Orne - Touristeninfo	N 48 33.409 W0 24.676	186 m
216	Couterne Campingplatz	N 48 31.025 W0 24.549	192 m
	Tour 8: BAGNOLES-DE-L'ORNE – ARGENTAN		
217	Abzweig in D916 nach la Ferté-Macé	N 48 33.531 W0 23.919	198 m
218	Abzweig nach Flers	N 48 35.201 W0 21.882	185 m
219	Ferté Macé - Campingplatz	N 48 35.915 W0 21.626	201 m
220	Abzweig nach Flers D18	N 48 35.880 W0 21.814	220 m
221	Flers - Camping du Pays de Flers	N 48 44.729 W0 33.650	187 m
222	Flers Campingplatz	N 48 47.646 W0 37.360	184 m
223	Condé-sur-Noireau Campingplatz	N 48 51.028 W0 33.204	204 m
224	Ortsanfang von Clecy	N 48 54.708 W0 29.355	68.3 m
225	Clécy Campingplatz	N 48 54.999 W0 28.504	83.0 m
226	Abzweig D562 nach St-Rémy-sur-Orne	N 48 55.647 W0 30.399	34.1 m
227	Abzweig in D6 nach Falaise	N 48 59.046 W0 28.589	53.3 m
228	Thury Harcourt - Camping de la Vallée du Traspy	N 48 59.213 W0 28.453	83.2 m
229	Falaise - Campingplatz	N 48 53.728 W0 12.281	119 m
230	Falaise - Zentrum	N 48 53.767 W0 11.989	130 m
231	Erster Abzweig nach Argentan	N 48 53.182 W0 13.136	177 m

232	Zweiter Abzweig nach Argentan	N 48 52.922	W0 12.408	175 m
233	D658 nach Argentan	N 48 52.896	W0 11.587	164 m
234	Argentan - Parkplatz im Zentrum	N 48 44.657	W0 01.147	167 m
235	Camping Municipal de Noe	N 48 44.426	W0 01.024	178 m
236	Camping du Val de Baize	N 48 42.313	W0 00.509	199 m
	Tour 9: ARGENTAN – MORTAGNE-AU-PERCHE			
237	Le Harras du Pin	N 48 44.390	E 0 08.738	248 m
238	Abzweig nach Alençon D438	N 48 42.417	E 0 13.379	190 m
239	Sées - Parkplatz im Zentrum	N 48 36.377	E 0 10.289	195 m
240	Sées - Campingplatz	N 48 35.927	E 0 10.241	177 m
241	Alençon - Campingplatz	N 48 25.547	E 0 04.352	137 m
242	Alençon - Parkplatz im Zentrum	N 48 25.799	E 0 05.094	135 m
243	Le Mêle-sur-Sarthe - Camping	N 48 30.490	E 0 21.799	134 m
244	Beginn der N12	N 48 27.153	E 0 07.238	137 m
245	Abzweig auf D932	N 48 32.146	E 0 31.316	268 m
246	Chapelle-Montligeon Campingplatz	N 48 29.096	E 0 39.139	223 m
	Tour 10: MORTAGNE-AU-PERCHE – BERNAY			
247	Gacé - Camping Le Pressoir	N 48 47.714	E 0 17.994	204 m
248	Gacé - Stellplatz	N 48 47.715	E 0 17.773	197 m
249	Camembert - Ortseingang	N 48 53.529	E 0 10.690	128 m
250	Vimoutiers - Parkplatz vor der Kirche	N 48 55.740	E 0 11.836	88.7 m

251	Vimoutiers - Stellplatz	N 48 55.911	E 0 11.754	92.0 m
252	Abzweig nach Lisieux D979	N 48 56.179	E 0 11.938	110 m
253	Livarot - Camping Municipal	N 49 00.204	E 0 09.042	93.7 m
254	Saint Germaine de Livet - Parkplatz am Schloss	N 49 05.350	E 0 12.973	70.7 m
255	Lisieux - Parkplatz im Zentrum	N 49 08.564	E 0 13.637	44.2 m
256	Lisieux - Parkplatz an der Basilika	N 49 08.485	E 0 14.009	43.3 m
257	Lisieux - Camping de la Vallee	N 49 09.886	E 0 13.232	46.3 m
258	Abzweig in D834 nach Bernay	N 49 09.119	E 0 33.937	177 m
259	Bernay - Parkstreifen	N 49 05.255	E 0 35.993	104 m
260	Bernay Campingplatz	N 49 04.887	E 0 35.204	99.0 m

Tour 11: BERNAY – ROUEN

261	Brionne - Campingplatz	N 49 12.144	E 0 42.910	47.9 m
262	Le Bec-Hellouin - Parkplatz an der Abtei	N 49 13.820	E 0 43.255	49.1 m
263	Camping Saint Nicolas	N 49 13.992	E 0 43.552	52.1 m
264	Pont-Anthou - Campingplatz	N 49 14.473	E 0 42.155	40.8 m
265	Bourg-Achard Campingplatz	N 49 21.239	E 0 48.695	23.7 m
266	Jumièges - Fähre über die Seine	N 49 25.733	E 0 48.035	12.5 m
267	Bliquetuit la Malleraye-sur-Seine - Campingplatz	N 49 29.062	E 0 46.235	12.5 m
268	St-Nicolas de Bliquetuit - Stellplatz	N 49 31.271	E 0 43.644	4.88 m
269	Zufahrt zur Seinebrücke Pont de Brotonne	N 49 30.326	E 0 44.478	9.75 m
270	Jumièges - Stellplatz	N 49 25.848	E 0 48.900	0 m

271	Jumièges - Campingplatz	N 49 26.086	E 0 49.683	42.1 m
272	Roumare - Camping Les Nenuphars	N 49 30.321	E 0 59.175	43.1 m
273	Rouen - Parkplatz am Museum Flaubert	N 49 26.745	E 1 04.934	14.3 m
274	Rouen Camping Deville les Rouen	N 49 28.200	E 1 02.873	27.7 m
275	Saint-Leger-Du-Bourg-Denis - Camping L'Aubette	N 49 25.886	E 1 09.260	18.3 m

Tour 12: ROUEN – GIVERNY

276	Igoville - Camping Les Terrasses	N 49 19.384	E 1 08.865	19.5 m
277	Poses - Camping de l'Ile Adeline	N 49 18.442	E 1 13.537	12.8 m
278	Louviers - Camping Le Bel Air	N 49 12.842	E 1 08.389	11.1 m
279	Les Andelys	N 49 14.523	E 1 24.017	13.0 m
280	Gaillon	N 49 09.666	E 1 20.134	22.4 m
281	Evreux - Parkplatz an der Kathedrale	N 49 01.480	E 1 09.153	18.4 m
282	Vernon	N 49 05.519	E 1 28.925	21.6 m
283	Saint-Marcel - Camping Les Fosses Rouges	N 49 05.812	E 1 26.298	17.4 m
284	Giverny - Parkplatz	N 49 04.414	E 1 31.765	13.1 m

Alle Touren dieses Reiseführers gibt es auch aufbereitet als Roadbook-CD mit GPS-Navigationsdaten!

Bitte beachten Sie! Die Navigationsdaten (System WGS 84) sind auf der **Roadbook-CD** im Originalformat ***Garmin® GDB*** der Software Garmin MapSource® City Select® Europe V 7 (Navteq®) abgelegt.

Mit entsprechender Software des Anbieters Garmin können die Daten über einen PC oder über ein Notebook direkt in ein Garmingerät eingelesen werden.

Für die Verwendung in anderen Systemen sind die Navigationskoordinaten zudem in folgenden **alternativen Dateiformaten** auf der Roadbook-CD abgelegt:
GPX (gebräuchliches GPS Exchange Format), ***Magellan Mapsend, Navigon Mobile Navigator .rte*** sowie ***TomTom POI File .ov2*** (alle Koordinaten und Koordinaten-Konvertierungen ohne Gewähr).

Und falls Sie Navigationskoordinaten in Ihr Autonavigationsgerät evtl. nur als **Dezimalkoordinaten,** nicht aber im üblichen (und wie auf der Roadbook CD gespeicherten) **Grad/Minuten/Sekunden Format** eingeben können, finden Sie auch dazu Umrechnungstipps auf der CD.

Unsere Roadbook-CD's können Sie nur direkt beim Verlag bestellen (Preis EUR 9,90 oder ermäßigter Preis beim gleichzeitigen Kauf des dazugehörigen Reiseführers) – entweder über unsere Webseite **www.rau-verlag.de** oder per Post: Werner Rau Verlag, Feldbergstr. 54, D-70569 Stuttgart, Tel. 0711-687 21 43, Fax 0711-68 22 47, e-mail: info@rau-verlag.de.

CAMPINGPLATZ- UND WOHNMOBIL-STELLPLATZ-REGISTER

Orte und Personen siehe unter **„REGISTER"** weiter hinten!

CAMPINGPLÄTZE

WOHNMOBIL-STELLPLÄTZE

REGISTER

„CP" bzw. „ST" in Klammern hinter dem Ortsnamen weist darauf hin, dass in oder ganz in der Nähe des Ortes ein Campingplatz und / oder ein Wohnmobil-Stellplatz zu finden ist!

Personennamen sind in kursiver Schrift gesetzt!

A

B

MOBIL REISEN
Die schönsten
AUTO- & WOHNMOBIL-TOUREN

Praktische Führer für das erlebnisreiche Reisen auf eigene Faust.

Die schönsten Reisewege neu erfahren.

Freude am Touring mit Auto, Motorrad, Caravan oder Reisemobil.

Mobil Reisen: BALTIKUM
Die schönsten Reiserouten kombiniert zu einer erlebnisreichen Tour durch alle drei baltischen Länder - Litauen, Lettland und Estland. Mit einem Abstecher nach Kaliningrad. Reisetipps in Fülle. Plus Vorschläge zu sechs Radtouren.
Mit Wohnmobil-Stellplätzen u. Campingplätzen.
GPS-Roadbook-CD mit Navigationskoordinaten verfügbar!
Von Michael Moll, 252 S., zahlr. Farbfotos, Karten und Stadtpläne.
ISBN 978-3-926145-32-1.

Mobil Reisen: BRETAGNE
Ein individueller Reiseführer mit Routenvorschlägen, ausgesuchten Touren für eine Reise von Nantes bis ans „Ende der Welt", der Finistère an die bretonische Atlantikküste. Historisches, Amüsantes, Kulinarisches und natürlich viele praktische Reisetipps. ***NEU!*** Jetzt mit noch mehr Wohnmobil-Stellplätzen.
264 S., zahlr. Farbfotos, Karten, Stadtpläne, Hotels, sowie viele Infos und die schönsten Campingplätze.
GPS-Roadbook-CD mit Navigationskoordinaten verfügbar!
ISBN 978-3-926145-20-8

Mobil Reisen: DÄNEMARK

Mit Insel Bornholm

Handlich und praktisch für erlebnisreiches Auto-, Motorrad-, Caravan- oder Wohnmobil-Touring. Auf 15 handverlesenen Urlaubsrouten zu den schönsten Städten und Küsten in Jütland, Fünen, Seeland und Bornholm. Ausführlicher Teil über "wonderful, wonderful Copenhagen".
GPS-Roadbook-CD mit Navigationskoordinaten verfügbar!
312 S., zahlr. s/w.- u. Farb-Abb., Karten, Stadtpläne, Hotels, sowie viele Infos, die schönsten Camping- u. Stellplätze.
ISBN 978-3-926145-02-4

Mobil Reisen: GRIECHENLAND

Aus der Reisepraxis für die Reisepraxis geschrieben. Ein Reisehandbuch mit Routen, Touren und Reisetipps fürs Auto-, Motorrad-, Caravan- oder Reisemobil-Touring. Eine Fülle von Routenvorschlägen führt durch alle Regionen Festlandgriechenlands, von den Badestränden der Chalkidiki-Halbinsel bis in den Süden des Peloponnes und natürlich zu allen archäologischen Stätten.
GPS-Roadbook-CD mit Navigationskoordinaten verfügbar!
280 S., zahlr. s/w- u. Farb-Fotos; Karten, Stadt- u. Lagepläne, Stadtspaziergänge, Hotels und die schönsten Campingplätze.
ISBN 978-3-926145-05-5

Mobil Reisen: IRLAND – Mit Nordirland

Der ideale Urlaubsführer für alle, die den Charme der "Grünen Insel" auf eigene Faust entdecken wollen. Ausgesuchte Routenvorschläge fürs Auto-Touring von den südlichen Counties über die imposante Westküste bis hinauf ins abgeschiedene Donegal und durch Nordirland. Ausführlicher Dublin-Teil mit detaillierten Rundgängen. Kultur, Folklore, Tipps zu Pubs, Wandermöglichkeiten.
408 S., viele s/w- u. Farb-Fotos, Karten, Stadtpläne, Hotels, viele Infos und die schönsten Campingplätze.
ISBN 978-3-926145-01-7

Mobil Reisen: KROATIEN

Istrien, die Dalmatinische Küste und Kroatiens herrliche Adriainseln auf den schönsten Reisewegen erleben. Dieses praktische Reisehandbuch sagt Ihnen, wo's lang geht. Eine Fülle an Reisetipps, Infos zu Hotels und Campings.
GPS-Roadbook-CD mit Navigationskoordinaten verfügbar!
240 S., zahlreiche Farb-Fotos, Karten, Stadtpläne, Stadtspaziergänge.
ISBN 978-3-926145-26-0

Mobil Reisen: LOIRETAL

Die schönsten Reisewege durch das Herz Frankreichs, der Landschaft, in der es sich leben lässt „wie Gott in Frankreich". Nicht umsonst entstanden hier die prächtigsten Schlösser Frankreichs. Aber auch wer weniger das Historische als viel mehr kulinarische Erlebnisse sucht, wird in der Gegend um das Loiretal auf seine Kosten kommen. Und dieser Reiseführer sagt Ihnen wo's lang geht. ***NEU!*** Jetzt mit vielen Wohnmobil-Stellplätzen.
268 S., zahlr. s/w.- u. Farb-Abb., Karten, Stadtpläne, Hotels, sowie viele Infos und die schönsten Campingplätze.
ISBN 978-3-926145-27-7.

Mobil Reisen: NORWEGEN

Reisewege zum Nordkap

In besonders für den Individual-Autoreisenden aufbereiteter, praktischer und übersichtlicher Form wird das Land von Oslo durch die schönsten Täler und Fjordlandschaften Süd- und Westnorwegens, über die Lofoten und Vesterålen-Inseln bis zum Nordkap mit allem Sehenswerten rechts und links des Weges anhand zuverlässiger Routenvorschläge vorgestellt.

390 S., Stadtrundgänge, Wandervorschläge, zahlr. s/w.- u. Farb-Abb., Karten, Stadtpläne, Hotels, sowie viele Infos und die schönsten Campingplätze.

ISBN 978-3-926145-07-9

Mobil Reisen: RUND UM DIE OSTSEE

Auf überlegt ausgesuchten Routen und Touren die schönsten Gegenden Pommerns und Masurens, sowie wunderschöne baltische Städte wie Vilnius, Riga und Tallinn sowie die russische Perle Sankt Petersburg erleben. Reisen Sie über Finnland, Schweden und die dänische Insel Seeland zurück. Dieser Reiseführer hilft – ob Wohnmobil-Tourer, Caravaner, Autourlauber oder Motorbiker – sowohl bei der Vorbereitung als auch auf der Reise unterwegs. Ein unvergessliches Reiseerlebnis! GPS-Roadbook-CD mit Navigationskoordinaten verfügbar!

ca. 360 S., Stadtrundgänge, zahlr. Farb-Abb., Karten, Stadtpläne, Hotels, sowie viele Infos und die schönsten Camping- und Wohnmobil-Stellplätze.

ISBN 978-3-926145-34-5

Mobil Reisen: POLEN

Polen bequem auf eigene Faust kennen lernen. Über die Sudeten und über Schlesien, weiter durch die Karpaten, Zentral- und Ostpolen mit einem ausführlichen Teil über die Hauptstadt Warschau, durch Ermland, die Masurische Seenplatte, durchs Lebuser Land und über Pommern schließlich bis zur Ostseeküste. Alles in bequem nachvollziehbaren Reiserouten beschrieben.

Von Michael Moll, 240 S., viele s/w- u. Farb-Fotos; Karten, Stadt- u. Lagepläne, Stadtspaziergänge, Hotels und die schönsten Campingplätze.

ISBN 978-3-926145-28-4

Mobil Reisen: PORTUGAL

Gesamt Portugal, vom grünen Norden bis zur sonnigen Algarveküste, vom kargen, ursprünglichen Alto Alentejo bis zu den Seebädern am Atlantik beschreibt dieser Band auf leicht nachvollziehbaren Touren, die einen kompletten Eindruck von diesem überaus interessanten Reiseland vermitteln. Besonders ausführlich die Weinstadt Porto und natürlich Lissabon, eine der schönsten Hauptstädte Europas.

328 S., zahlr. s/w- u. Farb-Abb., Karten, Stadtpläne, Hotels, sowie viele Infos und die schönsten Campingplätze.

ISBN 978-3-926145-04-8

Mobil Reisen: SARDINIEN

Ein Reiseziel mit ganz unerwarteten Attraktionen – zauberhafte Küstenszenerien, das größte Dünengebiet ganz Italiens, wunderschöne Seegrotten, mystische Nuraghen, geisterhafte alte Minenstädte und einer der spektakulärsten Canyons in Europa.
Dieses Tourenbuch, gespickt mit jeder Menge Reisetipps, führt auf den schönsten Routen und Wohnmobil-Touren durch Sardinien. Mit Wohnmobil-Stellplätzen, Tipps zu Hotels und Restaurants, Campingplätzen.
GPS-Roadbook-CD mit Navigationskoordinaten verfügbar!
240 S., zahlr. Farbfotos, Karten, Stadtpläne.
ISBN 978-3-926145-31-4

Mobil Reisen: SCHOTTLAND

Schottland auf neuen Wegen erleben. Eine variantenreiche Rundreise – von den Borders bis zu den Highlands, von den Western Isles bis zu den Orkneys. Detaillierte Beschreibung von Edinburgh, Glasgow, allen wichtigen Städten, Schlössern und Landschaften.
Außerdem Essen und Trinken, Whisky, Clans, Tartans und Dudelsäcke, Wandern u.v.m.
276 S., zahlr. Farbfotos., Karten, Stadtpläne, Hotels, sowie viele Infos und die schönsten Campingplätze.
ISBN 978-3-926145-08-6

Mobil Reisen: SCHWEDEN

Mit Inseln Öland und Gotland

22 sorgfältig ausgewählte, vor Ort getestete Reise(mobil)routen und Autotouren durch die schönsten Landschaften, Städte und Regionen. Mit vielen Reisetipps und Informationen über Sehenswertes vom südlichen Schonen bis Lappland. Mit ausführlichem Stockholm-Teil, Stadtrundgänge u.a. durch Helsingborg, Göteborg, Uppsala, Kalmar, sowie die Inseln Öland und Gotland.
GPS-Roadbook-CD mit Navigationskoordinaten verfügbar!
288 S., zahlr. Farbfotos, Karten, Stadtpläne, Hotels, sowie viele Infos und die schönsten Campingplätze. NEU! Mit Wohnmobil-Stellplätzen.
ISBN 978-3-926145-13-0

Mobil Reisen: SIZILIEN

Auch ein klassisches Reiseziel lässt sich immer wieder neu entdecken. Dieses neue Tourenbuch schildert kompetent und ausführlich die schönsten Reisewege durch Sizilien.
Inkl. Wohnmobil-Stellplätzen.
GPS-Roadbook-CD mit Navigationskoordinaten verfügbar!
276 S., zahlr. s/w.- u. Farb-Abb., Karten, Stadtpläne, Hotels, sowie viele Infos und die schönsten Campingplätze.
ISBN 978-3-926145-29-1

Mobil Reisen: SKANDINAVIEN

Reiseziel Nordkap

Die große Tour zum Nordkap in bequem zu kombinierenden Reiserouten. Mit neuen Touren und vielen Streckenvarianten durch alle vier nordischen Länder – Dänemark, Norwegen, Schweden und Finnland. Ausführliche Beschreibung der Hauptstädte.
Übersichtlich, informativ, kompetent.
GPS-Roadbook-CD mit Navigationskoordinaten verfügbar!
336 S., zahlr. Farbfotos, Karten, Stadtpläne, Hotels, sowie viele Infos und die schönsten Campingplätze.
ISBN 978-3-926145-14-7

Mobil Reisen: SPANIEN – Der Norden

Spaniens Norden von den Stränden der Costa Brava über die Pyrenäen, durch das grüne Galicien mit dem Pilgerziel Santiago de Compostela bis ins Herz Kastiliens mit den Hochburgen von Kunst, Kultur und Geschichte wie Salamanca oder Segovia. Ausführlich: Der Jakobsweg. PLUS: Madrid City Guide.
360 S., zahlr. s/w- u. Farb-Fotos; Karten, Stadt- u. Lage-pläne, Stadtspaziergänge, Hotels und die schönsten Campingplätze.
ISBN 978-3-926145-24-6

Mobil Reisen: SPANIEN – Der Süden

Eine gelungene Mischung aus Kunst, Kultur, Information und Reisetipps. Ein kompletter Reiseführer, der mehr als nur Routen und Touren bietet. Vom Mittelmeer ins Herz Kastiliens, auf den Spuren der Conquistadores, weiße Dörfer, maurische Paläste und der sonnige Süden Andalusiens.
PLUS: Madrid City Guide.
304 S., zahlreiche s/w- u. Farb-Fotos, Karten, Stadtpläne, Stadtspaziergänge, Hotels, Paradores, Campings u. v. m.
ISBN 978-3-926145-25-3

Mobil Reisen: UNGARN

Eine von unseren Lesern lange gewünschte Ergänzung unserer praktischen Reiseführerreihe. Neben einer kompetenten Beschreibung der schönsten Reisewege durch Ungarn finden Sie auch in diesem Tourenbuch wieder eine Fülle an Reisetipps, sowie Infos zu Sehenswürdigkeiten, Hotels und Campings.
Von Michael Moll. 292 S., zahlreiche s/w- u. Farb-Fotos, Karten, Stadtpläne, Stadtspaziergänge u. v. m.
ISBN 978-3-926145-30-7

Weitere Titel sind in Vorbereitung!

Fragen Sie im Buchhandel nach unseren aktuellen Neuerscheinungen.
Oder besuchen Sie uns im Internet:

http://www.rau-verlag.de

VERLAG RAU MOBIL REISEN

WERNER RAU VERLAG, Feldbergstraße 54, D - 70569 Stuttgart
e-mail: RauVerlag@aol.com

Mobil Reisen: NORMANDIE

Vorliegend: 1. Auflage 2009/2010